LA URBANIZACION DE LA POBREZA

LA URBANIZACION DE LA POBREZA

Urbanización, Trabajo y Desigualdad Social en Santo Domingo

Wilfredo Lozano

Colaboración de:
Isis Duarte
Otto Fernández

FACULTAD LATINOAMERICANA DE CIENCIAS SOCIALES
Programa República Dominicana
1997, Santo Domingo, R. D.

LA URBANIZACION DE LA POBREZA
Facultad Latinoamericana de Ciencias Sociales (FLACSO)
Programa República Dominicana
Apartado Postal 332-9
Santo Domingo, República Dominicana
Teléfono: (809) 541-1162
Fax: (809) 541-1162

ISBN 84-921845-1-5

Edición: Wilfredo Lozano

Portada,diseño y diagramación: Josie Antigua

Ilustración portada: Ruddy Núñez

Impreso en: Amigo del Hogar

Edición del Cuarenta Aniversario de la FLACSO

Impreso en República Dominicana

PREFACIO

Este libro resume cinco años de trabajo (1990-1995) en torno a la cuestión urbana, en sus dimensiones propiamente económicas, en lo referente al dinamismo de los mercados de trabajo. También contiene un conjunto de reflexiones y estudios relativos a las luchas sociales verificadas en el escenario urbano dominicano. El gran protagonista del libro son los trabajadores, los pobladores urbanos como hoy comúnmente se les llama, de la ciudad de Santo Domingo.

La ciudad emerge de nuestro análisis como un escenario de complejos y desgarradores procesos sociales, protagonizados por sus pobladores. Son estos procesos, vale decir, la acción de los pobladores, los que construyen la trama urbana, los que definen la vida económica y política de la ciudad. De esta forma, en este libro la ciudad es asumida principalmente como el proceso de su construcción social.

El libro contiene estudios sobre tópicos diversos: mercado laboral, informalidad urbana, pobreza, urbanización, migraciones internas e internacionales. Sin embargo, el análisis se concentra en el proceso de urbanización, como fenómeno de caracter no sólo demográfico y económico, sino sobre todo como realidad social y política. De ahí el interés en la acción política de los pobladores, su cultura política, sus luchas y protestas sociales y los problemas de gobernabilidad que plantea la cuestión de la pobreza.

Pese a la diversidad de temas que en el texto se discuten, la mayoría de los trabajos derivan de una común matriz de datos, aportada por una investigación realizada a principios de la presente década y que el Dr. Alejandro Portes, de la Universidad Johns Hopkins, dirigiera. Esta investigación se concentró en el análisis del proceso de urbanización en el Caribe en los años de la crisis. A nosotros nos tocó la responsabilidad de dirigir la fase dominicana de este amplio proyecto regional. Los dos trabajos centrales de este libro (Capítulos I y II) como el ensayo sobre los artesanos urbanos (Capítulo III) son productos de dicha investigación.

Como es natural en estos casos, muchos de los trabajos aquí reunidos, al agruparse plantean ciertas repeticiones inevitables que el lector sabrá perdonar. Dos de los cinco capítulos que lo componen fueron escritos en colaboración. El Capítulo I fue escrito en colaboración con Isis Duarte, quien laboró como investigadora asociada en la primera fase de la investigación a la que hemos hecho mención. El capitulo VI fue escrito en colaboración con Otto Fernández y presentado en un Seminario Internacional sobre Economía Informal y Protesta Social que organizamos en Santo Domingo en el verano de 1991, con el apoyo del Social Sciences Research Council de New York. En la presente edición nos hemos permitido hacer algunas correcciones y precisiones en ambos artículos que no alteran las tesis básicas.

El libro se divide en cinco grandes capítulos. En el primero se establece un análisis de largo plazo sobre el proceso de urbanización en Santo Domingo, desde los años cincuenta a nuestros días. El segundo analiza las condiciones contemporáneas de los pobladores de bajos ingresos en Santo Domingo, tanto en sus vínculos con el mercado laboral, como en lo relativo a su situación de ingresos y vida familiar. Particular importancia cobra en este capítulo el análisis de la economía informal urbana y las estrategias de búsqueda de ingresos e inserción productiva de los trabajadores, como también el estudio de su cultura e "imágenes" políticas.

El Capítulo III es un estudio de caso sobre experiencias de desarrollo microempresariales. Se apoya en entrevistas a profundidad a microempresarios artesanos que trabajan el ambar y a productores textiles. Si alguna novedad tiene este capítulo consiste, en esencia, en las reflexiones relativas al potencial de desarrollo de las microempresas como opciones de crecimiento económico, pero también en la discusión relativa a los obstáculos que enfrentan en materia de mercado, créditos y tecnología.

El Capítulo IV discute propiamente la cuestión del potencial de ingobernabilidad de la pobreza urbana, principalmente las consecuencias que puede acarrear para la estabilidad del sistema político. Nuestra tesis es pesimista. En el período 1978-1990 en el marco del "Estado Populista", en sus variantes centro-izquierdista (gobiernos del PRD) y conservadora (Balaguer), y en atención a las estrategias clientelistas de cooptación de masas y formación de consenso típicas de estas formas de régimen, lo que se observa es que la pobreza ha funcionado como un espacio formidable para la clientela y el control prebendalista de la población. Más que la pobreza, ha sido la exclusión social (una de cuyas expresiones es ciertamente la pobreza, pero no la única) el potencial de ingobernabilidad más significativo. Esto se demuestra en el Capítulo V y último, donde se estudia en un plano teórico la dimensión política del mundo de los informales urbanos, a la luz de las transformaciones del mundo capitalista a escala mundial y latinoamericana y se analiza un caso ejemplificador: la revuelta urbana de 1984 en Santo Domingo.

Si se nos pidiera resumir las tesis básicas de este libro, argumentaríamos lo siguiente:

Más que el desarrollo ha sido la pobreza el fenómeno que ha organizado las bases de la trama urbana como proceso social (urbanización) en la ciudad de Santo Domingo, en el largo período histórico que va de 1950 a 1990. Así, en la medida en que el escenario urbano sostenía las bases del modelo de expansión hacia adentro típico de los años 1950-1980, apoyado en la industrialización sustitutiva de importaciones, la ciudad pasó a concentrar principalmente el conjunto de contradicciones y limitaciones de este modelo. De esta forma, si en los setenta Santo Domingo se convirtió en una ciudad de campesinos, para emplear la feliz expresión de Bryan Roberts (1980), en los ochenta se constituyó en una ciudad de pobres. De aquí que la urbanización se haya caracterizado por el crecimiento de la pobreza.

Ese proceso de empobrecimiento transformó la economía y la vida urbanas de Santo Domingo. El primer fenómeno económico de relevancia a este respecto es la informalización del mercado de trabajo. Proceso que en una simbiótica relación ha acompañado la creciente terciarización de la economía de la ciudad. Esto ha traido consigo una serie de consecuencias, lamentablemente negativas: ocupaciones inestables y de muy baja productividad, bajos salarios, empleos de simple sobrevivencia y, principalmente, una casi total desprotección de los trabajadores urbanos frente a los agentes que controlan el proceso económico: a los trabajadores como compradores de bienes y servicios, el mercado y la inflación de los precios deprimen sus niveles de vida; como vendedores de su fuerza de trabajo, su precaria capacidad negociadora frente al empresariado les produce un balance de creciente deterioro de sus salarios reales. A todo esto se añade el dramático deterioro de los servicios urbanos desde los ochenta a nuestros días.

Naturalmente, esto tiene sus consecuencias políticas. De nuevo somos pesimistas. Este estudio nos ha convencido de que los pobladores urbanos, en sus estratos más pobres y desprotegidos, se mueven entre el radicalismo coyuntural y la clientela. De esta suerte, el Estado pasa a ocupar una centralidad determinante en la vida política de la ciudad, lo que trae una serie de importantes consecuencias para el proceso de reproducción social de los pobladores. El Estado es visto así como un Jano Bifronte: fuente de todos los males, espacio a donde van a parar todas las demandas. Esto en parte es el resultado de una cultura política clientelar y populista, pero también es el fruto de las desgarradoras condiciones de exclusión social en torno a las que se organiza y define el proceso de reproducción social de los trabajadores en la ciudad.

En esto los partidos políticos tienen sus responsabilidades, pero ello es el fruto principalmente de la situación sociopolítica del poblador: en el plano económico y social, su condición de excluido; en el plano político, su condición de cliente. La lucha urbana de los pobladores no puede olvidar ambas dimensiones

Muchas personas han contribuido a la realización de los estudios aquí reunidos. Deseamos expresar a Isis Duarte y a Otto Fernández nuestro agradecimiento por la oportunidad que nos brindaron al trabajar con ellos algunas de las partes que hoy componen este libro. Otras personas también nos han ayudado a la elaboración de estos trabajos, que no podemos dejar de mencionar. Sobre todo a Alejandro Portes, a Carlos Dore y a José Itzinhson; su ayuda fue clave a propósito del esclarecimiento de complejos problemas metodológicos a los que nos enfrentamos en la investigación empírica que sostiene los principales capítulos del libro, así como en lo relativo a la delimitación del enfoque teórico aquí asumido. También deseamos agradecer a Ramón

Tejada, quien fue el jefe de campo de la investigación que ha producido la base de datos en que nos apoyamos en casi todos los trabajos reunidos en el libro, como a Bienvenido Cabrera; de ambos, entre otras cosas, creemos haber aprendido un poco acerca del duro trabajo empírico al tratar con jornaleros, trabajadores y sencillas amas de casa, los protagonistas de este libro. Como se dice en estos casos: los errores y desaciertos son responsabilidad nuestra, los logros deben ser compartidos con ellos.

CAPITULO I

PROCESO DE URBANIZACION, MODELOS DE DESARROLLO Y CLASES SOCIALES (*)

1. Introducción

Como bien ha señalado Manuel Castells, la industrialización constituye la actividad propia del proceso de producción de las sociedades modernas en los últimos dos siglos. En efecto, la creciente urbanización de la sociedad moderna tiene como eje articulador la producción industrial. Sin embargo, no por esto podemos hacer depender unilateralmente el proceso de urbanización de la industria. De lo que se trata es mas bien de constituir en principio metodológico la relación industrialización-urbanización, de forma tal que permita reconocer en la dinámica industrial y productiva las bases materiales y técnicas del proceso de apropiación del espacio, pero también sus bases sociales y económicas (Castells, 1971).

El proceso de urbanización no debe ser visto únicamente como un tipo específico de apropiación humana del espacio. Debe considerarse sobre todo como un proceso de articulación de relaciones sociales, económicas, culturales y políticas entre grupos y clases sociales.

Reconocido el hecho de que las relaciones entre industrialización y urbanización no son lineales, en la periferia capitalista las

(*) Escrito en colaboración con Isis Duarte.

mismas adquieren especificidades y diferencias, respecto a las economías centrales altamente industrializadas (Roberts, 1982). En los centros el desarrollo del modo de producción capitalista se sostuvo en el progresivo aumento del ritmo de la industrialización que afectó la configuración del espacio y los procesos de cambio demográfico. Asimismo, en dichas sociedades estos procesos se vieron acompañados de un rápido cambio tecnológico y una acelerada modernización agrícola (Castells, 1971).

En cambio, en la periferia la urbanización se articuló al proceso más amplio de inserción al mercado mundial y división internacional del trabajo (Portes y Walton, 1981). Particularmente en América Latina, no podemos intentar reconocer un tipo de relación entre industrializacion y urbanizacion semejante al que se produjo en los países capitalistas centrales. En el momento en que los países de la región se vincularon al mercado mundial, como economías primario-exportadoras, el impacto de la industrialización sobre la urbanización se definió precisamente a través de la relación de dependencia al mercado mundial, dada la modalidad de vinculación al sistema mundial y la débil estructura productiva interna de tipo manufacturera-industrial. De este modo, mientras en los centros del sistema capitalista la industrialización se expandía, en América Latina su efecto fue distinto, ya que el desarrollo de un sector industrial fue siempre precario y débil, nunca se verificó una revolución agrícola modernizadora y la región ha permanecido en una posición de subordinación y precariedad tecnológica respecto a los países capitalistas centrales. Sin embargo, en la región tambien se verificó un acelerado proceso de urbanización, a consecuencia de la masiva migración rural-urbana y las altas tasas de crecimiento vegetativo de la población, fruto del significativo descenso de la mortalidad, tras la difusión de los modernos descubrimientos médicos del presente siglo.

Es pertinente destacar en este momento la función del Estado en América Latina (Evers, 1979). El mismo constituye una mediación determinante de los lazos de dependencia con los ejes dominantes del sistema mundial, pero también se organiza como un espacio de relaciones sociales articuladoras y dinamizadoras de los procesos económicos y sociales que se encuentran en la base de la urbanización. En parte esto es un producto de la forma que históricamente asumió el proceso de constitución de la sociedad y la economía latinoamericanas en el siglo pasado, al integrarse al sistema mundial bajo el dominio del capitalismo, pero también representa un producto contemporáneo, subsidiario del tipo de estructura clasista, que finalmente organizó las bases del poder y de la economía.

En la región del Caribe muchas de estas características del proceso de desarollo capitalista dependiente se acentúan. En el Caribe el desarrollo del capitalismo estuvo directamente vinculado a la consolidación de la región como área productora de bienes primarios para los centros capitalistas. Este condicionamiento aún hoy continúa siendo la nota característica de las economías del área, las cuales se encuentran prácticamente volcadas al exterior. Lo que es distintivo de la región del Caribe, particularmente de países como República Dominicana, es el hecho de que aún en sus fases de desarrollo industrial sustitutivo de importaciones, en los años posteriores a la Segunda Guerra Mundial, continuaron dependiendo enormemente de su sector externo, no sólo como fuente de excedentes para el financiamiento de la expansión industrial interna, sino como articulación determinante para el conjunto de la vida económica. De manera que si bien en el Cono Sur el llamado modelo industrializador sustitutivo de importaciones implicó un vuelco significativo del desarrollo hacia los mercados interiores (sin romper por esto los lazos con el mercado mundial) (Fajnzylber, 1989), en el Caribe este vuelco fue más tenue, pero también la vulnerabilidad y dependencia externa del modelo industrializador fueron más acentuadas.

En el Caribe esta situación condicionó el perfil de los procesos de urbanización. Al significativo peso del éxodo rural hacia las ciudades y el crecimiento natural de la población urbana, se sumaban las funciones eminentemente mercantiles y burocráticas de las áreas urbanas, así como su significativo y determinante peso político en la orientación del desarrollo, y en el uso del excedente económico. De suerte tal que este ascendiente intermediario y burocrático de las ciudades caribeñas se prolongó más allá del momento de expansión del modelo primario-exportador, tras el cual la región se vinculó al sistema mundial, gravitando y limitando el proceso de industrialización orientado hacia el mercado interno en su fase posterior, y contemporáneamente, a partir de los años ochenta, incidiendo en las características que asumiría el nuevo modelo de integración al mercado mundial, a través de las economías de servicios, con las zonas francas y el turismo.

A estas características se añade el peso de las migraciones internacionales, como rasgo particular del área, tanto desde el punto de vista del proceso de división internacional del trabajo y la movilidad de mano de obra que le es consecuente, como desde la perspectiva de la economía de las ciudades caribeñas. Dichas migraciones internacionales condicionan en la región la lógica de sobrevivencia de los trabajadores, las políticas macroeconómicas de los estados y la vida social y características culturales de las ciudades.

En función de las precedentes consideraciones, en este primer capítulo concentramos nuestro esfuerzo de análisis del proceso de urbanización en el país en tres aspectos específicos. En primer lugar, hemos tratado de apreciar cómo, a la luz de las modalidades de inserción de la economía dominicana al mercado mundial y al sistema de división internacional del trabajo, los modelos de desarrollo gravitan sobre los procesos de urbanización, pautando el proceso de apropiación económica y social del espacio urbano. En lo relativo a este primer punto, el análisis se orienta a discutir las características de los modelos de acumulación, deteniéndose en el llamado modelo sustitutivo de importaciones, en el período 1950-1980 y en la emergente economía exportadora de servicios y mano de obra barata,a partir de la década de los ochenta. Destacamos a este respecto cómo dichos modelos de acumulación condicionan la movilidad interna e internacional de fuerza de trabajo, los patrones de urbanización y los mercados laborales urbanos.

En segundo lugar, hemos analizado las políticas estatales reguladoras de las relaciones sociales de la vida urbana, y que pautan el proceso de apropiación del espacio por los grupos sociales, principalmente a través de las políticas públicas de inversión y gastos. En el trabajo sostenemos un particular interés en el estudio de la relación Estado-lógica reproductiva de las clases trabajadoras urbanas. Por ello nos hemos esforzado en analizar las políticas de regulación salarial del Estado, la orientación del gasto social y las estrategias de explotación y apropiación del excedente por parte de las clases controladoras del proceso económico: industriales, comerciantes, burócratas, etc.

Al final del capítulo presentamos algunas hipótesis acerca de la polarización social y espacial de las clases en el ámbito de las ciudades. Al respecto nos concentramos en el proceso de polarización socioespacial de la ciudad de Santo Domingo, dada su centralidad en la organización de la red urbana nacional y su determinante peso económico y político.

2. Industrialización sustitutiva y economía de servicios

Economía Exportadora y Urbanización:

En República Dominicana la economía exportadora ha constituído la modalidad específica en funcion de la cual la formación económica y social se ha insertado al sistema de division internacional del trabajo y al mercado mundial (Báez Evertsz, 1978). Históricamente el sector exportador ha constituído la fuente generadora de excedentes, tras lo cual el resto de la economía nacional, sobre todo el sector industrial, ha financiado su expansión (Lozano, 1985b). Ciertamente, esto no es una novedad dominicana. De hecho fue la característica que asumió el proceso de industrialización sustitutiva en Latinoamérica durante más de cuarenta años (Conceiçao Tavares, 1980). Lo novedoso del caso dominicano es que el dinamismo esencial del sector exportador se nucleó en torno a la actividad azucarera (Báez Evertsz, 1978). Como se sabe, dicho sector productivo no se organiza como una tradicional economía exportadora. Constituye de hecho una moderna economía capitalista de tipo agroindustrial, pese a su atraso tecnológico, a la sobreexplotación de su mano de obra en el corte de la caña, y a su ineficiencia en la gestion empresarial (Báez Evertsz, 1985). Lo más significativo de este proceso es que la producción azucarera, como eje dinámico del sector exportador, históricamente estuvo controlada por el Estado (sobre todo a partir de 1961), o por sectores monopolista de gran capitalización (corporaciones transnacionales, monopolios nacionales, etc.) (Baez Evertsz, 1978 y 1986; Lozano, 1985).

En este contexto, la estatización del principal sector productor azucarero desde 1961, constituyó un momento crucial en la definición de la capacidad estatal de intervención y control de las líneas fundamentales del desarrollo económico, como mecanismo regulador, pero sobre todo como agente económico dinámico del proceso (Lozano, 1985).

La imagen tradicional que los analistas dominicanos tienen del proceso de desarrollo capitalista, en particular en sus consecuencias para los procesos de urbanización, es que previo a los años cuarenta las bases de sostenimiento del modelo de expansión hacia afuera eran de naturaleza esencialmente agraria. Sin embargo, la evidencia histórica confirma que la expansión de la economía exportadora estimuló un apreciable desarrollo urbano, sobre todo en la zona sureste del país, básicamente en Santo Domingo y en ciudades como San Pedro de Macorís (Cassá, 1982). Asimismo, al calor de la expansión agroexportadora, se crearon los tres principales troncos viales que permitieron la posterior expansión de un mercado interior de bienes agrícolas. Por esto es que sostenemos que con la expansión industrial de finales de los años cuarenta e inicios de los cincuenta se produjo un reacomodo del papel económico y social de las ciudades, sobre todo de Santo Domingo, que aceleró el proceso de urbanización ya en marcha.[1]

A partir de la década de los cincuenta, tras el dinamismo de la industrialización, Santo Domingo -como principal asentamiento de la producción industrial que recién despuntaba y en tanto espacio de relaciones sociales, económicas y políticas- asumió un papel distinto a la tradicional función comercial, intermediaria y burocrática, que fuera propia del modelo de expansión hacia afuera en el período anterior a la década de los cuarenta. De esta manera, a partir de los años cincuenta, el proceso de urbanización, más que iniciarse, aceleró su dinámica. A su vez, ello determinó un

1. Vale la pena señalar que en el período 1920-35 mientras la población en áreas rurales crecía a una tasa de 3.67%, en las áreas urbanas lo hacía a una tasa de 4.16%, y la ciudad de Santo Domingo crecía a una tasa de 5.99%. En el período posterior, entre 1935-50, pese a haberse reducido el ritmo de crecimiento de la población (2.36%), los centros urbanos continuaban creciendo a tasas muy altas (4.33%), sobre todo Santo Domingo (6.35%). Para una visión detallada del ritmo de crecimiento de los principales centros urbanos en el período 1920-81 véase el Cuadro 2.

reacomodo de las funciones económicas y sociales globales de la ciudad en el marco más general del proceso de desarrollo.

En la etapa previa a la industrialización, como ya insinuamos, en la fase de expansión hacia afuera (1916-1940), la economía exportadora dio pie a un relativo crecimiento de la vida urbana, fortaleciendo las funciones burocráticas y de intermediación mercantil de las ciudades, sobre todo de Santo Domingo. Sin embargo, en este período la economía urbana estimuló también un espacio de demanda efectiva, el cual a la larga creó las condiciones materiales para el desarrollo de un sector agrario, cuya producción se dirigiría hacia el mercado interior.[2] Fue así que la previa expansión urbana estimulada por la economía exportadora en las décadas anteriores y la formación de un sector agrario (capitalista y campesino) productor de bienes para el mercado, apoyaron la constitución de un relativo mercado interno, el cual, pese a su precariedad y estrechez, fue requisito imprescindible para el inicio del proceso de industrialización sustitutiva de importaciones en los años cincuenta.

Industrialización Sustitutiva de Importaciones y Desarrollo

En la fase inicial del proceso sustitutivo de importaciones (1945-1961), la actividad industrial se orientó hacia las llamadas sustituciones "fáciles" (Conceiçao Tavares, 1980). Se trataba básicamente de sustituir aquellos productos importados de escasa complejidad tecnológica en su producción, con poco nivel de agregación de valor y cuyas materias primas eran esencialmente de origen agropecuario, con muy baja elaboración y grado de transformación. Por esto, en su fase temprana la industrialización sustitutiva se apoyó en las ramas industriales productoras de alimentos, bebidas, y tabaco.

En una segunda etapa (1968-78), la industria sustitutiva pudo pasar a producir bienes con un mayor grado de complejidad

2. Este crecimiento de la demanda efectiva urbana es el factor económico determinante del fortalecimiento de los grupos importadores de la banda sureste en los años posteriores a la crisis de 1929. Para un análisis de este proceso vease a Cassá (1982) y Lozano (1985b).

tecnólogica, aún cuando continuaban siendo sustituciones fáciles. Se procedió así a elaborar bienes de consumo como los textiles, calzados, alimentos enlatados y procesados, etc.. Asimismo, en esta etapa se logró producir cierto tipo de bienes de consumo duraderos como refrigeradores, y plásticos, estableciéndose las ramas industriales metal-mecánicas, químicas, etc.. Del proceso sustitutivo de importaciones continuar su expansión, era previsible -teóricamente- que la industria se orientara a producir bienes de capital (Conceiçao Tavares, 1980). Sin embargo, en los hechos, la industrialización dominicana nunca ha logrado pasar de la fase de sustituciones fáciles con escasa complejidad tecnológica (Ceara, 1987; García y Valdivia, 1985).

Lo importante es reconocer que en la primera etapa el proceso de industrialización sustitutiva se sostuvo en la capacidad del sector agropecuario de apoyar su desarrollo. Este apoyo operaba tanto en la producción de bienes salarios baratos para las clases trabajadoras urbanas, como también en la producción de materia prima para la industria. Por otro lado, en esta etapa el espacio de demanda efectiva era limitado, a consecuencia de la extrema concentración de la renta y la práctica exclusión de la población rural de los niveles de consumo de bienes industrialmente procesados. No debemos olvidar que en esta fase el proceso de acumulación urbano-industrial se apoyó en una estrategia de explotación del trabajo que implicó el mantenimiento de salarios bajos, pero estables en lo referente al nivel de vida de los trabajadores urbanos.[3]

Lo referido no puede hacernos perder de vista que así como esta estrategia favorecía al sector industrial urbano, en el campo se desestimulaba la producción, penalizando a los productores rurales, ya que los productores agropecuarios transferían gran parte del

---

3. Es necesario destacar que en este momento no existía en las ciudades una fuerte presión poblacional que condicionara al mercado de trabajo de manera significativa con una gran oferta de mano de obra desocupada. Asimismo, los bienes salarios urbanos de origen agropecuario, tras la política de controles de precios agrícolas, aseguraban una relativa estabilidad del costo reproductivo del trabajador urbano del sector manufacturero, aún cuando el precio fuera la ruina del productor rural.

excedente agropecuario hacia la economía urbana en expansión, por la vía de los diferenciales de precios urbano-rurales. Es este el elemento clave que determinó el estallido de la crisis agraria de los años sesenta; crisis que, entre sus muchos efectos, provocó un masivo éxodo campesino hacia las ciudades.

En la segunda etapa del proceso de industrialización sustitutiva de importaciones (1968-78), se amplió la esfera de la demanda efectiva, gracias al aumento de la capacidad de consumo de las capas y grupos medios urbanos, los cuales pasaron a sostener la capacidad expansiva del proceso de industrialización, en lo referente a aquellos bienes de consumo duraderos, a los cuales tienen acceso restringido los grupos populares. Además, se integraron al mercado de consumo de bienes procesados amplios sectores populares, sobre todo aquellos vinculados a la economía urbana, que son los que sufren un acelerado y significativo proceso de mercantilización de sus actividades económicas y productivas. El sector industrial llegó a concentrar así en el período 1968-78 alrededor del 18% del PBI, creciendo en el período a tasas por encima del 8% acumulativo anual (Ceara, 1984; Lozano, 1987b; Banco Interamericano de desarrollo, 1985; y Fundación Economía y Desarrollo, 1988). Sin embargo, en esta segunda etapa el proceso de industrialización encontró en la esfera del mercado limitaciones para su expansión, debido a que el mismo permaneció reducido por la extrema concentración de la renta, sobre todo en el sector rural, pero también porque la industria no logró desplazar, o por lo menos limitar, la gran capacidad del sector importador como principal competidor, en lo referente a los bienes de consumo duraderos (Lozano, 1985).

En este momento fue cuando la capacidad expansiva del proceso de industrialización reveló su debilidad en materia tecnológica. En parte a consecuencia de su dependencia de las materias primas industriales importadas, pero también como resultado de la competencia de los manufacturas importadas, las cuales eran elaboradas en condiciones tecnológicas y productivas de mayor competitividad en el mercado mundial, todo lo cual condenaba al sector industrial a la protección estatal, a través de los altos aranceles de importación, atándolo a la vez a las importaciones de bienes de capital y energéticos, debido a la incapacidad local de producir tecnología propia, como resultado de la dependencia y la posición periférica del país en el sistema mundial (Fajnzylber, 1989).

De todas maneras, en este período la expansión del sector industrial sustitutivo de importaciones logró romper sus ataduras del sector agropecuario, como principal suplidor de materias primas, aún cuando aumentara su dependencia del mismo en lo referente a la producción de bienes salarios baratos. De aquí que el Estado, como agente sostenedor del proceso, fortaleciera su rol interventor, en lo referente al control de los precios agrícolas y el subsidio a los productores rurales de bienes salarios urbanos. En términos generales el Estado sostuvo políticas de desarrollo que facilitaron el traslado de excedentes del campo hacia las tareas del desarrollo industrial urbano. Tanto en el corto, como en el largo plazo, tales políticas no hicieron más que agudizar la crisis del sector agrario (Duarte, 1987).

Se impone discutir en este momento la cuestión del control del excedente en el modelo de desarrollo y el carácter monopolista del proceso de industrialización sustitutiva de importaciones. Desde su inicio en los finales de la década de los cuarenta, en su fase "temprana", la industrialización sustitutiva acusó un marcado carácter monopólico, manifiesto en el poder casi absoluto del monopolio trujillista en la estructura industrial. En su fase tardía la industrialización continuó acusando un caracter monopolista, sobre todo en aquellas ramas de mayor complejidad tecnológica y de mayores requerimientos de capital. Sin embargo, en esta segunda etapa otros aspectos fueron los que definieron la intervención de los monopolios.

En primer lugar, debemos considerar el papel del Estado Empresario recién constituído en 1961 con la expropiación estatal de los bienes de la familia Trujillo. En segundo lugar, debemos reconocer el fortalecimiento de un sector monopolista privado, estrechamente unido a capitales extranjeros. En ese contexto, los industriales privados, sobre todo la fracción industrial monopolista, gozaban de una alta protección estatal, bajo el amparo de la Ley 299 de incentivo y desarrollo industrial y la movilizacion estatal de recursos financieros, a través del Fondo de Inversiones para el Desarrollo (FIDE) y la banca de desarrollo. Lo que debemos retener de todo esto es que el proceso de industrialización se caracterizó por la estrechez del mercado, el monopolio de la inversion y los mercados, el alto grado de concentración de la renta y una estrategia de explotación de la fuerza de trabajo que aseguraba salarios bajos, todo ello al precio de la crisis agraria, el atraso rural y la pauperización campesina (Lozano, 1985; D'Oleo, 1991).

Advertimos así que, históricamente, en un primer momento (1950-1961) se logró articular un modelo de crecimiento relativamente eficaz (aunque no exento de contradicciones y limitaciones), en torno a la industrialización sustitutiva de importaciones. Dicho modelo de desarrollo logró articular una estrategia reproductiva de la fuerza de trabajo, básicamente en lo relativo a los salarios y nivel de vida de los trabajadores urbanos, que en general no ponía en cuestionamiento las bases de la acumulación industrial, pero tampoco la reproducción social del trabajador urbano. Esto así a consecuencia de la transferencia al mundo agrario de los costos mismos de la expansión industrial. En el fondo el problema que con esto se creaba no era tanto el de la transferencia de excedentes del campo a la ciudad, como apoyo para la acumulación industrial urbana, ya que históricamente todo proceso de desarrollo capitalista urbano-industrial ha encontrado en el campo gran parte de su base de generación de excedentes apoyo de la acumulación. El problema era que se transfería a los productores rurales dichos costos, principalmente a los campesinos, sin una consecuente modernización de la agricultura que elevara la productividad y el nivel de vida de los pobladores rurales.

En su fase tardía, en el período 1968-1978, este esquema se profundizó y la crisis agraria forzó al Estado, a principios de los años setenta, al diseño de un plan de reforma agraria que de hecho fracasó, pero que pese a ello le permitió transferir a su comando gran parte de la producción arrocera nacional, en manos ahora de parceleros beneficiarios de la reforma agraria. En los inicios de la década de los ochenta la crisis global de la economía dominicana encontró a la agricultura exangüe, con niveles de crecimiento negativos en muchos renglones, con una productividad casi nula, y un creciente deterioro del nivel de vida campesino. Las bases nacionales de la industria sustitutiva de importaciones daban sus frutos.

La Crisis de la Industrialización Sustitutiva de Importaciones y la Nueva Economía de Servicios

El modelo industrial sustitutivo de importaciones venía reconociendo graves contradiciones desde mediados de los años setenta, principalmente en lo relativo a la crisis secular de la balanza de pagos, activada fundamentalmente con el boom de los precios del petróleo (García y Valdivia, 1985). Lo que en principio comenzó como una crisis de balanza de pagos, a partir de la crisis de la deuda externa en los inicios de la década de los ochenta, terminó constituyéndose en una crisis estructural de todo un modelo de desarrollo (Ceara, 1984). Más allá de la política de ajuste que el Fondo Monetario Internacional (FMI) impuso como alternativa a la crisis, los resultados produjeron una transformación estructural significativa de la economía, que condujo a un nuevo esquema de integración al mercado mundial, por la vía de las exportaciones de mano de obra y servicios baratos, modelo que puede ser definido como "exportador de servicios".[4]

La crisis de la industria sustitutiva de importaciones en los finales de los años setenta fortaleció al capital comercial-importador en la economía urbana, como consecuencia de la inflación y de la política cambiaria. Esto así, pese al deterioro del nivel de vida de la población en los ochenta, que afectó directamente a los estratos medios, tradicionales sostenedores del espacio de mercado de las importaciones

Esta última situación estrechó la alianza entre capital bancario y comercial, colocando en una subordinada y precaria posición a los sectores propiamente industriales. Por otro lado, la desindustrialización, unida al mayor grado de mercantilización de la actividad económica urbana, ha fortalecido actividades informales, no como resultado de una "huída del capital industrial" de la actividad formal salarial, sino mas bien como resultado de un doble

4. Debemos advertir que cuando hablamos de una "nueva economía urbana de servicios", a lo que aludimos es a una rearticulación de las relaciones entre la actividad industrial urbana y el capital comercial y financiero y al reacomodo de la hegemonía económica en el proceso de acumulación.

efecto: el papel hegemónico del capital comercial y la necesidad de los trabajadores de encontrar alternativas de subsistencia ante las transformaciones del mercado laboral y el deterioro del nivel de vida. Con ello se han fortalecido innumerables actividades de intermediación mercantil a baja escala, enlazadas en complejas cadenas de distribución, pero finalmente controladas por el capital mercantil-urbano (distribución de frutas, venta al detalle de artículos de consumo duradero, etc.) (García y Valdivia, 1985; Cabal, 1992).

Estos procesos se fortalecieron con la intervención de condicionantes propios de la evolución del capitalismo dominicano en los últimos veinte años. En primer lugar, las remesas de dólares de los dominicanos residentes en Estados Unidos elevaron el grado de mercantilización de la economía, incrementando las importaciones de bienes de lujo y consumo duradero.[5] En segundo lugar, el turismo, como sector punta del nuevo modelo de acumulación, ha fortalecido al capital comercial-urbano (Lladó, 1989).

Estos cambios rearticularon las relaciones entre las diversas fracciones del capital, modificando la posición del Estado como agente organizador del proceso de desarrollo. En este último sentido el nuevo patrón de acumulación reconoce como una de sus características el constreñimiento estatal en la economía, particularmente expresado en el recorte del gasto social. Por lo demás, el agotamiento del modelo exportador liquidó a las exportaciones tradicionales como fuente de excedentes para el Estado. En la nueva situación los nuevos sectores exportadores (los empresarios del turismo y las zonas francas) han logrado definir una gran capacidad de control del excedente exportador en el nuevo modelo de integración al mercado mundial, que ha impedido al Estado definir una relación de control y dominio como lo hizo con los exportadores tradicionales. Es este el eslabón determinante que

---

5. Un análisis particularmente novedoso del impacto de las remesas en el desarrollo económico dominicano en la esfera microempresarial se encuentra en Portes, Alejandro y Luís Guarnizo (1991). Sobre el impacto macroeconómico de la emigración y las remesas en la agricultura dominicana véase a Ravelo y del Rosario (1986).

ha debilitado su capacidad de intervención y control regulador en la nueva economía exportadora de servicios.[6]

3. Urbanización y crisis en los años ochenta

El Patrón de Urbanización Industrial-Sustitutivo

El modelo de crecimiento industrial por sustitución de importaciones analizado tuvo sus efectos en la apropiación del espacio. Sagawe (1985) ha descrito muy bien los cambios en el uso del espacio nacional provocados por este estilo de industrialización. Dicho autor sostiene:

> *"El sector manufacturero ha transformado el espacio nacional pero de manera que presenta un dilema. La política del Gobierno ha dado preferencia a la eficiencia agregada, con el resultado de que las disparidades en la economía nacional y regional son hoy en día un obstáculo principal para un desarrollo equilibrado...se ha seguido el modelo neoclásico estático suponiendo que el crecimiento permite relocalizaciones automáticas que reducirán los desequilibrios (...) la realidad dominicana muestra sin duda que no ha habido (como resultado de este modelo) flujos de capital de las regiones 'ricas' a las 'pobres'...sin exagerar se puede constatar que la industrialización a través de la sustitución de importaciones tiene la responsabilidad principal de los desequilibrios espaciales y de la macrocefalia urbana del país."* (Sagawe, 1985: p.6 y ss).

---

6. A los nuevos sectores hegemónicos del capital, por diversas razones, no les interesa desviar grandes excedentes para el financiamiento de costos salariales que fortalezcan opciones de desarrollo hacia adentro, o a fracciones del capital como la industrial. Por ello pugnan porque la política estatal de protección o financiamiento indirecto de costos salariales sea eliminada, o por lo menos limitada. No porque ellos constituyan simplemente una fraccion del capital "déspota", "antinacional", o como quiera llamársele, sino porque en esencia, dicha política restringe competitividad a la economía de servicios en el plano internacional. De aquí que, en el nuevo esquema de desarrollo, a la transnacionalización del mercado y del capital, haya sucedido la internacionalización del mercado de trabajo. Las consecuencias de estos cambios para los procesos de urbanización se analizarán más abajo

El argumento de Sagawe es indudablemente correcto. Empero, entendemos que hace depender demasiado las "inconveniencias" o "limitaciones" del modelo de industrialización sustitutiva de importaciones de la política estatal, olvidando que la apropiación del espacio es un fenómeno que, en última instancia, se produce por parte de grupos y clases sociales. Por lo demás, no puede olvidarse que en la matriz de apropiación espacial del modelo industrial sustitutivo se "aloja" la herencia del modelo "primario exportador". Este último, como hemos insinuado, tiende a la centralización, en tanto deposita en las ciudades principales la dirección comercial y política de la economía tradicional de exportación. De manera tal que el carácter centralizador del modelo industrializador sustitutivo se encuentra condicionado por una herencia histórica (económica y política) que fortalece la centralización del sistema económico en uno o dos puntos de localización urbana (Yunén, 1985).

En tal sentido, ya desde los años cuarenta, pero sobre todo a partir de los sesenta, Santo Domingo, como principal centro urbano, pasó a concentrar tanto las principales inversiones de tipo industrial, como las principales inversiones en materia de servicios básicos (salud, educación, vivienda) e infraestrutura. Naturalmente, esto generó serios desequilibrios en la distribución espacial del excedente económico. De todos modos, no podemos por esto creer que otros centros urbanos no crecieran. Tal es el caso de Santiago, la segunda ciudad del país en el orden económico y poblacional, la cual creció poblacionalmente, expandiéndose espacialmente. Sin embargo, Santiago continuó siendo hasta avanzada la década de los sesenta una ciudad esencialmente intermediaria, comercial, articuladora de toda una red económica regional de base agraria (Yunén, 1985 y 1987). Esta situación, como veremos luego, en el período 1970-81 comenzó a modificarse, al debilitarse el ritmo de crecimiento de Santo Domingo, como primera ciudad y al entrar en crisis en los años ochenta el modelo de industrializacion sustitutiva.

Es conveniente en este momento profundizar el análisis acerca del carácter centralizador del modelo de industrialización sustitutiva y sus consecuencias espaciales.[7] Como expresa el Diagrama 1 el

7. Algunas estadísticas ilustran cabalmente la tendencia centralizadora del modelo de desarrollo hacia adentro de base industrial sustitutiva de importaciones. En

Diagrama 1.1

Modelo de desarrollo industrial sustitutivo de importaciones y primacía urbana: 1960-80

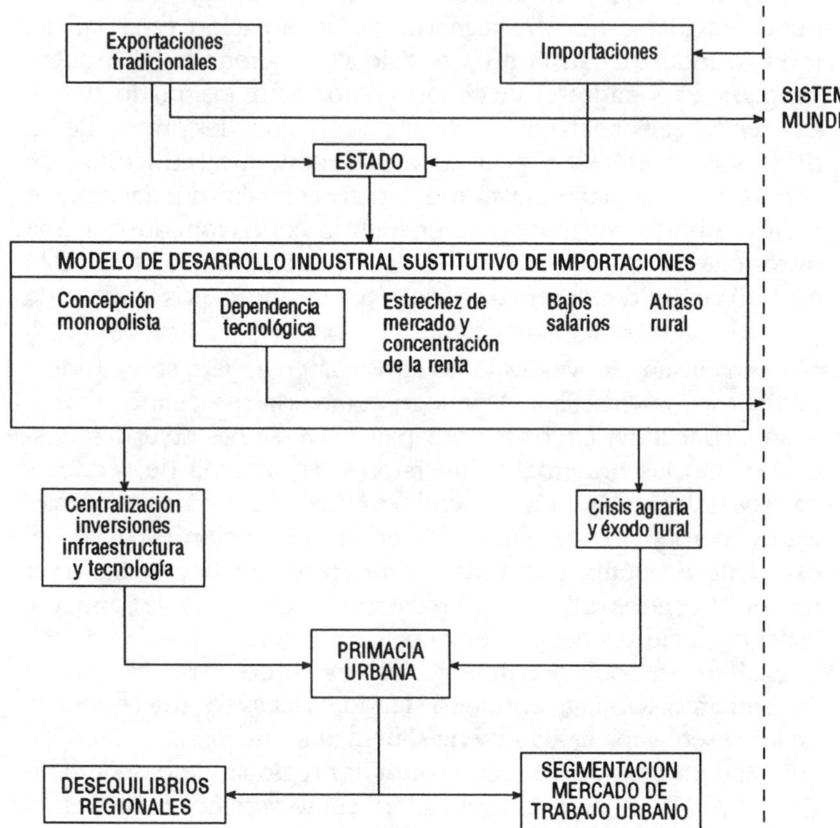

desarrollo industrial sustitutivo es esencialmente centralizador de los recursos económicos y de la población, a consecuencia de tres factores: 1) su carácter eminentemente monopolista en materia de inversiones y mercados; 2) el proteccionismo estatal; 3) la dependencia del sector externo para financiar su propio desarrollo.[8]

Como es natural, los monopolios tienden a concentrarse espacialmente allí donde no sólo exista una mejor dotación de infraestructuras, apoyo del proceso industrializador (servicios básicos, energía, carreteras, etc), sino donde exista un mayor espacio de mercado, y esto último tiende a concentrarse en las grandes ciudades. Esta situación es fortalecida por el rol interventor del Estado en la economía, dado el equilibrio de fuerzas políticas en los centros de mando que favorece al sector monopolista. Sin embargo, lo esencial es que en esta situación el Estado se verá en la necesidad de movilizar excedentes a fin de financiar una serie de gastos en la economía urbana, productos de la concentración espacial de la población, pero también consecuencia de la fuerza política de los propios grupos y clases sociales urbanos (Cela et al., 1988). En estas condiciones, el gasto estatal fortalecerá la centralización de las inversiones y el gasto corriente, ampliando el espacio de mercado, pero también el poder político de los sectores industriales y comerciales urbanos.

Finalmente, la dependencia del sector externo por parte de la actividad industrial sustitutiva fortalecerá la función intermediaria de las ciudades, como mediaciones espaciales de la actividad exportadora frente al mercado mundial, y como áreas de mercado del sector importador. Esto tiene consecuencias en el conjunto de la economía, pues consolida los circuitos productivos agrarios

---

el período 1968-80 el 77% del parque industrial nacional se concentraba en Santo Domingo; para el año 1978 el 57% del valor agregado industrial se concentraba en esta ciudad. Además, Santo Domingo como ciudad primada concentraba para el mismo período más del 80% de la actividad bancaria del país y alrededor del 60% del volumen y valor total de las construcciones realizadas por el sector privado y el 73% de las realizadas por el Estado.

8. Los cuadros 1.1, 1.4, y 1.5 resumen con claridad la tendencia centralizadora del proceso de industrialización, y los desequilibrios regionales a que da lugar en materia de inversiones, población, tecnología y mercados.

dependientes de la actividad exportadora, o que constituyen el apoyo de la actividad industrial sustitutiva. Es esto lo que explica por qué el rol intermediario y comercial de la red urbana articulada en torno a la producción agraria en el Cibao, con la ciudad de Santiago como eje central y dominante, se consolidara en el período de auge de la industria sustitutiva (1968-78), (Yunén, 1987; Sagawe, 1985), pero articulado y subordinado a un patrón económico y espacial más amplio, cohesionado por la actividad industrial sustitutiva, cuyo eje centralizador, en términos económicos y sociales, era la ciudad de Santo Domingo, tal y como lo muestra el Diagrama 1.3.

El esquema de crecimiento descrito reconoce un conjunto de contradicciones estructurales que limitan su capacidad de desarrollo y genera profundos desequilibrios regionales, en el nivel de vida de los trabajadores y en la estructura económica urbana. En primer lugar, como se ha establecido, este modelo se apoyó en el drenaje de excedentes al sector agrario, sin proceder a una consecuente modernización del mismo, que elevara la productividad. El resultado fue una crisis agraria secular, que en poco menos de quince años desplazó hacia las grandes ciudades, sobre todo hacia Santo Domingo y en segundo lugar hacia Santiago, alrededor de un millón de personas (Duarte, 1987; Ramírez, et al., 1988). Esta situación gravitó, a su vez, sobre el dinamismo del mercado de trabajo urbano, fragmentando las posibilidades de acceso productivo al mismo por parte de los trabajadores urbanos, generando una tendencia sistemática a la caída de los salarios medios (Lozano, 1987).

En función de esta "fragmentación" del mercado de trabajo se definiría una logica reproductiva de las clases trabajadoras urbanas que fortalecería la intervencion estatal, como el vehículo a través del cual se financiarían los costos salariales indirectos de la reproduccion social de los trabajadores (Duarte, 1987; Cela et al.,1988). Con esta situación nacía y se fortalecía el Estado Asistencial. Naturalmente, que el Estado se encargara de financiar parte de los costos reproductivos de las clases trabajadoras, sobre todo de sus fracciones menos protegidas corporativamente y, en consecuencia, con menos capacidad de acceso a la seguridad social, no puede hacernos perder de vista que el modelo de acumulación capitalista industrial, apoyado sobre estas premisas, implicaba una creciente desvalorización del trabajo y el deterioro del nivel de vida obrero (Duarte, 1983 y 1987).

Esta situación gravitó, a su vez, sobre la apropiación económica y social del espacio urbano, como veremos en la última sección de este capítulo. De todos modos, es preciso reconocer que este esquema pudo funcionar mientras el sector externo continuó expandiéndose y financiando gran parte de los costos de la actividad industrial sustitutiva; pero también mientras el Estado pudo tener acceso a gran parte del excedente generado por la actividad exportadora. Cuando en los años ochenta ambos aspectos entraron en crisis, entró en crisis la actividad industrial, el patrón de urbanización que le fue consecuente, la lógica económica que organizaba al mercado de trabajo y la capacidad de reproducción social misma de la fuerza de trabajo urbana (Ceara, 1984 y 1990; Lozano, 1987).

Diagrama 1.2

Modelo exportador de servicios y fuerza de trabajo y cambios en la primacía urbana 1980-1990

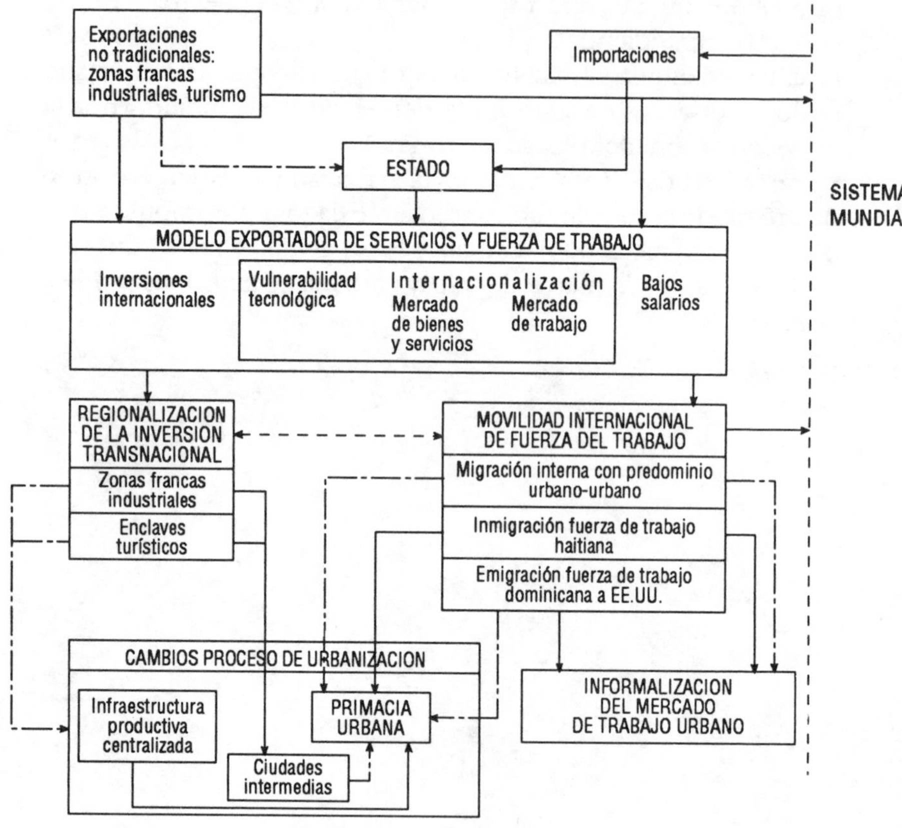

LEYENDA:

——→ Tendencia positiva al fortalecimiento de la variable señalada por el sentido de la flecha.

—·—→ Tendencia (negativa) al debilitamiento de la variable señalada por el sentido de la flecha.

— — → Tendencias reversibles (positivas o negativas) de las variables señaladas por el sentido de la flecha

Diagrama 1.3

Sistema urbano dominicano con sus correspondientes subsistemas

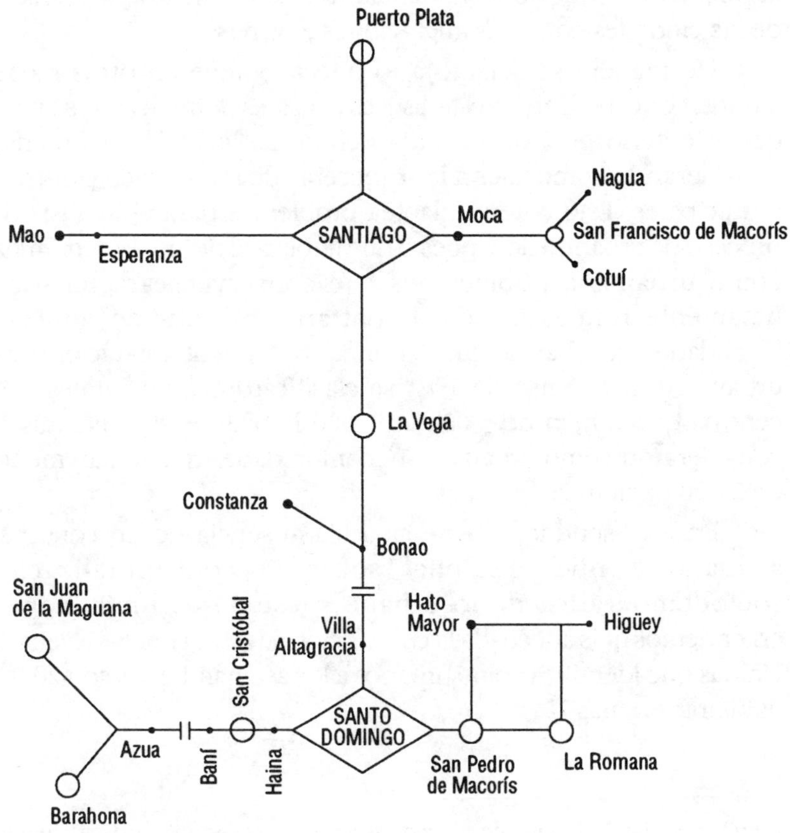

Fuente: Rafael E. Yunén (1987).

El Proceso de Urbanización y las Migraciones Internas[9]

El análisis ofrecido en este acápite busca mostrar la vinculacion del proceso de urbanizacion de la sociedad dominicana con los factores estructurales que inciden en la redistribucion espacial de la poblacion y que condicionan tanto el surgimiento y expansión de las ciudades como las migraciones internas.

De manera semejante a lo que acontece en otros países latinoamericanos, en las estadísticas censales dominicanas se parte de un criterio geopolítico para definir las localidades urbanas, considerando como tales a las cabeceras de municipios y distritos municipales. Este criterio plantea problemas para el análisis del proceso de urbanizacion, puesto que implica el riesgo de denominar como urbanas a poblaciones que conservan características netamente rurales o, por el contrario, calificar de rurales a localidades que han adquirido, inequívocamente, características urbanas. En el Censo de 1981 se clasificaron como rurales a 11 centros que tenían de 5,000 a 37,000 habitantes,[10] mientras se consideraron como urbanas a 16 comunidades que tenían menos de 2,000 habitantes.

En este sentido, y a pesar de la ausencia de un consenso acabado a nivel regional sobre la conceptualización sociodemográfica de lo urbano, pese a sus limitaciones, entendemos más adecuada la convención sugerida por las Naciones Unidas que identifica como urbanos a los asentamientos con 20,000 habitantes o más.[11]

---

9. En lo que sigue, el siguiente apartado se apoya en un estudio realizado por los autores dentro del marco de una investigación llevada a cabo por el Instituto de Estudios de Población y Desarrollo (IEPD), y efectuada conjuntamente con Marina Ariza y Carmen Gómez, 1991.

10. Es el caso de Los Alcarrizos, barrio periférico a Santo Domingo, el cual tiene una poblacion mayor que ciudades como Moca, Higüey o Azua.

11. No ignoramos la complejidad del fenómeno urbano en sus dimensiones socioculturales y económicas, complejidad que obligaría a manejar criterios más allá de los estrictamente sociodemográficos en el estudio del proceso de

Las Principales Tendencias del Proceso de Urbanización

El continuo aumento del número de personas que habita en localidades consideradas urbanas es uno de los rasgos que ha caracterizado la dinámica de la población dominicana en las últimas décadas.[12] La población clasificada por las estadísticas censales como urbana pasó de alrededor de 150,000 personas en 1920 a más de medio millón en 1950, hasta alcanzar casi tres millones en 1981. En la última decada de la "Era de Trujillo", es decir durante el período 1950-60, se registra el mayor crecimiento urbano del país, cuando las tasas de crecimiento alcanzaron niveles del 6.1% anual y la población de las ciudades dominicanas duplicó su tamaño (Cuadro 1.1).

Sin embargo, fue en el siguiente período cuando se registraron las tasas más altas de crecimiento de la mayoría de las localidades de 20,000 y más habitantes.[13] Se trata, precisamente, del peculiar

---

urbanización, sobre todo en la delimitacion de los espacios urbanos, vale decir de las ciudades. Por esto, en este libro el fenómeno urbano se aprecia en un marco muy amplio en función de modelos de desarrollo y procesos de formación de clases sociales. En lo que refiere estrictamente a la delimitación sociodemográfica de las ciudades, organismos como CELADE se ven forzados a admitir que el límite de 20 mil habitantes como criterio operativo para jerarquizar la red urbana no es necesariamente el más apropiado y generalizable para definir la condición de "ciudad". Sostienen que "lo que se procura es que los centros más pequeños - y habitualmente débiles en materia de equipamiento, funciones y grado de irradiación territorial- estén más expuestos al riesgo de experimentar un estancamiento o, eventualmente, una involución demográfica...". CELADE destaca que a partir de los 20 mil moradores se reduce esta probabilidad de regresión o involución (1986: 26).

12. El análisis más completo del proceso de urbanización en República Dominicana, desde el punto de vista de su cuantificación estadística es el de ONAPLAN (1983). Puede tambien consultarse a Yunén (1985 y 1987), Mejía (1981), Cáceres (1985), y a Ramírez et al. (1988). La dimensión espacial del fenómeno urbano ha sido objeto de análisis por Yunén (1985 y 1987) y La Gra (1980).

13. La población total de los centros urbanos que en 1981 tenían 20,000 y más habitantes registra el más alto crecimiento durante la década 70-80: 6.2% anual, mientras el total urbano crece a 6.0% y el país a 3.0%.

decenio de los sesenta, caracterizado por importantes transformaciones sociales, políticas y económicas que se producen en la sociedad dominicana con posterioridad al derrumbe de la Dictadura de Trujillo (Lozano, 1985b).

El dinámico crecimiento de la población urbana contrasta con la tendencia descendente a nivel rural, como se destaca en los Cuadros 1.1 y 1.2. De esta manera, la República Dominicana no escapa al patron demográfico constatado en otros países latinoamericanos: tanto a nivel regional, como nacional, el proceso de redistribución rural-urbana de la población es una expresión de las diferencias en sus tasas de crecimiento.[14]

14. Véase a Lattes (1983) y Gatica (1980), en relación al patrón regional. En Republica Dominicana se observa una diferencia más importante en la decada de 1960-70, cuando la tasa de crecimiento anual de la poblacion urbana (6.0%) duplica a la del país (3 %), y prácticamente cuatriplica a la rural (1.4%: véase Cuadro 1.1). Hay que observar que la tasa de crecimiento urbano, aunque muy elevada, a partir de la década del 1960, y para las ciudades de 20,000 y más habitantes después de 1970, tiende a disminuir (Cuadro 1.2).

Cuadro 1.1

Indicadores demográficos del proceso de urbanización: 1920-1981

INDICADORES	1920	1935	1950	1960	1970	1981
Población país	894,665	1,479,417	2,135,372	3,847,070	4,009,459	5,647,977
Población rural	745,771	1,222,852	1,627,464	2,117,130	2,416,159	2,712,117
Población urbana	148,394	266,565	508,108	929,940	1,593,299	2,935,860
Razón urbano-rural (1)	20	22	31	44	66	108
Tasas de crecimiento (2):						
Pob.país	-	1.9	1.4	3.6	3.0	2.9
Pob. rural	-	3.5	1.9	2.7	1.4	1.0
Pob. urbana	-	4.2	4.3	6.1	6.0	5.3
DCUR (3)	-	0.7	2.4	3.4	4.6	4.3
Porcentaje urbano	16.6	18.0	23.8	30.5	39.7	52.0
Tasa urbanización (4)	-	0.56	1.8	2.4	2.8	2.6
Número de ciudades	30		81	95	97	129
Loc. 20,000 hab. y más:						
Población	30,943	105,266	238,091	568,700	1,226,519	2,367,970
Número loc.	1	2	2	7	16	19
% Pob. urbana	20.9	39.5	46.8	61.2	77.0	80.7
Grado de urb. (5)	3.5	7.1	11.1	18.7	30.6	41.9
Ciudad principal (Sto. Dgo.):	30,943	71,091	181,533	369,980	668,507	1,313,172
% Pob. del país	3.46	4.81	8.50	12.14	16.67	23.25
% Pob. urbana	20.78	26.67	35.7	39.79	41.96	44.73
% Pob. loc. 200,000 hab. y +	100.00	67.53	76.25	65.06	54.50	55.46
Pob. loc. 20,000 hab. y + (exceptuando Sto. Dgo.):	0	34,175	56,558	198,720	558,012	1,054,798
Indice primacía:						
1/6 (a)	0.5	0.7	1.3	1.9	1.9	2.1
1/3 (b)	0.8	1.1	2.0	2.7	2.8	2.9
1/1 (c)	1.8	2.1	3.2	4.3	4.3	4.7

Fuente: Elaborado por el IEPD sobre la base de las estadísticas censales. El Censo de 1920 sólo pública por separado las localidades de 1,000 habitantes y más:

1) Razón urbano-rural= población urbana ÷ población rural x 100.
2. La fórmula de la tasa de crecimiento intercensal utilizada es: pn= po (1+r).
3. DCUR= diferencia del crecimiento urbano-rural.
4. Tasa de urbanización= tasa media anual de cambio de la proporción de la población urbana. Fue calculada a partir de la siguiente fórmula: TU= (1/n) x 1n (pt+n/pt); p= % urbano.
5. Grado de urbanización= proporción población del país que habita en localidades de 20,000 habs. y más.

a) Indice de primacía de Santo Domingo con relación a las 6 siguientes en rango-tamaño. El índice de primacía: Santo Domingo indica la cantidad de veces que la poblacion mayor supera a las que le siguen en tamaño.
b) Indice de primacía de Santo Domingo con relación a las 3 siguientes en rango-tamaño.
c) Indice de primacía de Santo Domingo con relación a Santiago.

Tomado de: Ariza et al., 1991.

La transformación de la población dominicana de rural a urbana se observa con gran nitidez en su distribución relativa según zona de residencia, distribución que de hecho representa uno de los indicadores del nivel o grado de urbanización. Observamos así que la proporción de citadinos que habitan en cabeceras de municipios y distritos municipales pasa de sólo un 16.6% del total de la población del país en 1920, a 23.8% en 1950 y a un 52.0% en 1981, de acuerdo con las cifras censales (Cuadro 1.1). Como observa Lattes (1983), en el contexto latinoamericano la República Dominicana registró el mayor incremento relativo en el nivel de urbanización para el período 1950-80. Se destaca, en efecto, que en esos treinta años la proporción urbana del país más que se duplicó (Cuadro 1.1).

Si contrastamos el criterio censal con el sociodemográfico asumido en el presente estudio, encontramos una diferencia de 10 puntos en el nivel de urbanización del país para el año 1981. En este sentido apreciamos que en dicho año el censo de población registra 129 ciudades, que concentran al 52% de la población. Sin embargo, sólo 19 localidades pasaban el umbral de los 20,000 o más habitantes, concentrando el 42% de la población del país.[15]

De esta manera, si la delimitación de las localidades se define en función de las poblaciones con 20,000 habitantes o más, apreciamos que para 1981 todavía el 58.0% de la población del país residía en asentamientos humanos más o menos dispersos (zona rural), y en 110 poblados de menos de 20,000 habitantes, que representan el 85% de las localidades que tradicionalmente se definen como urbanas.[16]

República Dominicana se ubica dentro del grupo de países con un inicio muy tardío de la fase más dinámica del proceso de urbanización,[17] es decir, en el grupo que traspasa el límite citado a

15. Si se agrega a estas 19 localidades la población de Los Alcarrizos, el porcentaje de población urbana concentrado en localidades con 20,000 o más habitantes se eleva al 42.6%.

16. Esta perspectiva es la asumida por Yunén (1987), el cual destaca la importancia de tomar en consideración el continuun dispersión-concentración.

17. El inicio de la fase más significativa del proceso de urbanizacion se ubica en el momento en que al menos el 25% de la población del país reside en

partir de 1970.[18] Hasta 1950, en efecto, sólo las ciudades de Santo Domingo y Santiago habían superado el tamaño de 20,000 habitantes, concentrando para esa fecha el 11.1% de la población del país. Esta situación comienza a modificarse alrededor de 1960, cuando otras cinco localidades (La Romana, San Pedro de Macorís, San Francisco de Macorís, San Juan de la Maguana y Barahona) se incorporan a este rango.

Sin embargo, es durante el período de expansión de la industria sustitutiva de importaciones, durante la segunda mitad de los sesenta y la década de los setenta, cuando la red urbana se torna más compleja. Los datos del censo de 1970 registran 15 ciudades con más de 20 mil habitantes y más, que representan ya un 31% de la población del país, marcando el inicio de la fase más dinámica del desarrollo urbano y el salto más importante en el grado de urbanización experimentado en el país (Cuadro 1.1).

A su vez, los nucleos urbanos que en 1981 tenían 20 mil habitantes y más presentan un ritmo de crecimiento mayor (Cuadro 1.2). Son particularmente notables los casos de aquellas localidades donde se ubicó el nuevo parque industrial y/o fueron asiento de la dinámica de expansión capitalista acaecida entre 1950-81.[19]

---

asentamientos urbanos de 20,000 habitantes y más. Se considera que los núcleos poblacionales al exceder en tamaño este umbral asumen nuevas funciones y se incorporan más plenamente al sistema urbano. Se destaca también que este momento tiende a coincidir en los distintos países con los ritmos más veloces de urbanización (Gatica, 1980: 88-89).

18. El primer grupo, de *urbanización temprana*, esta constituído por aquellos países que logran exceder a principios del siglo la proporción de un 25% de la población residiendo en asentamientos urbanos de 20,000 y más habitantes (Argentina, Uruguay, Chile, Cuba). El segundo grupo, de *urbanización tardía*, está constituído por aquellos países que logran niveles semejantes en el período comprendido entre 1940 y 1960 (Venezuela, Panamá, Costa Rica, Colombia, Brasil, México, Perú y Ecuador). Por último, el tercer grupo, de *urbanización muy tardía*, alcanzaron el umbral señalado a partir de 1970 (Nicaragua, República Dominicana, Bolivia, Paraguay, El Salvador, Guatemala, Honduras y Haití). Para una visión más completa de esta tipología véase a Gatica (1980).

19. Se destaca en particular las tasas de crecimiento poblacional de Santo Domingo (en el lapso 1950-70), San Pedro de Macorís y Villa altagracia (1960-70), y la Romana y Bajos de Haina (1970-81). Para mayor detalle véase el Cuadro 1.1.

La República Dominicana no sólo registra un elevado incremento relativo de la población urbana respecto a la rural, sino que también su red urbana se expande a ritmos muy altos, aunque con tendencias decrecientes. En efecto, la *tasa de urbanización (TU)* pasó de 1.8% en 1950 a 2.8% en 1970, descendiendo ligeramente a 2.6% en 1981 (Cuadro 1.1).[20]

En síntesis, en el contexto regional de América Latina, República Dominicana inició tardíamente la fase más dinámica del proceso de urbanización. Los datos e indicadores analizados muestran que en el período 1950-81 un volumen y proporción cada vez mayor de la población dominicana reside en zonas urbanas. La red urbana se expande velozmente en desmedro de la población rural, la cual tiende a expulsar una proporción cada vez mayor de sus habitantes hacia las áreas urbanas. Por último, el ritmo de crecimiento de la proporción urbana, aunque muy elevado, tiende a reducirse a partir de 1970, decenio que delimita, sin embargo, el momento de transición hacia el predominio urbano en el país.

Migración Rural y Crecimiento Urbano

La migración desde las zonas rurales es un componente importante del crecimiento urbano. Las estimaciones obtenidas a través del "método de las relaciones de supervivencia nacionales intercensales", muestran que los migrantes del campo a la ciudad han representado alrededor de la mitad del incremento observado en la población urbana, durante los decenios de 1960 y 1970, aun cuando ha tendido a descender relativamente.

En el período 1960-70 la transferencia neta de personas desde la zona rural a la urbana (TNRU) se estimó en casi 400,000 personas, cifra que representa el 54% del crecimiento urbano para ese período. Entre 1970 y 1981 la TNRU descendió al 50.9% del

20. CELADE observa que la *tasa de urbanización (TU)* alcanza sus magnitudes más elevadas en los países donde el porcentaje urbano ha experimentado saltos bruscos, como es el caso dominicano. La TU tiende, por el contrario, a disminuir una vez se trasciende el valor del 50% de población concentrada en áreas urbanas (CELADE, 1986). Puede verse también a Lattes (1983).

incremento poblacional en las ciudades, equivalente a más de 500,000 personas. Si esto lo relacionamos con el crecimiento natural de las zonas rurales, la TNRU muestra valores más altos para ambos períodos (56% y 66.6%, respectivamente). Los datos expresan, pues, que entre 1960 y 1981 la poblacion de origen rural tendió a disminuir en términos proporcionales como componente del crecimiento urbano, mientras la migración rural a las ciudades aumentó de manera absoluta y relativa. Los datos también nos ilustran sobre la presencia de factores estructurales no abordados en este texto (Duarte, 1987; Cela et al., 1988), que favorecen la expulsión progresiva de la población nativa de la zona rural, incapacitándola para retener el crecimiento natural de su población.

Primacía Urbana y Desequilibrios Regionales

Durante la segunda década del presente siglo la inmensa mayoría de la poblacion dominicana (90%) habitaba en zonas rurales, o en pequeños poblados de menos de 5,000 habitantes. Este y otros datos ofrecidos en este libro, sugieren que el modelo primario-exportador, rector de la economía durante esos años (1900-1945), implicó un nivel de urbanización, que impidió una efectiva articulación de la red urbana, a nivel nacional. A pesar de ello, bajo el dominio de la economía azucarera se gestaron lentamente las condiciones estructurales para la concentración urbana, en la región sureste del país. Ya en 1920 dicha región concentraba el 39% de la población clasificada como urbana. Por lo demás, bajo el dominio de la economía exportadora en el período 1930-45 se potenció un relativo desarrollo de un mercado interior de productos agrícolas, que fue una de las bases de la expansión de la industria sustitutiva de importaciones a partir de los años cincuenta.

El aún limitado, pero significativo, crecimiento urbano que registra el Censo de 1950 se relaciona con los cambios económicos operados en la sociedad dominicana durante los años de la dictadura trujillista. Como hemos analizado, diversos procesos económicos y sociales han incidido en esta situación. En primer lugar, el desarrollo industrial mismo, que en su primera etapa se inicia ya en los mediados de los años cuarenta, constituyó un elemento dinamizador del proceso de urbanización. La consolidación de la economía azucarera, principal actividad exportadora, así como la política de construcción de carreteras e inversiones urbanas, también gravitaron sobre los procesos de urbanización en el período. Por otro lado, la política de control trujillista y la centralización burocrático-estatal, contribuyeron en su momento, a que alrededor de los años cincuenta se fortaleciera la primacía de Santo Domingo sobre el conjunto de la red urbana en proceso de constitución,[21] pese a que en el mismo período se triplicara el número de ciudades.

Durante los años comprendidos entre 1950 y 1981 la red urbana nacional se amplió y complejizó, hasta alcanzar la estructura que expresa el Diagrama 1.3. Fue también durante ese período cuando se fortaleció la concentración urbana en el Sureste, especialmente en la ciudad capital. Las ciudades pequeñas e intermedias sufrieron igualmente una significativa expansión, incrementándose sensiblemente a partir de los años setenta. De este modo, si en 1950 solo dos ciudades poseían el rango de ciudad, concentrando apenas el 11% de la población del país, en 1981 existían ya 12 ciudades pequeñas (20 mil a 50 mil habitantes), cinco intermedias (50 mil a 500 mil habitantes) y una metrópolis con más de un millón de personas (Cuadro 1.2).

21. CELADE (1986) designa como "primacia urbana" la situacion que se produce cuando un país presenta en la cúpula de la red urbana sólo una gran ciudad o área metropolitana que concentra más de la tercera parte de la poblacion urbana, tal como es el caso de Republica Dominicana (véase Diagrama 1.1).

Cuadro 1.2

Población urbana según categoría de tamaño de las localidades: censos 1950, 1960, 1970 y 1981

	1950					1960				
CENTROS URBANOS POR TAMAÑO (HAB.)	NO. DE CENTROS	%	POB. MILES	%	% TOTAL NACIONAL	NO. DE CENTROS	%	POB. MILES	%	% TOTAL NACIONAL
En millón y +	0	0.0	0.0	0.0	0.0	0	0.0	0.0	0.0	0.0
500000 a 999999	0	0.0	0.0	0.0	0.0	0	0.0	0.0	0.0	0.0
100000 a 499999	1	1.2	181.6	35.7	8.5	1	1.1	370.0	40.1	12.1
50000 a 99999	1	1.2	56.5	11.1	2.6	1	1.1	85.6	9.3	2.8
20000 a 49999	0	0.0	0.0	0.0	0.0	5	6.3	113.1	12.3	3.7
5000 a19999	14	17.3	157.9	31.1	7.4	17	17.9	187.2	20.3	6.1
Menos de 5000	65	80.2	112.4	22.1	6.3	71	74.7	166.2	18.0	6.5
TOTAL URBANO	81	100.0	508.5	100.0	24.8	95	100.0	922.1	100.0	31.2
TOTAL NACIONAL			2135.9					3047.1		

	1970					1981				
CENTROS URBANOS POR TAMAÑO (HAB.)	NO. DE CENTROS	%	POB. MILES	%	% TOTAL NACIONAL	NO. DE CENTROS	%	POB. MILES	%	% TOTAL NACIONAL
En millón y +	0	0.0	0.0	0.0	0.0	1	0.8	1313.2	44.7	23.3
500000 a 999999	1	1.0	668.5	42.0	16.7	0	0.0	0.0	0.0	0.0
100000 a 499999	1	1.0	155.0	9.7	3.9	1	0.8	278.6	9.5	5.0
50000 a 99999	0	0.0	0.0	0.0	0.0	5	3.9	346.0	11.7	6.1
20000 a 49999	13	13.4	403.0	25.3	10.1	12	9.3	430.2	14.7	7.5
5000 a19999	26	26.8	220.2	13.8	5.5	40	31.0	371.8	12.7	6.6
Menos de 5000	56	57.7	146.7	9.2	3.7	70	54.2	196.1	6.7	3.5
TOTAL URBANO	97	100.0	1593.4	100.0	39.9	129	100.0	2935.9	100.0	52.0
TOTAL NACIONAL			4009.5					5648.0		

Elaboración: IEPD

Fuentes: ONE, Censos Nacionales de Población, 1950, 1960, 1970 y 1981
Ramírez et al., 1988.
ONAPLAN, 1983.

Tomado de Ariza, Marina et al. 1991.

Hasta 1981 el proceso de urbanización dominicano se caracterizó por presentar niveles muy altos de concentración en la capital del país y, en general, en la región Sureste, donde está ubicada. Para ese año vivía en Santo Domingo el 44.7% de la población urbana y el 23.3% de la nacional (Cuadro 1.1). La población de Santo Domingo excede significativamente a las ciudades que le siguen en tamaño: en 1981 era casi tres veces mayor que Santiago, la Romana y San Pedro de Macorís, lo cual es indicativo de un alto grado de primacía.[22]

Las Transformaciones de la Primacía Urbana y los Nuevos Patrones Migratorios: Algunas Hipótesis Interpretativas

¿En qué medida el surgimiento de una red de ciudades intermedias, y su posible expansión como consecuencia de la reestructuración de la economía en la década de los ochenta, ha contribuído a menguar la concentración urbana en Santo Domingo? En ausencia de datos sistemáticos sobre el crecimiento de las ciudades en ese decenio, nos limitaremos a discutir algunas hipótesis. Luego, en la próxima sección, presentaremos un argumento interpretativo de alcance más general acerca del efecto que ha provocado la nueva economía de servicios orientada hacia afuera en el proceso de urbanización en los ochenta.

A partir de la década de los setenta, el crecimiento urbano dominicano responde a una dinámica generada principalmente en las propias ciudades. En este contexto, es posible, incluso, que a partir del volumen y la proporción de la población concentrada en las zonas urbanas, las ciudades principales continúen expandiéndose en el futuro sin recibir mayores contingentes de poblacion rural (Ramírez, 1982).

---

22. Como simples indicadores señalaremos que en 1981 la región sureste concentraba el 33% de los migrantes, el 48% de la poblacion, el 61% de la población urbana, el 80% de las industrias sustitutivas, siendo la esperanza de vida, el índice de escolaridad y los ingresos promedios mayores que en las otras regiones (Duarte et. al., 1989). Dicha primacía se relaciona con factores de tipo estructural, propios de los modelos de desarrollo tras los cuales se ha organizado el modo de producción capitalista en el país, como ya se ha analizado.

Los datos censales revelan que la tendencia de los flujos migratorios internos es hacia el incremento absoluto y relativo de los desplazamientos interprovinciales con destino urbano: 64.1% en 1970 y 76% en 1981 (Cuadro 1.3). Como los datos censales no recogen información sobre el lugar de origen de los migrantes y los de la *Encuesta de Migración a Santo Domingo y Santiago* (EMISA) de 1978 sí lo hacen, el análisis de estos últimos puede complementar en parte la carencia de los censos. La EMISA revela que el 62.1% de los migrantes a Santo Domingo y el 41% a Santiago residían en otra localidad urbana antes de la migración (Ramírez, 1982: 81). Por otro lado, si bien el volumen de los migrantes interprovinciales tiende a incrementarse (381 mil en 1950 y un millón 216 mil en 1981) la proporción ha permanecido invariable en alrededor de un quinto de la población (Ariza et al., 1990). Todo esto es indicativo del hecho de que en los setenta el patrón migratorio tendió a variar fortaleciendo los flujos migratorios urbano-urbano. Es muy probable que en los ochenta esta tendencia se mantuviera, sobre todo si tomamos en consideración, como veremos en la próxima sección, que el nuevo modelo de desarrollo exportador, genera tendencias a la descentralización de las inversiones, sobre todo en el caso de las zonas francas y los enclaves turísticos.

Cuadro 1.3

Distribución de los flujos migratorios interprovinciales, según lugar de destino: 1970 y 1981

TIPO DE FLUJO MIGRATORIO	1970 VOLUMEN	%	1981 VOLUMEN	%
Subtotal destino urbano	539,485	64.08	924,652	76.03
Subtotal destino rural	302,672	35.92	291,464	23.97
Total migrantes	842,157	100.00	1,216,116	100.00

Fuente: Elaboración del Instituto de Estudios de Población y Familia (IEPD) sobre la base de:
Tabulación del censo 1981 efectuada por el IEPD.
Ramírez, Tactuck y Bretón, 1977

Esta nueva dinámica migratoria inter-urbana que en los setenta se fortaleció no por ello ha eliminado a Santo Domingo como el principal foco de atracción de la migración interna e incluso internacional, en el caso de aquellos volumenes de trabajadores haitianos inmigrantes que se desplazan hacia las ciudades. En esta misma línea de razonamiento, es muy probable que el peso de la migración rural-urbana en los movimientos migratorios internos sea aún mayor en las grandes ciudades, como sugieren los datos de Ramírez (1982). De esta forma pudiésemos estar asistiendo en los ochenta a la conformación de dos tendencias contrapuestas: de un lado es posible que la mayor fuerza de los desplazamientos poblacionales interurbanos acentúe la concentración poblacional en la capital, pero es posible que esto se atenúe en la medida en que se desarollen focos regionales concentradores de recursos e inversiones, como las zonas francas y los enclaves turísticos, fortaleciéndose así las ciudades intermedias.[23]

Portes (1988) sostiene la hipótesis de que en América Latina en la década de los ochenta asistimos a una tendencia a la reducción de la primacía urbana.[24] En República Dominicana algunos indicadores apuntan a la validación de esa hipótesis para el período

---

23. Si bien el volumen de los migrantes inter-provinciales tiende a incrementarse en el período 1950-1981 (381 mil para 1950 y 216 mil para 1981), la proporción ha permanecido invariable con alrededor de un quinto de la poblacion total (Ariza, et al., 1991). De aquí que entendamos que el papel e importancia de las ciudades intermedias no ha mermado la importancia que aún revisten los flujos migratorios rural-urbanos, y sobre todo los urbano-urbanos que adquieren cada vez mayor significación, a partir de la década de los setenta. No estamos, pues, ante un cambio en la magnitud proporcional de la población que se desplaza dentro del país, sino frente a una modificación significativa en las modalidades de los flujos migratorios.

24. La hipotesis de Portes sugiere la existencia de una "...inversión, o por lo menos una desaceleración de las ciudades primadas". Después de analizar los índices de 12 importantes países de América Latina, concluye el autor señalando que "...Considera que la tendencia general es ...hacia una mayor concentración de la población total en el centro urbano principal acompañada por una menor concentración de la población urbana". En los 12 países considerados la primacía urbana poseía una fracción de la población urbana cada vez menor, con excepción de Colombia y Chile. (Portes, 1988: 10).

precisamente anterior a los ochenta: la década de los setenta. Pese al crecimiento capitalista en el período 1960-81 la primacía urbana aumentó apenas en un 0.1%. Pero Santo Domingo continuaba concentrando en 1981 un 23.5% de la población del país, aún cuando el ritmo de crecimiento de la población en dicha ciudad descendió en el período 1970-81 (-1.25%).

Pese a que los datos no son concluyentes, es posible sostener la hipótesis de que lo que acontece en República Dominicana en la década de los ochenta es un cambio en el tipo de concentración poblacional, más que una declinación de la primacía. De esta manera se acentuaría a partir de los setenta la concentración de población en la ciudad capital, mediante la conformación de una amplia área metropolitana, sostenida en un proceso de rápida conurbación con áreas industriales, como los Bajos de Haina, y con localidades periféricas a la capital, como Villa Altagracia y San Cristóbal.[25] De esta manera, en el caso dominicano, el crecimiento de las ciudades intermedias es posible que no atenúe la concentración de la población en la ciudad primada. De todos modos, como de inmediato veremos, el modelo de desarrollo exportador de servicios y mano de obra que logró imponerse a partir de los años ochenta fortalece en cierto grado el papel de ciudades intermedias, donde se concentran los enclaves turísticos y las llamadas zonas francas, pese a que ello genera, a su vez, tendencias contradictorias en lo relativo a la apropiación del espacio.

La Apropiación del Espacio Urbano en la Nueva Economía de Servicios

Como hemos discutido, el modelo industrializador sustitutivo de importaciones sostenía una tendencia a la centralización, lo que

25. Para 1981 en el Distrito Nacional residían 1,540,782 personas, las que sumadas a la población de la ciudad de San Cristobal (58,520), y de los Bajos de Haina (33,135), sumaban 1,632,437 moradores, lo cual representaba el 69% de la población de las ciudades de 20 mil o más habitantes, el 57% de la urbana y el 29% de la del país.

se reflejaba en el uso espacial del excedente y la movilidad del trabajo. Al respecto debemos destacar tres elementos: 1) la centralización espacial de las inversiones e infraestructuras; 2) la dirección de las migraciones internas hacia las ciudades principales, sobre todo Santo Domingo; y 3) como consecuencia directa de los dos aspectos anteriores, la primacía urbana de Santo Domingo. En base a este modelo se articuló un sistema urbano centralizador, que ha sido muy bien descrito por Yunén (1985 y 1987). Dicho modelo se encuentra expresado con claridad en el Diagrama 1.3, elaborado por Yunén (1987), a partir del estudio de Santoni "Regionalización en la República Dominicana".

El nuevo esquema de inserción de la economía dominicana al sistema mundial, que hemos definido como exportador de servicios y mano de obra barata, ha tenido, a su vez, consecuencias sobre la apropiación social y económica del espacio, alterando en muchos aspectos el anterior patrón de urbanización. En primer lugar, como bien lo expresa el Diagrama 1.2, el nuevo modelo de desarrollo se sostiene en base a la expansión de las zonas francas y el turismo (Ceara, 1990; Lladó, 1989; de la Rosa, 1989). Sin embargo, en la medida en que la economía se ha ido transnacionalizando y la propia industria sustitutiva de importaciones ha entrado en crisis, las importaciones se han hecho cada vez más importantes para el sostenimiento del modelo exportador de servicios; máxime si tomamos en consideración que en este nuevo esquema la agricultura orientada hacia el mercado interior se ha visto desprotegida y su crisis se ha acentuado.

Esta nueva situación económica le restringe espacio de negociación al Estado, en su capacidad de conducción del proceso de acumulación. Esto así debido a que, como ya afirmamos, los nuevos sectores hegemónicos del capital (zonas francas y turismo) tienen una mayor capacidad de negociación y de control del excedente, que los tradicionales grupos exportadores o los industriales orientados a la sustitucion de importaciones.

Como ya insinuamos, este nuevo modelo de desarrollo ha implicado una serie de cambios en el uso del espacio urbano, los cuales han modificado en diversos aspectos el anterior patrón de urbanización de base industrial sustitutivo. Por lo pronto, en esta nueva situación el primer aspecto que es claramente reconocible es la regionalización de la inversion transnacional. En tal sentido, las inversiones de zona franca y los enclaves turísticos suponen una mayor diversificación regional de los capitales invertidos, que la producida bajo el modelo sustitutivo de importaciones. Pero esto no debe crearnos espejismos, puesto que los efectos económicos de esta mayor "dispersión de la inversión" se manifiestan básicamente en el empleo, y sólo en mucho menor medida en el grado de mercantilización y modernización regional de la economía. Por otro lado, la regionalización del mercado que motorizan estas inversiones, afecta básicamente a los enclaves de servicios turísticos, y mucho menos a los lugares donde se asientan las zonas francas. Sin embargo, en ambos casos, esto no contribuye directamente a la transformación productiva de las regiones donde operan, salvo en aquellos sectores de la agricultura que producen para las zonas turísticas.

Lo que quizás sea más importante es que la centralización de las infraestructuras productivas que apoyaron al anterior modelo de desarrollo, continúan gravitando sobre el nuevo, al obligar a las zonas francas, y a los enclaves turísticos, a concentrarse en torno a los ejes urbanos que en el anterior esquema centralizaban la inversión. Advertimos así que si bien la regionalización de las inversiones transnacionales en las zonas francas pueden fortalecer el papel económico de las ciudades intermedias y, en tal sentido, limitar el ritmo de crecimiento de la primacía urbana de Santo Domingo, por otro lado, como tendencia contrapuesta, la centralización de las inversiones en infraestructura, al atraer a las zonas francas hacia los ejes centrales que concentran el aparato logístico y material necesario para su expansión, fortalece a la primacía urbana.

Algo semejante ocurre con la movilidad del trabajo que esta nueva economía de servicios desarrolla y potencia. En este sentido, el primer rasgo significativo es que el modelo exportador de servicios transnacionaliza el propio mercado local de trabajo. No por casualidad las zonas francas se organizan en un esquema competitivo internacional donde quizás la variable determinante es la baratura de la mano de obra. Este esquema, de no acompañarse de un proceso de desarrollo interno, de elevación local de la productividad, de apropiación de capacidades tecnológicas y entrenamiento eficiente de mano de obra, terminaría conduciendo al conjunto de la economía a una suerte de empobrecimiento estructural, como condición misma de los bajos salarios, precisamente para poder competir con eficacia en el mercado mundial de mano de obra.

La nueva economía exportadora de servicios tiene efectos contradictorios que fortalecen y debilitan el papel de la primacía urbana de Santo Domingo. En primer lugar, este nuevo esquema, al profundizar la crisis de la producción agrícola para el mercado interno, ha acelerado el éxodo de mano de obra local hacia las ciudades intermedias y principales. Esto ha potenciado, a su vez, el masivo desplazamiento de la de mano de obra haitiana hacia tareas agrícolas antes desarrolladas por el proletariado dominicano (Lozano y Báez Evertsz, 1990). Es esta situación la que ha permitido a los grandes latifundistas y empresarios agrícolas dominicanos mantener sus niveles de ganancia, sin proceder a una modernización tecnólogica de la producción.[26]

Se ha creado así una nueva situación en la economía dominicana, pues a la larga el recurso masivo a la mano de obra haitiana no sólo deprime los salarios de base, sino que frena el proceso de modernización tecnológica y productiva. Asimismo, fortalece la tendencia a la informalización del mercado de trabajo urbano, al desplazarse hacia las zonas urbanas importantes contingentes de trabajadores haitianos o de origen haitiano, procedentes no sólo de Haití sino de los propios bateyes azucareros dominicanos, dada la crisis de la industria azucarera.

Por otro lado, la emigración masiva de fuerza de trabajo dominicana a los centros productivos de New York y Puerto Rico ha tenido efectos significativos en el proceso de urbanización. En este sentido, si bien la emigracion ha producido cierto grado de inversiones regionales, sobre todo en compra de terrenos agrícolas, y ganadería, con sus consecuentes efectos en las ciudades intermedias, el proceso de movilidad social en el que se ve involucrado el migrante (tanto el retornado como el residente en el extranjero

---

26. Obviamente, en la medida en que el recurso al empleo masivo de trabajadores inmigrantes haitianos contribuye a la depresión de los salarios de base, para aquellas actividades que requieren muy poca calificación, las zonas francas se benefician, al emplear una mano de obra de semejante nivel de calificación.

que envía remesas) fortalece una tendencia a la concentración en las grandes ciudades de las inversiones en pequeñas empresas que estimulan los nuevos empresarios producidos por la emigración (Portes y Guarnizo, 1991), como se analiza en el Capítulo V de este libro. Paralelamente, esta situación tiende a la concentración de las inversiones en bienes inmuebles, que los retornados y en general los migrantes realizan, en atención a las nuevas patrones de consumo y a los estandares de confort de la familia migrante retornada.

El nuevo modelo de desarrollo exportador de servicios, en sus patrones de inversión regional y la movilidad interna de fuerza de trabajo que genera, en algunos aspectos puede debilitar la tendencia a la primacía urbana, pero en general no la bloquea o paraliza. De aquí que el patrón de urbanización actualmente en proceso de articulación, si bien en el largo plazo puede fortalecer espacios económicos regionales, tal es el caso de Santiago como economía urbana con una creciente función concentradora de las inversiones en zonas francas, en un plazo mediato continuará, a nuestro juicio, generando consecuencias centralizadoras de los movimientos del capital, de las inversiones, los mercados y la mano de obra.

4. Estado, reestructuración capitalista y clases trabajadoras

Intervención Estatal y Regulación de la Fuerza de Trabajo

En este momento es pertinente que tomemos en cuenta la intervención estatal en la regulacion del modelo de desarrollo industrial sustitutivo. En primer lugar, es necesario reconocer que a partir de los años cuarenta se articuló toda una legislacion laboral, a partir de la promulgacion del Codigo Trujillo de Trabajo en 1948 (Duarte, 1987). Se creó, asimismo, un incipiente sistema de seguridad social, y se definió una estrategia de organización corporativa de los trabajadores.

En tal sentido, se verificó en este período un significativo proceso de formalización de las relaciones entre el capital y el trabajo en la economía urbana (Cassá, 1991). Dicho proceso no debe llevarnos a pensar que la mayoría de la población trabajadora, afectada con las regulaciones estatales estuviese vinculada a grandes y modernas empresas industriales. Por el contrario, en este aspecto hay que reconocer que la mayoría de los trabajadores vinculados a la economía urbano-industrial estaban ocupados en pequeños y medianos establecimientos, desempeñando actividades muy cercanas al artesanado, en empresas de muy baja productividad y escaso nivel de acumulación. En tal virtud, puede sostenerse que salvo estas regulaciones estatales, en relación a casi todas las otras características, la fuerza de trabajo en dichos establecimientos debería definirse como típicamente "informal", en el sentido moderno en que hoy se emplea dicha noción (Portes y Walton, 1981; Portes, Castells y Benton, 1990): estos establecimientos en su mayoría tenían menos de cinco trabajadores, con un peso significativo del trabajo familiar sin remuneración, su capacidad de acumulación era escasa, y las relaciones salariales débiles, estando el proceso productivo y las relaciones obreros-patronales escasamente reguladas por el Estado.

Ahora bien, esta incipiente regulación estatal de las relaciones entre el capital y el trabajo no sólo obedeció a requerimientos directos generados por el proceso de industrialización; mas bien fue el resultado de las transformaciones y conquistas que las clases trabajadoras a nivel mundial lograron, finalizada la 2da Guerra Mundial. Con la creación de la Organización de las Naciones Unidas (ONU) se trató de imponer en los países miembros regulaciones que tendían a organizar sobre nuevas bases el proceso de reproducción social de las clases trabajadoras en el plano internacional, con el advenimiento de la hegemonía norteamericana en el sistema económico internacional, el fortalecimiento del fordismo y, en general, la expansion capitalista de postguerra (Frobel, et al.,1981).

Sin embargo, ya para finales de la década de los cincuenta el modelo industrial sustitutivo dominicano reveló sus fisuras al iniciarse su primera gran crisis (1959-61). Como tal, la crisis imbricó un complejo de factores económicos y políticos. En primer lugar, a finales de los cincuenta los precios del azucar tendieron a decaer significativamente, mientras la estrechez del mercado y las grandes inversiones en construcción realizadas por la dictadura trujillista en el período afectaron significativamente la capacidad expansiva del sector industrial. A su vez, el rápido deterioro político de la dictadura potenció una gran fuga de capitales, que contrajo aún más la capacidad de inversión. A todo ello se sumó, a partir de 1961, la crisis de hegemonía (Lozano, 1985), una vez acaecida la muerte de Trujillo en mayo de 1961.

Más allá de la crisis hegemónica del período 1961-65, en el plano económico tuvo lugar el estancamiento del proceso de industrialización. En el período de crisis se produjeron una serie de cambios sociales y políticos que resultaron determinantes para la definición de las características que asumiría la industrialización sustitutiva de importaciones en su segunda etapa, bajo la dirección del "reformismo" balaguerista en el período 1966-78 (Lozano, 1985; Ceara, 1984).

En este sentido, quizás el punto más importante, desde la pespectiva económica es que, tras la muerte de Trujillo en 1961, el Estado se convirtió en el principal empresario nacional, pasando a controlar el eje de la economía y del proceso de acumulación de base exportadora: el azucar. En este mismo período el proceso de urbanización se intensificó, como resultado del masivo éxodo campesino a las ciudades producido por la crisis agraria y la crisis hegemónica posterior a la muerte del dictador Trujillo en 1961. Lo que resulta significativo es que el masivo flujo de población que se dirigió a las áreas urbanas -principalmente a Santo Domingo- encontró en ésta un parque industrial limitado, un reducido nivel de demanda de fuerza de trabajo propiamente industrial y muy bajos niveles de remuneracion e ingresos.

Estas fueron las condiciones en las cuales tuvo lugar la aguda lucha social y política de los años 1961-65. Entre sus resultados, dichas luchas permitieron a los grupos populares urbanos, en particular al movimiento obrero organizado, una práctica duplicación de los salarios urbanos. La nueva situación de los trabajadores urbanos de hecho no se correspondía con una dinámica capacidad productiva industrial. En tales condiciones, la demanda efectiva estimulada con la elevación de los salarios logró ser satisfecha por dos canales: 1) agotando la capacidad industrial subutilizada, pero esto no estimuló nuevas inversiones que expandieran el parque industrial; y 2) a través del masivo incremento del ritmo y el volumen de las importaciones de bienes de consumo inmediatos y duraderos. De esta manera, aunque parezca paradójico, el aumento de los ingresos de los grupos populares urbanos y de las clases medias, en el contexto del estancamiento del sector industrial, a la larga favoreció la consolidación de los sectores oligárquicos importadores.

Entre sus diversas consecuencias, la nueva situación estimuló la concentración de la infraestructura material del proceso de industrialización en la ciudad de Santo Domingo, concentrandose en ésta las principales obras de alcantarillado, la infraestructura de distribución de aguas, energía eléctrica, instalaciones sanitarias, hospitalarias, y gastos en educación, etc. (Cuadro 1.4). Es importante no perder de vista que la concentración de recursos no fue únicamente el producto de la concentración demográfica de la población, o del clientelismo estatista, sino el fruto de la capacidad de los grupos sociales urbanos de movilizarse, logrando conquistas decisivas frente al Estado.

¿Cómo se pudo financiar este cambio en el patrón de regulación de la fuerza de trabajo? En parte penalizando a la agricultura por la vía de los precios, con el consecuente drenaje de excedentes hacia los sectores productivos, o comercializadores de bienes manufacturados urbanos; como también gracias al endeudamiento externo, a partir del cual se obtuvieron recursos para el financiamiento de la expansión de las importaciones. Fue así cómo entre los años 1961-68 se estimuló un modelo "desindustrializador" que favoreció a la burguesía intermediaria en su fracción importadora (Lozano, 1985).

Sin embargo, de alguna manera la existencia de un poderoso movimiento popular urbano y sindical y de un gran número de trabajadores marginales en condiciones de extrema pobreza, obligó al Estado a la generación de políticas de asistencia social, las cuales significaban la rearticulación del intervencionismo estatal en la regulación de la fuerza de trabajo urbana. El Estado se vió así forzado a mover significativos excedentes para el financiamiento de los costos salariales indirectos de la fuerza laboral, costos que no sólo cubrían parte de las necesidades reproductivas de la fuerza de trabajo ocupada o subocupada, sino también del cada vez más significativo y masivo ejercito de reserva urbano. Ello se reflejó en las políticas de salubridad pública, la ampliación de la cobertura de la seguridad social, la masificacion de la enseñanza, sobre todo a nivel intermedio y superior, etc.

Con esta situación cambió el patrón de relación del Estado con las clases trabajadoras, desde el punto de vista del proceso reproductivo de la fuerza laboral. Ese cambio de la intervención estatal tuvo consecuencias en el plano político al redefinir las relaciones con las masas tras la consolidación del Estado Asistencial de tipo populista. Pero ello también gravitó en el plano macroeconómico, al condicionar toda la política económica, en materia de gastos corrientes como de inversión, a la relación con el movimiento de masas y la clientela política (Lozano, 1992).

En los años setenta el Estado se reorganizó, al superarse la crisis de hegemonía del período 1961-65. Esto permitió articular una nueva estrategia de regulación y control laborales que tendía a frenar o limitar la capacidad reivindicativa lograda por el movimiento obrero urbano en el período de crisis. Se perseguía principalmente modificar la política de regulación salarial, en la medida en que ésta constituía un elemento clave del nuevo modelo de acumulación de capital que se deseaba activar, cuyo eje dinámico estaba constituído por la producción industrial sustitutiva de importaciones bajo el liderazgo del capital financiero (Lozano, 1985).

Cuadro 1.4

Primacía urbana: indicadores básicos de concentración sociodemográfica y económica en Santo Domingo

		Concentración Santo Domingo				Concentración Santo Domingo	
Año	Indicadores	Absoluto	% del Total	Año	Indicadores	Absoluto	% del Total
1981	Geográficos:			1987	Construcción (D.N.):		
					Sector público:		
	Población	1,313,172	23.2		- No permisos construcción	455	73.2
	Población urbana	1,313,172	14.7		- Area a2	34,522	57.7
	Habitantes/ka. 2N (densidad) DN	1,050			- Valor (en miles RD$)	22,187	72.5
	Población inmigrante (DN)	695,084	57.2		Sector privado:		
	Población emigrante (DN)	67,654	5.6		- No. permisos construcción	2,420	59.0
	Saldo migratorio positivo (DN)	627,430	95.0		- Area a2	677,616	61.8
					- Valor (en miles RD$)	364,453	63.5
	Industria manufacturera:			1977-80	Inversión obras públicas		57.5
1979	Número de establecimientos	1,308	70.7	1979	Actividad bancaria:		
1978	Valor agregado (miles en RD$)	415,511	57.0	1979	- Porcentaje en préstamos		81.5
					- Porcentaje de depósitos		89.8
1968-80	Acogidas Ley 299, Categ. C y B:				- Porcentaje de empleo		73.7
	- No. de establecimientos	461	77.6				
	- No. empleo	25,752	77.1	1966-88	Préstamos FIDE (DN):		
	- Inversión (miles RD$)	282,085	73.7		- Sect. Indust. miles de RD$	40	67.5
1985	Ventas comercios al por mayor (en miles de RD$)	4,145,450	74.0	1976	No. empleos fijos gobierno	117,218	91.7

Tomado de: Ariza et al. 1981.

En tales condiciones, comenzó a declinar el salario real (Duarte, 1987). En este contexto la política salarial y de control de la inflacion tuvo por objetivo central financiar parte de los costos reproductivos de la fuerza laboral en la forma de salarios indirectos y en segundo lugar subsidiar bienes-salarios de origen agropecuario. Con esto, y como su corolario político, el Estado lograba debilitar la capacidad de organización corporativa de las clases trabajadoras urbanas, restringiendo su capacidad de movilización y negociación frente al emergente empresariado vinculado a la industria sustitutiva de importaciones.

Sin embargo, pese a esa política de regulación salarial en sus lineamientos generales, hubo sectores de trabajadores, sobre todo los más organizados corporativamente, pero también más vinculados a los sectores económicos modernos (manufacturas, energía, minas, metalurgia, etc.) que lograron durante un tiempo gran estabilidad en sus niveles de vida; incluso hasta 1975-76 sus salarios reales aumentaron (Cuadro 4.13). En este sentido, los trabajadores urbanos que más sufrieron en lo inmediato las consecuencias de la ley de austeridad fueron los más desprotegidos en sus lazos con el capital, como los vinculados a actividades terciarias e informales.

Por lo demás, durante todo un período, prácticamente hasta finales de los años setenta, el Estado mantuvo una relativa capacidad de financiamiento de los costos salariales indirectos. En parte esto se debió a su capacidad como principal empresario del sector exportador, con el dominio del Consejo Estatal del Azúcar (CEA), principal corporación azucarera nacional, en una coyuntura internacional de buenos precios de los productos de exportación, sobre todo del azúcar. A esto se añadía su capacidad de transferir excedentes, tanto del campo hacia las ciudades, como del sector exportador, a los ejes dinámicos del modelo de acumulación (la actividad industrial y bancaria), tras su política de paridad cambiaria y de estricto control de las divisas generadas por el sector exportador.

Cuadro 1.5

Fuerza de trabajo urbana según sectores y ramas: 1950-1981 (cifras relativas)

Sectores y ramas	1950	1960	1970	1981
A) Sector Agrícola	10.38	20.25	9.92	7.02
B) Sector No Agrícola	89.62	79.75	90.08	92.98
1. Producción de bienes:	24.50	23.51	15.76	22.32
Minas	0.04	0.23	0.09	0.32
Manufacturas	17.42	18.15	10.70	15.83
Construcción	7.04	5.13	4.97	6.17
2. Servicios Básicos:	5.67	6.37	6.85	4.45
Eléctricidad	0.65	0.96	0.31	1.17
Transporte	5.02	5.41	6.54	3.28
3. Comercio y Otros servicios				
Servicios:	42.27	42.73	41.79	46.37
Comercio	13.63	13.54	11.91	15.49
Finanzas	0.46	-	3.43	2.08
Servicios Sociales y personales	28.18	29.19	26.45	28.80
4. A.N.B.E.	17.18	7.14	25.68	19.83
Total	100.0	100.0	100.0	100.0

Fuente: ONE: Censos Nacionales de Población.

Cuadro 1.6

Segmentación de la población activa: 1950, 1960, 1970 y 1980 (cifras relativas)

Categorías	1950	1960	1970	1980
Subtotal Urbano	**28.2**	**33.2**	**45.6**	**58.6**
Formal	19.7	19.1	30.1	42.6
Informal	4.9	10.1	11.5	12.2
Ser.Doméstico	3.6	4.0	4.0	3.8
Subtotal Agrícola	**71.7**	**66.5**	**54.3**	**41.3**
Moderno	13.3	15.8	17.7	16.7
Tradicional	58.4	50.7	36.6	24.6
Minería	**0.1**	**0.3**	**0.1**	**0.1**
TOTAL	**100.0**	**100.0**	**100.0**	**100.0**

Fuente: PREALC (1982).

De esta forma, el Estado logró financiarle a los sectores productivos en crecimiento parte de los costos salariales, asegurándole la expansion económica, como ejes dinámicos del modelo de acumulación. En un plazo mediato, esto permitió sostener una política de "congelación" salarial, sin grandes riesgos de dificultar las posibilidades mismas de reproducción social de las clases trabajadoras.

Hay otros aspectos que no podemos dejar de considerar en este momento. Aquellas fracciones de las clases trabajadoras urbanas "mayoritarias" fueron las que en esa situación se encontraron desprotegidas frente al Estado, en términos de la regulación "formal" de sus vínculos con el capital. Se definió así una segmentacion de las clases trabajadoras urbanas, en términos de sus lazos o relaciones con el Estado, pero también en funcion del grado de formalizacion de sus lazos con el capital.

De esta suerte, en los sectores monopolistas del capital las relaciones salariales tendieron a ser reguladas en acuerdos

Cuadro 1.7

Distribución sectorial de la población económicamente activa: 1950-1981 (cifras relativas)

Sectores y Ramas	1950	1960	1970	1981
Sector Primario	**56.50**	**55.54**	**45.38**	**23.84**
Agricultura	56.47	55.34	45.31	23.57
Minas	0.03	0.20	0.07	0.27
Sector Secundario	**9.45**	**13.11**	**10.82**	**17.89**
Industria	6.91	9.68	8.33	12.58
Eléctricidad	0.18	0.50	0.14	0.78
Construccion	2.36	2.93	2.35	4.53
Sector Terciario	**14.85**	**27.10**	**24.33**	**34.65**
Comercio	4.94	7.63	6.36	10.77
Transporte	1.54	3.04	3.62	2.27
Finanzas	0.11	-	1.66	1.26
Servicios sociales y personales	8.26	16.43	12.69	20.35
A.N.B.E.	**19.21**	**4.24**	**19.47**	**23.63**
TOTAL	**100.00** (825,587)	**100.00** (866,836)	**100.00** (1,211,704)	**100.00** (1,784,213)

Fuente: ONE: Censos Nacionales de Población y Vivienda.
Para 1981: tablas inéditas.

Cuadro 1.8

Distribución del empleo industrial por provincias y regiones: 1984 (cifras absolutas y relativas)

Regiones y Provincias	Absoluto	Relativo A	Relativo B
1. Suroeste:	**7,740**	**3.2**	**100.0**
Azua	415	-	5.3
Barahona	6,152	2.5	79.6
Bahoruco	149	-	1.9
Independencia	66	-	0.9
Elias Piña	133	-	1.7
San Juan de la Maguana	606	-	7.8
Pedernales	219	-	2.8
2. El Cibao	**48,849**	**20.4**	**100.0**
Santiago	33,933	14.1	69.1
Espaillat	1,427	-	2.9
Duarte	2,344	-	4.7
María T. Sánchez	340	-	-
Samaná	125	-	-
Sánchez Ramírez	1,176	-	2.3
Salcedo	100	-	-
La Vega	4,159	1.7	8.4
Puerto Plata	3,567	1.4	7.2
Valverde	715	-	1.4
Monte Cristi	732	-	1.4
Santiago Rodríguez	116	-	-
Dajabón	115	-	-
3. Sureste	**182,571**	**76.4**	**100.0**
Distrito Nacional	142,027	59.3	77.9
San Cristobal	4,850	2.0	2.6
Peravia	1,071	-	0.5
S.P.Macorís	11,427	4.7	6.2
La Romana	22,582	9.4	12.3
El Seybo	382	-	-
La Altagracia	232	-	-
TOTAL	**239,160**	**100.0**	

(-) : Menos del 0.1%
A : Distribución relativa nacional
B : Distribución relativa regional
Fuente:Consejo Nacional de Hombres de Empresa, Publicado en el Listin Diario, 7/julio/1984, p. 3-C.

Cuadro 1.9

Fuerza de trabajo en la industria sustitutiva de importaciones, la industria azucarera y las zonas francas: 1970-1988

Año	Industria Sustitutiva		Industria Azucarera		Zonas Francas		Empleo Industrial Total	
	Absoluto	%	Absoluto	%	Absoluto	%	Absoluto	%
1970	28,090	24.3	86,786	75.2	504	0.5	115,380	100.0
1971	29,681	24.8	88,585	74.2	992	1.0	119,258	100.0
1972	36,018	27.1	94,497	71.1	2,289	1.8	132,804	100.0
1973	41,579	28.0	103,195	69.7	3,194	2.3	147,968	100.0
1974	44,237	29.1	102,460	67.6	4,801	3.3	151,498	100.0
1975	48,822	35.6	81,278	59.3	6,953	5.1	137,053	100.0
1976	52,098	40.8	66,733	52.3	8,608	6.9	127,439	100.0
1977	50,967	38.4	70,705	53.3	10,910	8.3	132,582	100.0
1978	59,296	41.2	70,959	49.3	13,480	9.5	143,735	100.0
1979	67,185	41.7	77,474	48.1	16,095	10.1	160,754	100.0
1980	74,185	42.3	82,341	47.1	18,339	10.6	174,865	100.0
1981	69,284	39.0	87,403	49.3	20,520	11.7	177,207	100.0
1982	70,362	39.6	87,550	49.3	19,629	11.1	177,541	100.0
1983	74,296	40.8	85,246	46.8	22,272	12.4	181,814	100.0
1984	74,970	41.3	79,232	43.6	27,126	15.1	181,328	100.0
1985	75,435	39.9	77,501	41.0	35,720	19.1	188,656	100.0
1986	79,206	38.3	76,106	36.8	51,230	24.9	206,542	100/0
1987	84,998	36.3	78,992	33.8	69,538	29.9	233,528	100.0
1988	82,363	33.8	75,213	30.9	85,468	35.3	243,044	100.0

Fuente: ONE: Estadísticas Industriales 1970-88; Consejo Nacional de Zonas Francas.

corporativos entre trabajadores y empresarios, al tiempo que la seguridad social ampliaba relativamente su cobertura, sobre todo a partir del momento en que la medicina privada brindó al sector empresarial servicios de seguros e igualas medicas (Duarte, 1987). Esta protección al sector laboral por parte del capital monopolista se pudo articular precisamente a consecuencia de la privilegiada posición del mismo en el proceso de acumulación, como también debido a sus grandes ganancias monopolistas.

Ahora bien, en aquellos segmentos mayoritarios de las clases trabajadoras urbanas, sobre todo en el sector informal, la desprotección salarial resultado de su no-regulación, y la práctica ausencia de la seguridad social, hizo que las consecuencias de la Ley de Austeridad se hicieran sentir más dramáticamente en los trabajadores.

El Gasto Social del Estado y las Clases Trabajadoras Urbanas

El gasto público es el principal instrumento a través del cual el Estado incide sobre el bienestar general de la población y en particular sobre el salario indirecto de las clases trabajadoras. Dentro del gasto público, determinados aspectos están más directamente vinculados con la reproducción social de la fuerza laboral. Nos referimos específicamente a los gastos en salud, educación, asistencia social, seguridad social, recreación y transporte, entre otros. Se trata de los denominados gastos sociales básicos y equipamientos colectivos. Veamos la dinámica histórica de este proceso.

La intervención estatal en la regulación del proceso económico, y específicamente en el proceso de reproducción social de las clases trabajadoras, se profundizó a la muerte de Trujillo. A partir de 1968, con la creación del conjunto de condiciones que potenciaron el modelo industrial sustitutivo en su etapa de mayor desarrollo (1968-78), la intervención estatal en la economía se hizo más directa y necesaria para la reproducción social del mundo del trabajo.

El modelo de acumulación impuesto por Balaguer en el período 1966-78 se apoyo en tres elementos básicos: 1) la Ley 299 de Incentivo y Desarrollo Industrial, tras la cual se expandió el sector sustitutivo de importaciones, gracias a las exenciones impositivas, la liberalización en la reinversión de utilidades, y en general el apoyo material del Estado al proceso industrializador. 2) La política crediticia del Estado al sector industrial, cuyo principal instrumento fue el llamado fondo FIDE, y la creación de la banca de desarrollo. Y 3) la Ley de Austeridad, tras la cual el Estado logro controlar el crecimiento de los salarios que fue propio del período de crisis hegemónica anterior (1961-65), asegurando así la estabilidad del proceso de acumulación industrial.

Con la Ley de Austeridad el Estado estabilizaba el comportamiento de los salarios industriales, controlando el comportamiento del gasto corriente, al tiempo que aseguraba al sector industrial en expansión una fuerza de trabajo barata. Pero esto tuvo que ser complementado con una política autoritaria de control sindical y con una estrategia de subsidios a los bienes salarios de origen agrícola; política que, además de drenar excedentes al Estado, para financiar la expansión industrial, drenaba excedentes de la agricultura hacia las áreas urbanas, arruinando al productor agrícola directo.

En 1978, cuando se inició la crisis del modelo de industrialización sustitutiva de importaciones (Ceara, 1984), la gran mayoría de la clase trabajadora dominicana no disfrutaba de seguridad social y su nivel de organización sindical era débil. Sólo un reducido segmento de los trabajadores y los estratos medios asalariados, habían alcanzado una importante cobertura en materia de seguridad social y negociaban con sus patronos acuerdos colectivos de trabajo que le deparaban beneficios tales como bonificaciones, seguridad médica privada, etc. La mayoría de las clases trabajadoras, cuyas relaciones con el capital eran de tipo informales no se encontraban organizadas en sindicatos, o prácticamente no tenían ningún tipo de protección laboral, siendo el Estado el principal agente financiador de los costos reproductivos indirectos para este volumen de trabajadores. En este sentido, el proceso de reproducción social de estas fracciones mayoritarias de la clase trabajadora no sólo se hacía más precario e incierto, sino más dependiente de la regulación estatal.

En este contexto, la crisis económica de los ochenta, con sus programas de ajuste, y los recortes presupuestarios estatales, sobre todo a propósito de los gastos sociales, agrietó el esquema reproductivo de los trabajadores urbanos menos favorecidos en sus relaciones con el capital, y más dependientes de la protección estatal. Sin embargo, la crisis fue de una magnitud tal que llegó a afectar, incluso, a segmentos de los trabajadores anteriormente privilegiados, como también a los grupos medios urbanos.

Cuando las exportaciones tradicionales que financiaban este modelo industrializador entraron en crisis, y aumentó la tarifa petrolera en los mediados de los setenta, el esquema económico descrito entró en una seria crisis de reproducción. Esta nueva situación forzó al Estado a una drástica reducción de los gastos sociales y, en consecuencia, a la modificación de la estrategia de subsidios al proceso de reproducción de la fuerza de trabajo, tanto por la vía de los gastos corrientes, como a través del financiamiento de bienes salarios de origen agrícola.

El nuevo patrón de acumulación que se organizó en los años ochenta, cuyos ejes dinámicos fueron las zonas francas y el turismo, no modificó la tendencia del proceso de desarrollo al diseño de políticas salariales desvalorizadoras de la fuerza de trabajo, retribuyéndola por debajo de los requerimientos mínimos demandados para su reproducción social. Asimismo, este nuevo modelo fortaleció aún más la tendencia a la restricción del gasto estatal dirigido al financiamiento de costos reproductivos indirectos de los trabajadores. Analicemos este proceso con mayor detalle.

Crisis de Acumulación y Reordenamiento Capitalista en los Años Ochenta

La lógica económica económica descrita, por medio de la cual hasta finales de los años setenta el Estado financiaba parte de los costos reproductivos de las clases trabajadoras urbanas, entró en una profunda crisis en los años ochenta, una vez entró en crisis su fuente de financiamiento.

Los factores que intervinieron en este proceso fueron tanto de índole interna como externa. En el modelo de industrialización sustitutiva de importaciones, en su primera etapa (1945-61), como en la segunda (1968-78), la productividad agropecuaria tendía a decrecer sistemáticamente. Esta situación ponía límites al financiamiento de los costos de bienes-salarios agropecuarios,

Cuadro 1.10

Distribución regional de las zonas francas industriales: número de establecimientos y trabajadores: 1991(*) (cifras absolutas y relativas)

Regiones y Provincias	Número de Empresas		Trabajadores	
	Absoluto	%	Absoluto	%
El Cibao:	**154**	**42.8**	**55,972**	**41.7**
Puerto Plata	14	3.9	2,700	2.0
Santiago	65	18.0	36,693	27.4
La Vega	34	9.5	7,304	5.4
Moca	13	3.6	1,950	1.5
San Fco. de Macorís	9	2.5	835	0.6
Villa Altagracia	5	1.4	1,500	1.1
Esperanza	5	1.4	1,390	1.0
Bonao	9	2.5	3,600	2.7
Suroeste:	**44**	**12.2**	**13,153**	**9.8**
Barahona	4	1.1	2,600	1.9
Baní	11	3.0	4,400	3.3
San Cristobal	29	8.1	6,153	4.6
Sureste:	**162**	**45.2**	**65,032**	**48.5**
San Pedro de Macorís	86	23.9	40,857	30.5
Higüey	2	0.5	163	0.2
La Romana	35	10.0	18,275	13.6
Distrito Nacional	39	10.8	5,737	4.2
TOTAL	**360**	**100.0**	**134,157**	**100.0**

(*) La información cubre las empresas de zonas francas en operación hasta el 28 de febrero de 1991. El cuadro no incluye las "zonas francas especiales", que suman 25 empresas, para un total de 8,121 trabajadores.

Fuente: Consejo Nacional de Zonas Francas de Exportación, 1991.

Cuadro 1.11

Tasas de desempleo en la población económicamente activa: 1970-1988

Año	El País	Zona Urbana	Zona Rural	Santo Domingo
1970	24.1	24.2	24.0	-
1973	-	-	-	20.0
1978	-	-	24.4	-
1979	-	-	-	19.3
1980	22.5	26.1	19.0	20.7
1981	20.7	22.8	18.8	-
1983	-	-	-	21.4
1984	24.8	25.5	24.1	19.6
1985	27.2	-	-	-
1986	25.1	-	-	-
1987	19.5	-	-	22.7
1988	-	-	-	18.2

Fuente: Centro de Investigaciones Económicas (CIECA), 1989.

apoyados en la congelación de precios y en el subsidio. A partir de la década de los setenta, los costos de producción de los bienes agropecuarios se elevaron, en parte por el aumento de los costos de insumos importados, pero también debido a la política de controles de precios, en un contexto de baja productividad y atraso tecnólogico. En esta situación, los precios de las exportaciones tradicionales, sobre todo del azúcar, bajaron sistemáticamente, mientras los de las importaciones petroleras aumentaron de un modo tal que obligaron a desviar gran parte de las entradas de capital para cubrir su financiamiento, agudizándose así los problemas de balanza de pagos.

A consecuencia de ello se produjo una grave crisis que desorganizó la economía, agotó la capacidad de reproducción estatal, básicamente en lo relativo a su función de agente mediador del proceso de acumulación y, en particular, de agente financiador de los costos reproductivos indirectos de la fuerza de trabajo.

Una parte de los grupos trabajadores urbanos, el proletariado más protegido y vinculado a los sectores del capital más productivos y modernos, resolvió la nueva situación gracias a que el propio sector capitalista protegió a sus trabajadores, a partir de su privilegiada posición monopolista en el conjunto de la economía. Pero no debemos olvidar que esta fracción de la clase trabajadora urbana era un segmento muy reducido en relación al conjunto de los trabajadores. De todos modos, a la larga el proceso inflacionario de los ochenta terminó afectando en sus niveles de vida a este grupo relativamente "protegido" (Ceara, 1990; Duarte, 1987).

La nueva situación bloqueó el acceso a los mecanismos articulados por el Estado para el financiamiento de los costos indirectos del salario, de la fracción mayoritaria de las clases trabajadoras, mecanismos que resultaban determinantes para su reproducción, habida cuenta de que estos trabajadores no tenían acceso a los mecanismos de protección y apoyo que organizó el sector monopolista del capital privado.[27]

27. En gran medida esto es lo que explica que la crisis de los ochenta cuestionara la lógica reproductiva de las fracciones mayoritarias de las clases trabajadoras urbanas y, en consecuencia, obligara a modificar los mecanismos articulados por éstas para su sobrevivencia. Un análisis más amplio de los efectos de la

Es aquí donde se plantea el problema de los efectos de la crisis en la lógica reproductiva de las clases trabajadoras urbanas. En tal sentido, la crisis informalizó una parte significativa de las actividades laborales de importantes núcleos de trabajadores. En parte a través de mecanismos de subcontratacion laboral (como es el caso de la producción textil domiciliaria); pero también a través de la "informalización" de muchas de las actividades que antes se realizaban en las empresas capitalistas formales (tal es caso de los reparadores de automoviles, de electrodomésticos, etc.), como a través del impulso de un modelo de acumulación alternativo que, como el de las zonas francas industriales, se apoya en un tipo de relación salarial escasamente regulada y en el bloqueo de la organización corporativa del trabajo (Frobel, et al. 1981; Freyssinet, 1978).

En todo caso, la crisis generó por lo menos dos fenómenos interconectados. En primer lugar, potenció la desindustrialización (Ceara, 1990), estimulando un alto grado de actividades informales urbanas: pequeños comercios, talleres de reparación vinculados a la actividad industrial o al sector servicio, ventas ambulantes de productos agropecuarios y de importación, alimentos procesados, etc. En segundo lugar, redefinió las estrategias de sobrevivencia de las familias trabajadoras, modificando sus mecanismos de inserción en el mercado de trabajo urbano. Por lo pronto, incrementó la participación femenina e infantil en el mercado laboral, mientras los jefes de hogar pasaron a tener una posición más inestable en sus actividades (García y Valdivia, 1985). Por otro lado, la población activa secundaria pasó a vincularse más estrechamente a actividades informales, al tiempo que su velocidad de incorporación al mercado laboral se aceleró (PREALC,1983).

No podemos perder de vista que este cambio en las estrategias de inserción laboral de las familias obreras no obedeció únicamente a las precariedades en la capacidad reproductiva de los trabajadores, sino también al mayor grado de mercantilización del proceso de reproducción social que en los años ochenta se estaba verificando en las ciudades, en función del desarrollo capitalista en el nuevo esquema de acumulación, apoyado en la producción

crisis estatal del período 1980-90 sobre la política social del Estado se encuentra en el Capítulo IV de este libro.

de mano de obra y servicios baratos, e integrado a un esquema laboral competitivo a escala regional y mundial.

En lo relativo al dinamismo del mercado laboral el cambio más significativo fue el nuevo papel del desempleo abierto en la dinámica misma de la compra y venta de fuerza de trabajo. Entre 1960-1978 el desempleo abierto parecía tener un comportamiento divorciado del ciclo económico, dada la permanencia en el tiempo de una igual tasa de desocupación abierta (alrededor del 20%), más allá de las fluctuaciones de la economía (Lozano, 1987) (Cuadro 1.12). En esta situación, la sobrepoblación relativa urbana tenía una clara funcionalidad estructural en el mercado de trabajo, esencialmente en la perecuación de la tasa salarial y, en menor medida, en la producción de la oferta de mano de obra urbana (Duarte, 1983).

El esquema de funcionamiento del mercado laboral urbano propio del modelo industrial sustitutivo en los años setenta, se recompuso en los años ochenta (Cuadros 1.9 y 1.10). La desindustrialización, la recesión económica global, y la recomposición de los sectores dominantes del capital, obligaron a un cambio drástico del momento propiamente doméstico de la reproducción de la fuerza de trabajo, en la medida en que se incrementaron las tasas de participación de los miembros de las familias trabajadoras, dado el descenso de sus ingresos reales, pero sobre todo al reducirse la dimensión de la demanda efectiva de trabajadores en el sector formal de la economía, aumentando el grado de incertidumbre en las posibilidades de insercion laboral de los principales miembros del hogar en el mercado de trabajo. Esta reducción de la demanda de fuerza de trabajo se produjo sobre todo en las ramas de la economía más vinculadas al proceso de industrialización sustitutivo de importaciones y con un mayor grado de formalización de las relaciones capital-trabajo. La consecuencia de todo ello fue un significativo incremento de las actividades terciarias, pero principalmente un significativo incremento de la actividad informal.

5. Uso del espacio y polarización social: el caso de Santo Domingo

Para finalizar este primer capítulo nos proponemos presentar algunas hipótesis interpretativas del proceso de urbanización de la ciudad de Santo Domingo en el período 1945-1990 dado que la ciudad capital ha constituido históricamente el eje articulador dominante del proceso de urbanización en el país (Mapa 1.1). El método analítico será necesariamente histórico, puesto que histórico es el proceso mismo de apropiación del espacio. En todo caso, además de la perspectiva de los modelos de desarrollo, las pautas del análisis la proporcionan la dinámica constitutiva de las clases sociales urbanas, el proceso de apropiación social y económico del espacio y las funciones interventoras del Estado en la regulación de la economía. Finalmente, presentaremos algunas ideas a propósito de la desigualdad social en su expresión espacial.

Desde la articulación de la moderna economía exportadora dominicana, en torno a la producción azucarera, la ciudad de Santo Domingo ha desempeñado un rol articulador de primer orden del sistema urbano nacional. Como se sabe (Lozano 1976; Báez Evertsz, 1978), la moderna economía exportadora azucarera se dinamiza en República Dominicana principalmente a partir de la Primera Ocupación Norteamericana en 1916. Con la Ocupación se consolida la presencia de las grandes corporaciones azucareras norteamericanas. Toda la región Este del país quedó transformada por la presencia de los centrales azucareros. El latifundismo se expandió despojando de sus tierras a cientos de familias campesinas. Algunos de estos campesinos lograron pasar a trabajar como asalariados agrícolas, pero la mayoría, sobre todo después de 1919, en que se inicia la inmigración masiva de jornaleros haitianos hacia las zonas azucareras, fueron forzados a emigrar a otras regiones, como el Cibao Oriental (Báez Evertsz, 1978).

No menos importante que estas transformaciones sociales y económicas en las áreas rurales fueron las transformaciones en el mundo urbano. San Pedro de Macorís pronto se convirtió en una activa ciudad portuaria, con un dinámico comercio no sólo exportador sino también interno. Para la década del veinte esta ciudad era el eje económico más importante de la Banda Sureste y competía con ciudades como Santiago (del Castillo, 1978).

Sin embargo, en la medida en que la economía exportadora se consolidaba, Santo Domingo, como ciudad capital, poco a poco fue concentrando poderes burocráticos esenciales para la articulación del sistema exportador en expansión. A este hecho se unió la cada vez más importante presencia del capital importador. De esta suerte, poco a poco la ciudad capital se fortaleció como eje o polo económico. A partir de 1930, acontecimientos políticos consolidaron este poder de Santo Domingo. Con el ascenso de Trujillo al poder, la ciudad capital se convirtió definitivamente en el eje del poder político del país. Ya para la década de los cuarenta el poder económico de la ciudad capital estaba definitivamente fortalecido. La ciudad se había convertido en el centro importador más importante del país. No quiere esto significar que ciudades como San Pedro de Macorís y Santiago hubiesen perdido importancia como ejes dinámicos de la economía exportadora, la primera, y como principal espacio articulador del mercado interno de bienes agrícolas, la segunda. Lo que sí había ocurrido era que Santo Domingo había desplazado a San Pedro de Macorís en el control del comercio importador y hacia ella se dirigía una porción importante de la producción campesina comercializable en el mercado interior.

A partir de este momento, sobre todo en la Postguerra, Santo Domingo (en ese momento bajo el nombre de Ciudad Trujillo) pasó a constituirse ya no sólo en el eje articulador del poder político nacional, en términos de su distribución espacial. También pasó a constituir el eje central del proceso de industrialización en marcha que se haría fuerte sobre todo en los años cincuenta.

A partir de la Postguerra, Santo Domingo ha conocido tres momentos de expansión o crecimiento. Estas diversas fases expansivas de la vida urbana en la ciudad han estado estrechamente vinculadas a la dinámica de los modelos de desarrollo descritos, como al proceso histórico de constitución y articulación de los grupos y clases sociales urbanos, verdaderos protagonistas de la formacion misma de la ciudad. Ciertamente, toda periodización es arbitraria, pues al destacar determinados aspectos considerados relevantes resta importancia a otros, los cuales en distintas ópticas de análisis y con otros propósitos, resultan igualmente importantes. Aún así, las periodizaciones son útiles, pues ayudan a reconocer las pautas esenciales de los procesos, al facilitar las comparaciones.

Tomando en consideracion lo dicho, hemos establecido tres períodos básicos de crecimiento de la ciudad, a partir de 1945: 1) 1945-60; 2) 1960-80; 3) 1980-1990 (Mapa 1.1).

Mapa 1.1

Expansión de Santo Domingo 1945-1991

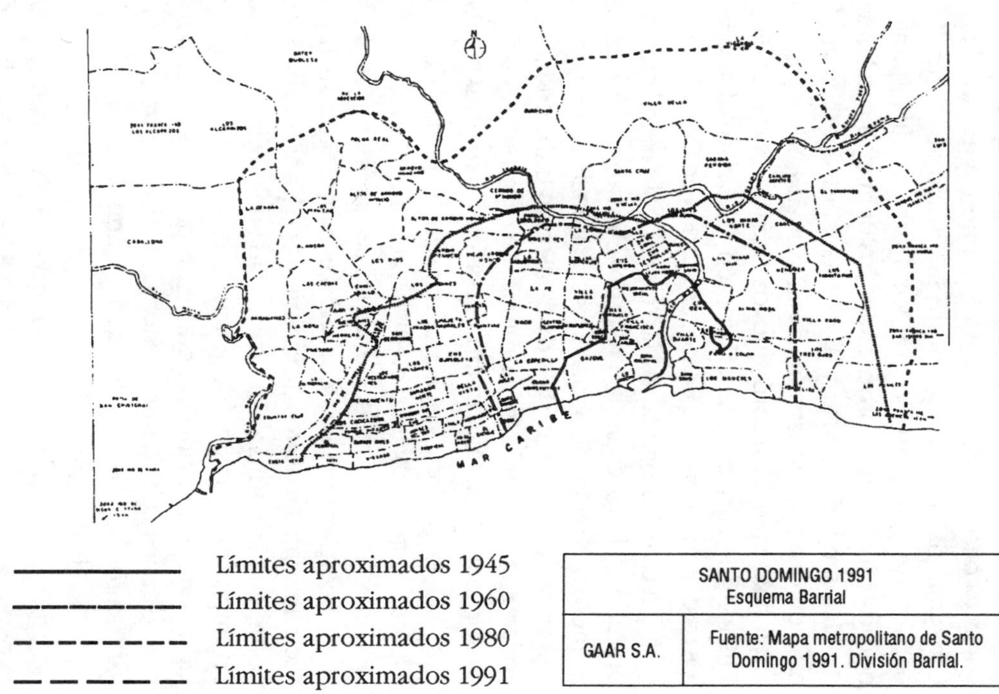

——— Límites aproximados 1945
— — — Límites aproximados 1960
- - - - Límites aproximados 1980
— — — — Límites aproximados 1991

SANTO DOMINGO 1991 Esquema Barrial	
GAAR S.A.	Fuente: Mapa metropolitano de Santo Domingo 1991. División Barrial.

La Expansión de la Post Guerra: 1945-1960

En esta fase la ciudad se expande hacia el norte y, en menor medida, hacia la margen oriental del río Ozama. Hasta mediados de los años cuarenta la ciudad reconocía como límites aproximados hacia el oeste la Zona de Mata Hambre y la hoy llamada Zona Universitaria. En su lado norte la ciudad se expandía hasta los barrios de San Juan Bosco, Miraflores y Villa Juana. Del lado noroeste los límites aproximados los demarcaba el llamado Barrio de Mejoramiento Social y al este la Ciudad Colonial. A partir de este entorno, la expansión de la ciudad en los mediados de los años cuarenta incorporó nuevos barrios, como La Fe, Agustina, Villas Agrícolas, Ensanche Luperón, María Auxiliadora, Güaley y los que hoy se conocen como los barrios de Capotillo y 24 de Abril.

En este período la ciudad creció poblando la margen oeste y oriental del rio Ozama, creándose en torno a estas zonas los primeros bolsones de poblaciones marginales en el barrio de Güaley y grandes concentraciones de población trabajadora en Los Mina, en la margen oriental de la ciudad. Se crearon asimismo barrios de clase media baja, tales como Luperón y María Auxiliadora.

Hasta los años sesenta, desde el punto de vista de los asentamientos poblacionales y la estratificación social del espacio, la expansión de Santo Domingo se caracterizó por dos rasgos socioeconómicos básicos: 1) se establecieron los primeros asentamientos masivos de marginales o pobres urbanos en la zona norte, en ambas márgenes de la ríada del Ozama; 2) se constituyó un importante cordón de pobladores de clase media baja, en el lado norte de la ciudad, dándose los primeros pasos para la posterior urbanización de una extensa zona de terrenos privados, en torno a los hoy barrios de Naco y Piantini.

Desde el punto de vista del proceso de desarrollo, esta fase de crecimiento de Santo Domingo coincide con la primera fase expansiva del proceso de industrialización sustitutiva de importaciones. En términos espaciales, las principales industrias sustitutivas se establecieron en el lado norte de la hoy llamada Avenida Máximo Gómez, expandiéndose en esa dirección hasta llegar a la Fábrica Dominicana de Cemento, en las inmediaciones del hoy barrio La Zurza.

Es necesario destacar, en lo que respecta al proceso de industrialización en sus consecuencias espaciales, que la primera fase expansiva de la industria sustitutiva, en su asentamiento espacial en Santo Domingo, se organizó en torno a barrios de trabajadores y de grupos medios bajos. En esta fase expansiva de la industria sustitutiva, el Estado financió la construcción de barrios obreros cercanos a las principales instalaciones industriales de la zona norte, al tiempo que muchos migrantes recientes se instalaron en sus inmediaciones, en parte por la proximidad a la zona industrial que recién se expandía, pero sobre todo debido a que en estas zonas se tenía más fácil acceso a servicios urbanos básicos (agua y energía). En la margen oriental del rio Ozama, en Los Mina, se estaba produciendo también una importante concentración poblacional, compuesta por grupos medios de bajos ingresos, trabajadores y sectores marginales.

El hecho de que en torno a los asentamientos industriales de la zona noroeste de la ciudad se estuvieran verificando a su vez importantes asentamientos de trabajadores, creándose y expandiéndose nuevos barrios y urbanizaciones obreras y de clase media baja, no debe hacernos perder de vista que la mayoría de los pobladores urbanos que ingresaban a la ciudad se asentaban en los barrios de la zona norte, propiamente tal. En parte esto ocurría así porque estos barrios se localizaban en terrenos marginales de escaso valor, pero sobre todo se debía, a nuestro juicio, a dos factores:

1) Al hecho de que, a partir de la facilidad de apropiación del suelo en esta zona de la ciudad, los pobladores urbanos recientes tenían una posición de más fácil acceso al núcleo comercial de la ciudad. Es significativo que fuera en torno a los barrios de Villa Consuelo, Villas Agrícolas, y Luperón, todos ubicados en la zona norte, donde se organizaran los mercados de productos agropecuarios más importantes de la ciudad, los cuales abastecían de alimentos prácticamente a toda el área urbana. Estas zonas de mercados agropecuarios se encontraban, pues, muy cercanas a las nuevas áreas urbanas, con una creciente densidad poblacional, habitadas por pobladores vinculados a la actividad industrial, al comercio minorista y, en general, a las actividades informales en proceso de expansión.

2) A la facilidad de acceso a las áreas comerciales e industriales, se añade el hecho de que en función de la historia de la propiedad del suelo urbano, en los terrenos donde se estaban produciendo dichos asentamientos el Estado era el principal propietario. De suerte tal que la ocupación informal del suelo urbano, por parte de grupos de pobladores marginales, de trabajadores de muy bajos recursos y de inmigrantes campesinos recien llegados a la ciudad, se hizo mucho más fácil que de haber sido propiedad de particulares.[28] Entre otros elementos, este fue un importante factor de atenuación del conflicto social en el período y, posteriormente, un elemento clave de la política de cooptación y control del Estado Populista hacia las masas urbanas.

La Expansión Industrial sustitutiva de Importaciones y la Crisis Agraria: 1960-1980

En esta segunda fase de crecimiento la ciudad se expande sobre todo hacia el oeste, aún cuando continúa creciendo hacia el norte. De hecho, fue durante éste período que la ciudad adquirió su actual fisonomía urbana (Mapa 1.1).

Desde el punto de vista de los asentamientos poblacionales, en esta fase se incorporan areas de asentamientos residenciales de clase media con altos ingresos, así como estratos socioeconómicos de elevados ingresos, en barrrios residenciales como Naco, Los Jardines, Arroyo Hondo, El Pino. Estos grupos sociales pasan a ocupar la zona noroeste de la ciudad, siendo la característica básica de estos asentamientos la ocupación de una enorme proporción de terreno muy valorizado, pero escasamente poblado. Esta signifi-

28. Este aspecto de la propiedad estatal del suelo urbano en grandes zonas de la ciudad es determinante para comprender las modalidades de asentamiento poblacional. Esta situación fue el producto directo de la caída de la Dictadura Trujillista en 1961 y la posterior expropiación de las propiedades terratenientes de los familiares y allegados al Dictador por parte del Estado. Por ejemplo, lo que hoy es la Zona Industrial de Herrera, hasta 1961 se encontraba dentro de los límites de la finca de "Negro" Trujillo, hermano del fenecido Dictador. Fue esta situación la que facilitó la apropiación del espacio por grupos recien llegados a la ciudad en los años sesenta, pero también le facilitó al Estado acciones como la creación de la Zona Industrial de Herrera en 1968.

Mapa 1.2

Santo Domingo: tendencias en el uso económico y social del espacio urbano: 1991

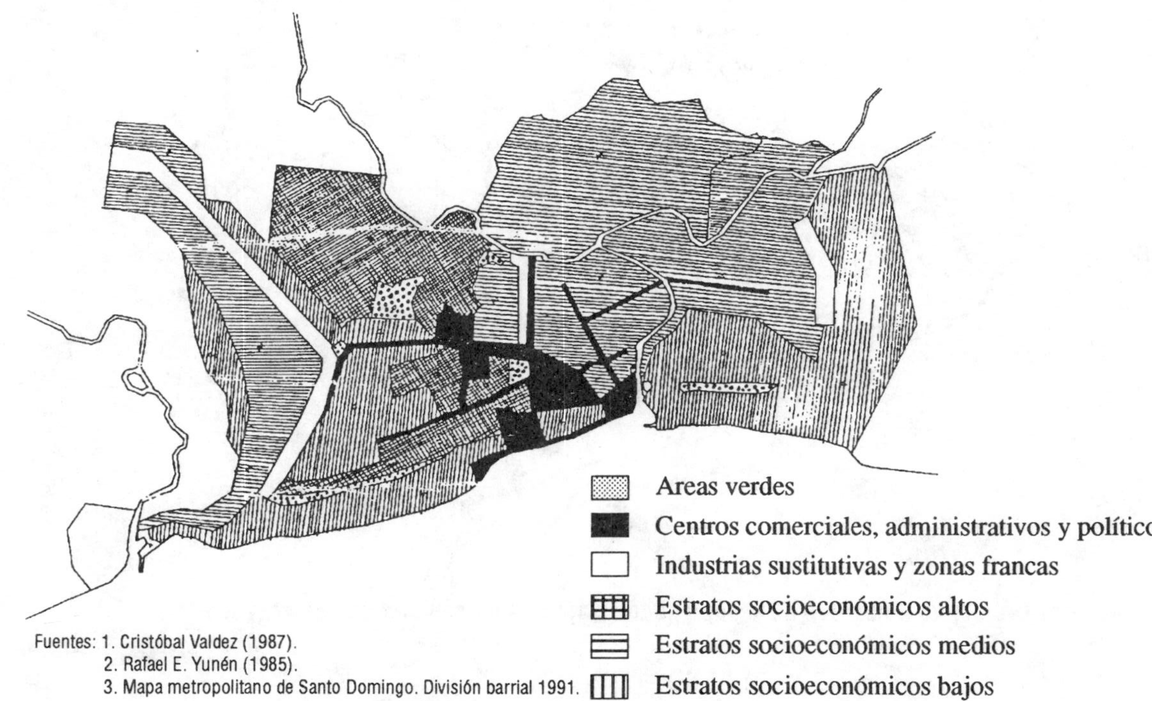

Fuentes: 1. Cristóbal Valdez (1987).
2. Rafael E. Yunén (1985).
3. Mapa metropolitano de Santo Domingo. División barrial 1991.

Mapa 1.3

Localización de parques industriales: zonas francas en operación en febrero 1991

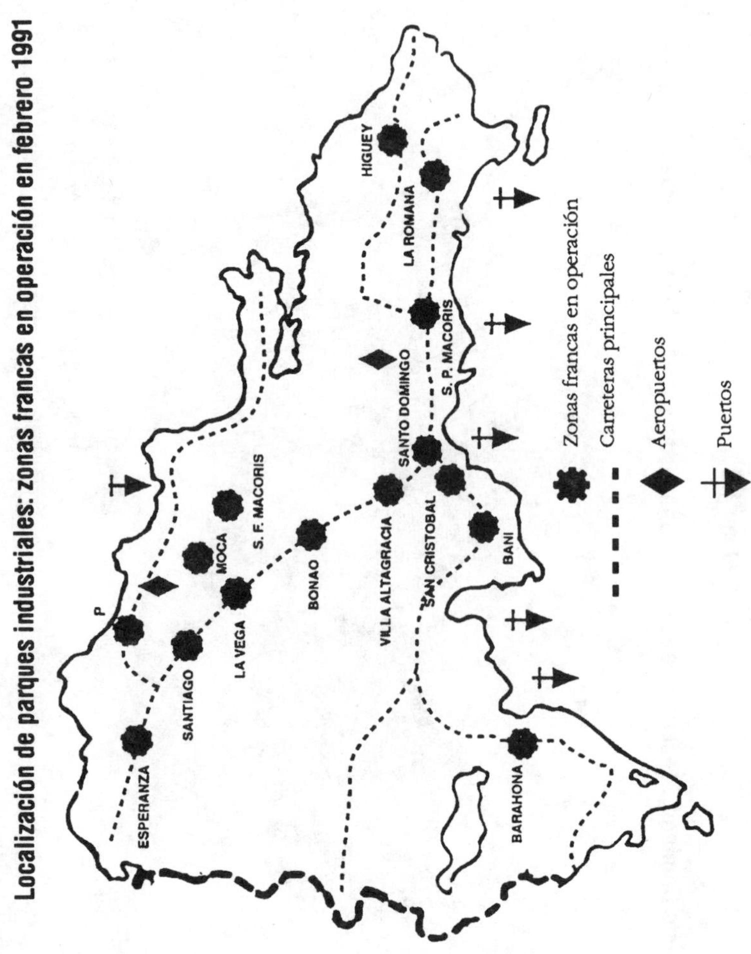

cativa expansión de estos estratos socioeconómicos medios y altos se encuentra estrechamente asociada a la segunda fase expansiva del proceso de desarrollo industrial sustitutivo en los años 1968-78. Como la literatura sociológica y económica del período ha demostrado (Lozano, 1985; Ceara, 1984), fue en estos años cuando se expandió una importante clase media urbana, de medianos y altos ingresos, y se consolidó un sector de empresarios industriales y financieros. En este período, se dinamizó un mercado de tierra y la construcción de viviendas para la clase media y alta, a través de grupos inmobiliarios privados, apoyados por el capital financiero. En todo caso, debemos dejar establecido que, en gran medida a consecuencia del conflicto de abril de 1965, y de la crisis política y reacomodo social que sus consecuencias produjeron, muchos sectores de clase media se apropiaron de terrenos situados en el lado noroeste de la ciudad, y el Estado mismo inició la urbanización de zonas vacías, como la del antiguo aeropuerto General Andrews, el cual ocupaba gran parte de la franja de la hoy Avenida John F. Kenneddy, en los cuadrantes comprendidos desde la calle Barahona hasta la hoy Avenida Tiradentes.

En segundo lugar, en dicho período, se incorporan zonas con asentamientos poblacionales de clase media que ocuparían el área suroeste, en los barrios de Honduras, Miramar, El Millón, Quisqueya, etc.; barrios que son producto de la misma onda expansiva de la clase media urbana, pero donde sus niveles de ingresos eran sustancialmente menores a los obtenidos por los grupos medios altos y altos que ocupaban el área noroeste. En general, los asentamientos poblacionales con predominio de clase media fueron estimulados no sólo por el mercado inmobiliario privado, sino también por la política estatal de construcción de viviendas.

Desde el punto de vista económico y demográfico quizás lo más significativo del período es la creacion de la Zona Industrial de Herrera, en el límite oeste de la ciudad. A la creación de dicha zona industrial sucedió la expansión de una zona de alta concentración poblacional en barrios limítrofes a la misma: Herrera, Buenos Aires, Las Caobas, etc.

En el extremo noreste de la ciudad continuaba la concentración poblacional, específicamente en la zona norte y en la banda oriental (sobre todo en Los Mina), en función de la creciente inmigración de población rural, pero también de población proveniente de ciudades intermedias, sobre todo al final de la década de los setenta.

En estos años, como afirmamos, se desarrolló un mercado inmobiliario que le dió acceso a la vivienda urbana a los grupos de clase media y alta, precisamente en la zona noroeste ya referida, al tiempo que el Estado desarrollaba una agresiva política habitacional para la clase media baja en la periferia de la zona noroeste, es decir en los barrios situados más al sur de la ciudad pero en el eje noroeste: Honduras, Mata Hambre, La Feria, etc.

En este contexto, con la expansión de la clase media y la creciente marginalizacion social de los barrios populares, la ciudad acentúo una clara tendencia a la polarización espacial (Mapa 1.2):

1) Las clases trabajadoras y los estratos socioeconómicos más pobres de la ciudad se concentraron en la parte norte (barrios Capotillo, Simón Bolivar, Ensanche Espaillat, Güaley, etc.) y en la margen oriental del río Ozama, alrededor del barrio Los Mina. A su vez, se desarrolló un significativo asentamiento de trabajadores y pobladores de muy bajos ingresos alrededor de la Zona Industrial de Herrera.

2) En el espacio comprendido entre la Zona Industrial de Herrera, la Feria, Naco, y Arroyo Hondo, hasta llegar a los Cerros de Arroyo Hondo en los márgenes del rio Isabela, se concentró la clase media y la clase alta.

3) Sin embargo, este patrón de polarización espacial de las clases no puede asumirse como una realidad dicotómica tajante. De hecho, los pobladores urbanos de más bajos ingresos (incluso importantes asentamientos de marginales urbanos), se concentraron en los intersticios de los asentamientos poblacionales de clase media y alta (Mapas 1.4 y 1.5). Sugerimos la hipótesis de que esto fue el resultado tanto de una estrategia de acceso a las clases medias y altas, que demandan servicios proporcionados por los estratos de menores ingresos (trabajo doméstico, venta al menudeo, reparaciones en el hogar, etc.), como también el producto de la propiedad urbana de la tierra,

en la cual el Estado, aún en estos sitios residenciales de clase alta y media, conservaba una importante posición como propietario. Esto último le brindaba a los pobladores más pobres una excelente oportunidad para la ocupación ilegal del suelo, máxime cuando a ello se une la posibilidad de lograr ocupación en el sector informal, al suplir de servicios baratos a los estratos medios y altos (Mapas 1.4 y 1.5). Debemos agregar que los barrios de clase media y alta, debido a que los servicios urbanos básicos (agua y energía) son más frecuentes y seguros y a que, por lo demás, en los mismos existen todavía franjas vacías de terrenos estatales, se hacen muy atractivos a los nuevos pobladores urbanos para sus asentamientos.

La Crisis de la Industrialización por Sustitución de Importaciones y el Proceso de Apertura: 1980-1990

En esta fase el perímetro urbano se expande en diversas orientaciones. En torno a la Zona Industrial de Herrera se siguen expandiendo los asentamientos poblacionales, lo que permitirá crecer a barrios como Buenos Aires. Se urbanizan, a su vez, áreas residenciales de altos ingresos, las cuales hasta ese momento eran sub-urbanas, tales como los Cerros de Arroyo Hondo y Altos de Arroyo Hondo. En la zona norte, barrios como Capotillo, Cristo Rey y 24 de Abril aumentan su densidad demográfica. También se incorporan nuevos pobladores de clase media baja, en recientes urbanizaciones como Sabana Perdida y Cancino. Del lado este de la ríada del Ozama, Los Mina crece hacia el norte y se constituyen nuevos barrios como Villa Faro, Los Trinitarios y Mendoza, muchos de los cuales diez años antes eran poblados rurales periféricos a la ciudad.

Lo más significativo de esta última fase expansiva de Santo Domingo fueron diversos procesos: 1) la intensificación del crecimiento hacia el oeste, creando un efecto de conurbación con Los Bajos de Haina (estratégica zona portuaria e industrial y principal parque energético del país y asentamiento de la Zona Franca de Haina); 2) la incorporación de los poblados rurales periféricos a Villa Mella; 3) la incorporación de Los Alcarrizos como significativa área de concentración poblacional de reciente ingreso a la ciudad,

Mapa 1.4

Barrios marginados de Santo Domingo: 1981

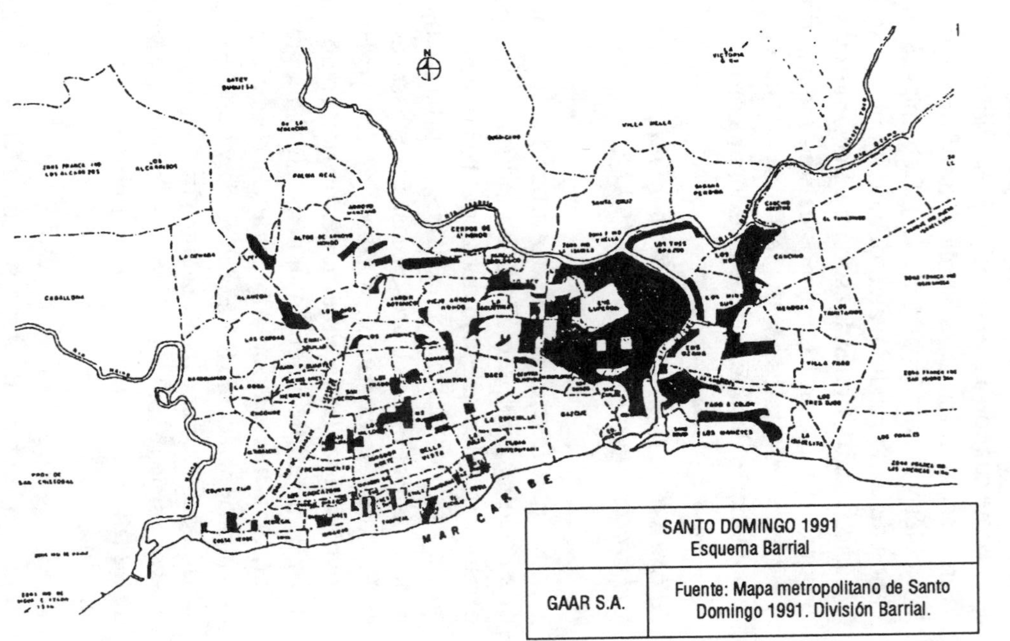

Mapa 1.5

Barrios marginados de Santo Domingo: 1991

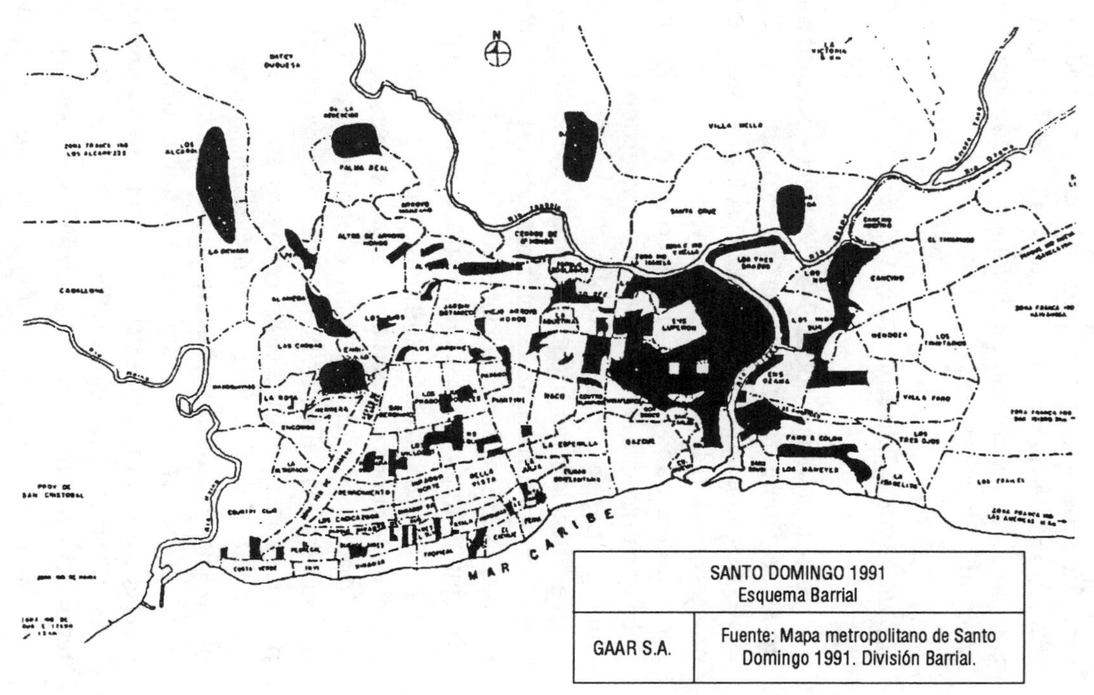

SANTO DOMINGO 1991 Esquema Barrial	
GAAR S.A.	Fuente: Mapa metropolitano de Santo Domingo 1991. División Barrial.

o desplazada de barrios en proceso de remodelación; y 4) la cada vez más significativa importancia poblacional de barrios como Cancino y Sabana Perdida. También en esta etapa la expansión de la ciudad produjo una tendencia a la metropolización al conurbarse con la zona de Haina y acercarse así a la ciudad de San Cristobal, con la cual se estableció un dinámico y permanente intercambio económico y poblacional.

Uso del Espacio, Estratificacion Social y Capitalismo Urbano

A lo largo del período 1945-1980 reconocemos que la ciudad de Santo Domingo no sólo ha ido expandiéndose en terminos espaciales, sino también demográficos. Lo más significativo de este proceso es que la diversificación y creciente complejidad de la economía urbana se ha visto acompañada de una creciente polarización social con sus naturales consecuencias espaciales. Sin embargo, pese a ello, se ha verificado también una fragmentación y diversificación del espacio por parte de las clases sociales, lo que ha creado un efecto de inter-relación espacial entre las clases en muchas áreas urbanas, sobre todo en las áreas de clase media y en algunas áreas de clase alta. Veamos esto con mayor detalle.

La industrialización sustitutiva de importaciones en su fase inicial en los años cincuenta se apoyó en un espacio urbano cuyas funciones económicas eran esencialmente comerciales y burocráticas. De allí que, pese a que en dicha etapa se crearon las primeras zonas industriales en torno a los barrios La Fe, La Agustina y Cristo Rey, en ellos no se concentraron masivamente trabajadores industriales, sino principalmente trabajadores involucrados a la vieja matriz comercial y burocrática del anterior modelo de organización de la economía urbana, articulado en torno a la actividad comercial y las exportaciones. Esos pobladores, en modo alguno deben ser reconocidos como población marginal, ni como pobres urbanos.

Sin embargo, lo más significativo de este período es que se constituyeron los principales barrios de la ciudad de Santo Domingo, desde el punto de vista de su concentración demográfica. Dado el masivo poblamiento de la zona norte de la ciudad en el período, es posible argumentar que estos pobladores estaban sobre todo vinculados a la actividad comercial e informal, y en mucho menor medida a la actividad propiamente industrial. Fue la zona norte de la ciudad la que principalmente asumió estas características.

La segunda fase del proceso de expansión espacial de la ciudad de Santo Domingo se orientó básicamente hacia el oeste, como afirmamos arriba, en estrecha conexión con el crecimiento de la nueva área de instalaciones industriales de la Zona de Herrera, la cual concentró el principal parque industrial en su fase de mayor desarrollo (Mapa 1.2). Sin embargo, la expansión hacia el oeste de la ciudad tambien fue estimulada por el crecimiento de los estratos medios urbanos, los cuales se consolidaron bajo el estímulo del modelo de desarrollo industrial sustitutivo en el período 1968-78. Fueron estos estratos medios los que crearon el espacio del mercado para que las compañías constructoras privadas, en primer lugar, y estatales, en segundo lugar, dieran paso a una etapa de construcciones masivas de modernas urbanizaciones, en barrios como Honduras, Quisqueya, El Millon, Piantini, Naco, etc.

Aún así, la expansión hacia el oeste no cambió la fisonomía urbana en sus aspectos demográficos fundamentales, pues la población continuó concentrándose en la zona norte, en los barrios próximos a la ríada occidental del Ozama (Capotillo, Simón Bolivar, 24 de Abril, Los Mina). La clase media al alcanzar un gran poder social y una gran influencia política, logró ampliar su dominio del espacio urbano. Eran las tierras del oeste las que más se prestaban para su ocupación por ser las de menor poblamiento y las más comercializables, desde el punto de vista de la forma de propiedad. Es necesario reconocer que en el lado sureste de la ciudad se verificó también una cierta expansión poblacional de clase media, pero de menor significación que la verificada en el lado occidental.

A partir de los años ochenta, Santo Domingo no crecerá a un ritmo tan acelerado como en el período 1960-80, pero continuará expandiéndose hacia el oeste, acelerando así la conurbación con los Bajos de Haina, zona industrial y portuaria en desarrollo, y con la ciudad de San Cristobal. En ese momento la expansión hacia el oeste logró crear un importante proceso de valorización de la tierra en el lado noroeste en los Altos de Arroyo Hondo, Palma Real, Arroyo Manzano y Cerros de Arroyo Hondo, todo lo cual dificultaría, en los años ochenta, el acceso a esos terrenos a los pobladores urbanos recién llegados y de ingresos precarios.

De este modo, en esta última etapa, la creciente densidad demográfica de la zona norte, con elevados índices de hacinamiento, presionó a los nuevos pobladores urbanos a dirigirse hacia las áreas de menor poblamiento, pero de fácil acceso desde el punto de vista de la forma de la propiedad de la tierra, por lo general diseminadas en la periferia de la ciudad (Cancino, Sabana Perdida, Maquiteria, Los Alcarrizos, etc.). Esto se facilitó en el lado oeste de la ciudad, debido a su posición más cercana al eje sur y a la interconexión de diversos factores: 1) esta era el área de más baja densidad poblacional; 2) en ciertas zonas como Herrera ya existían previamente asentamientos poblacionales en torno a la actividad industrial, lo que facilitó la creación de nuevos barrios densamente poblados; 3) se trataba de una zona de la ciudad donde el Estado era propietario de muchos terrenos, lo que facilitaba las ocupaciones ilegales; 4), en ese espacio se hacía más fácil para los pobladores recién llegados vincularse a las actividades productivas "de entrada" a la economía urbana, vinculadas a los servicios y al comercio, siendo, por lo demás, allí donde mayor demanda de servicios y consumo de artículos comercializables al detalle se verificaba por parte de las clases medias y altas; 5) finalmente, a mediados de los ochenta, el propio Estado estimuló estos asentamientos al trasladar poblaciones desalojadas de las áreas bajo remodelación urbana, en barrios como Villa Juana, Villa Consuelo, San Carlos, Gualey y Villa Francisca, a lugares de concentración "transitorio", ubicados en el oeste, sobre todo en Los Peralejos y Los Alcarrizos.

Estado, Remodelación Urbana y Pobladores

Desde su vuelta al poder en 1986, el presidente Balaguer inició una agresiva política de remodelación urbana en Santo Domingo, y en mucho menor medida en la segunda ciudad en importancia económica y poblacional del país, Santiago. Dicha política afectó a viejos barrios de la ciudad de Santo Domingo, cuyos pobladores fueron masivamente desalojados hacia la periferia de la ciudad. Desde el punto de vista urbanístico, estos barrios populares quedaron totalmente desarticulados.

Los nuevos barrios que de hecho han surgido tras la remodelación, sobre todo en Villa Juana y San Carlos, constituyen hoy día una realidad social y económica muy distinta a la que se presentaba en el período previo. Por lo pronto, estos barrios han quedado "atravesados" por ejes viales rápidos, lo cual ha destruído la vida barrial y el autorreconocimiento de los pobladores como parte de una comunidad de pertenencia. Asimismo, en torno a las vías rápidas se han erigido poco a poco zonas comerciales que han modificado la vida interna y cotidiana de los barrios. Finalmente, lo más significativo es que la mayoría de los viejos pobladores de los barrios remodelados y afectados con los desalojos, no fueron los beneficiarios de los nuevos edificios construidos por el Estado, como parte del plan de remodelación. En su defecto, familias procedentes de otras barriadas, muchas de ellas vinculadas a grupos de poder político en el Estado, han sido las beneficiadas. Con ello la composición social del barrio se ha redefinido en perjuicio de los viejos pobladores.

¿Cuál es el sentido de esta política estatal de remodelación urbana? Tanto críticos, como entusiastas defensores de esta política, han esgrimido múltiples argumentos explicativos. En esta ocasión no pretendemos establecer una hipótesis más para añadir a las ya existentes. Nuestro propósito más modesto es el de reconocer lo que entendemos constituyen los factores básicos que han condicionado el diseño de dicha política estatal.

Un primer aspecto que no debemos menospreciar es que la política de remodelación urbana iniciada por Balaguer en 1986 se encuentra estrechamente vinculada a una estrategia macroeconómica de reactivación ("desordenada") de la economía (Ceara, 1990; Ceara y Croes, 1993). Al margen de este objetivo macroeconómico, el sentido de dicha política urbana no podría ser apreciado.

En tal sentido, la política de remodelación urbana se conecta a una estrategia de generación de empleo, como parte de las funciones asistenciales del Estado en su rol interventor-regulador de la reproducción de la fuerza de trabajo, sobre todo en lo relativo al excedente urbano de mano de obra. En este punto la remodelación urbana de los ochenta estimulada por el Estado no constituye una novedad, expresa simplemente uno de los rasgos básicos del estilo de política económica estatal de corte keynesiano que ha caracterizado a los gobiernos balagueristas desde 1966 (Lozano, 1985). Lo único que en circunstancias particularmente especiales, como veremos luego.

Más allá de sus condicionantes macroeconómicos, la remodelación urbana estimulada por el gobierno de Balaguer a partir de 1986 tiene una función política legitimadora del régimen. Dicha función persigue como objetivo a sectores y clases sociales específicos. En primer lugar, debemos destacar a la clase media urbana, la cual ha sido la principal beneficiaria de los edificios departamentales construídos en los barrios populares remodelados. En segundo lugar, es claro que con dicha política el Estado ha generado expectativas de movilidad social ascendente en sectores populares urbanos, las cuales bloquean la capacidad de contestación política y divide la capacidad de acción comunitaria de dichos grupos: en los barrios remodelados existen, por así decirlo, dos barrios: el de los viejos pobladores y el de los nuevos beneficiarios.

En una perspectiva urbanística, pero también política, la remodelación tiene un objetivo de relocalización urbana de los pobladores marginales, con el propósito de desplazarlos hacia la periferia de la ciudad, estimulando en los lugares desalojados la construcción de zonas comerciales. A esto se une un objetivo racionalizador del movimiento poblacional y vehicular urbano, a lo cual el presidente le asigna un papel estratégico, dada su concepción del papel de las ciudades en el proceso de desarrollo, pero también resultado de su visión monumentalista del espacio urbano. Visión que, por lo demás, tiene un claro propósito político e ideológico, tanto si se maneja en la perspectiva de la relación del líder carismático con las masas populares urbanas, como si se aprecia en la óptica del estadista que desea perpetuarse en la historia como el gran modernizador de la ciudad de Santo Domingo.

Ahora bien, como lo expresan los Mapas 1.4 y 1.5, la remodelación urbana de los años ochenta ha estimulado la periferización de los grupos marginales urbanos. En este sentido, el desalojo de viejos moradores de los barrios Villa Juana, San Carlos etc., ha fortalecido el crecimiento de barrios como Los Alcarrizos, Los Peralejos, Palma Real, situados en la Zona Noroeste de la ciudad. Esto se ha conectado con proceso observados ya en los finales de los años setenta, según los cuales los pobladores inmigrantes que recién llegaban a la ciudad se concentraban en gran medida en la periferia urbana, dando paso al crecimiento de nuevos barrios, como los mencionados, pero también contribuyendo a la incorporación al casco urbano de áreas antiguamente suburbanas como Guarícano, Sabana Perdida, Cancino e incluso Villa Mella. Procesos todos que han agudizado la ya acentuada tendencia a la polarización espacial de las clases sociales urbanas.

Por lo demás, este proceso ha contribuido a redibujar el mapa urbano, fortaleciendo a las capas del capital que hoy tienen la hegemonía económica en las ciudades, en función del nuevo modelo de integración al sistema mundial: el capital financiero y comercial. En esta reconfiguración del mapa urbano de Santo Domingo, las clases medias y altas han logrado un mejor espacio de movimiento en la ciudad, separando sus desplazamientos de los propios de las capas populares urbanas, lo que, por lo demás, le proporciona un mayor y claro dominio del espacio en la ciudad. Naturalmente, la consecuencia social y económica de este esquema de apropiación del espacio es una mayor polarización socioespacial de las clases sociales en Santo Domingo y, en general, un deterioro palmario del nivel de vida y condiciones habitacionales de los grupos marginales urbanos desalojados de las áreas remodeladas y forzados a desplazarse hacia la periferia urbana. Todo esto sin tomar en consideración que los pobladores de los nuevos barrios marginales periféricos al casco urbano central de la ciudad tienen una posición más difícil para sostener estrategias de sobrevivencia, apoyadas en actividades informales de servicios, que por lo común se organizan en las zonas comerciales, o en las barriadas de clase media y alta.

CAPITULO II

LA URBANIZACION DE LA POBREZA: POBREZA, ECONOMIA INFORMAL E IMAGENES SOCIALES

1. Introducción

En este capítulo presentamos los principales resultados y hallazgos de una investigación empírica que sobre el proceso de urbanización, la economía urbana y la pobreza en los años de la crisis realizamos en Santo Domingo en el año 1991.

Como la literatura latinoamericana en general (Tokman, 1981; Oliveira y Roberts, 1991) y dominicana en particular (Santana y Rathe, 1992 y 1993; Ceara, 1990) ha demostrado, tras las políticas de ajuste, los años ochenta representaron un período en la historia de la región de significativo descenso en el ritmo del desarrollo, con sus consecuencias directas en el aumento de la pobreza y en la caída del nivel de vida de la población. Por sus resultados, la crisis de los ochenta también implicó una significativa transformación de las estructuras sociales y políticas y un total reacomodo del modelo de desarrollo de base industrial sustitutivo de importaciones.

Tras la crisis de los ochenta en República Dominicana se impuso un nuevo patrón o modelo de desarrollo, modificándose la posición del Estado como agente organizador del proceso económico. En este último sentido, el nuevo patrón de acumulación reconoce como una de sus principales características el constreñimiento estatal en la economía, particularmente expresado en el recorte del gasto social (Ceara, 1990). Por lo demás, el agotamiento del modelo sustitutivo de importaciones liquidó a las exportaciones tradicionales como principal fuente de excedentes para el Estado. De esta forma, en la década de los ochenta, tras el agotamiento del esquema de desarrollo sustitutivo de importaciones, se consolidó un modelo alternativo, al que hemos definido en el anterior capítulo como "modelo exportador de servicios y de mano de obra barata".

El nuevo esquema de inserción a la economía mundial ha fortalecido los procesos de informalización del mercado de trabajo. Como discutimos más adelante en los capítulos IV y V, esto es consecuencia de un triple proceso: 1) en primer lugar, la desregulación de las relaciones entre el capital y el trabajo que provoca el debilitamiento del Estado en la nueva situación internacional; 2) la creciente terciarización de la economía, en un contexto de debilitamiento del sector industrial y creciente mercantilización del conjunto de actividades reproductivas de las familias trabajadoras; 3) el aumento de la pobreza y el descenso general del nivel de vida, con la consecuente mayor participación de la mujer en actividades de muy baja productividad.

Estos cambios sufridos por la sociedad dominicana en los años de la crisis han transformado la vida económica y social de las ciudades. En el presente capítulo nos proponemos analizar algunos de ellos, para el caso de Santo Domingo. Perseguimos así: 1) presentar una visión del proceso de apropiación social del espacio urbano en cuatro barrios de la ciudad de Santo Domingo; 2) analizar las transformaciones sufridas por el mercado de trabajo, principalmente en sus implicaciones para los sectores más pobres de las clases trabajadoras; 3) presentar algunas hipótesis relativas a la situación de ingresos de los pobres urbanos, particularmente en lo relativo a los mecanismos empleados en la búsqueda de ingresos, destacando el papel de las remesas; y finalmente, 4) analizar la intervención estatal en la vida urbana, en lo relativo a la participación política y comunitaria de los pobladores y su particular percepción de la vida en la ciudad, la desigualdad social y la acción política.

2. La ciudad y sus pobladores

La historia Urbana de los Barrios Bajo Estudio

El proceso de urbanización de la ciudad de Santo Domingo descrito en el anterior capítulo es el condicionante macrosocial en función del cual fueron seleccionados los barrios objeto de nuestra investigación. La misma se apoyó en una encuesta realizada en la Ciudad Capital, entre los meses de octubre-diciembre de 1991.[1] Para la realización de la encuesta se seleccionaron cuatro barrios que tuvieran en común más de veinte años de vida urbana, pero que a su vez tuvieran importantes diferencias de tipo espaciales, poblacionales y económicas, a la luz del proceso de urbanización de la ciudad en los últimos diez años. Se asumió, pues, una estrategia metodológica que permitía apreciar cambios de largo plazo, dado el espacio temporal común de los cuatro barrios, a la vez que cambios más recientes y especificidades locales, dadas las diferencias de cada uno en su vinculación con el proceso de urbanización y la dinámica de cambios económicos, sociales y políticos de los últimos diez años. Los barrios seleccionados fueron: Buenos Aires, en el sector de Herrera, Güaley, Ensanche Luperón y Villa Juana.

En lo que sigue presentaremos un breve recuento histórico de los barrios encuestados, en base a entrevistas realizadas a viejos pobladores.

El barrio de Güaley surgió a finales de los años cuarenta en la rivera occidental del río Ozama en la parte noreste de la ciudad de Santo Domingo. Desde su fundación Güaley representó una típica barriada marginal latinoamericana que concentraba a los inmigrantes rurales que a partir de los cincuenta se desplazaron a

1 Las entrevistas se hicieron a "jefes (as)" de hogar, cuya edad mínima fueran 30 años, precisamente para cubrir a la población adulta que fue afectada por la crisis de los años ochenta. Tres criterios organizaron el contenido de la definición de "jefes (as) de hogar": 1) la responsabilidad principal en la generación del ingreso familiar, 2) la administración del presupuesto de la unidad doméstica, 3) el reconocimiento social como jefe (a) por parte de los demás miembros de la unidad doméstica. El criterio de selección de la muestra fue polietápico y estratificado. Se estimo una muestra de 415 casos, para una fracción muestral del 0.001, rechazando 12 entrevistas. Dado el universo social al que se dirigió la encuesta (los pobres urbanos y los estratos más bajos de la clase media) y el criterio tipológico que permitió seleccionar a los barrios en base a su historia urbana, situación de ingreso y nivel relativo de pobreza, la muestra es bastante diversa y representativa de este segmento y permite, a este nivel, inferencias válidas y significativas estadísticamente.

Santo Domingo en grandes oleadas. Pero a partir de finales de los sesenta Güaley comenzó a cambiar, sin perder sus características de barrio pobre, con una elevada proporción de trabajadores de bajos ingresos e informales. Estos cambios obedecieron a dos procesos básicos: 1) la política de vivienda del primer gobierno de Balaguer (1966-1978) que afectó a la parte occidental del barrio (la más alejada del río Ozama), y 2) la creciente oleada emigratoria de habitantes del barrio hacia los Estados Unidos, al principio de los setenta, y, desde los años ochenta, también hacia Venezuela y Europa, principalmente por parte de las mujeres.

Los edificios multifamiliares construídos por Balaguer en los setenta dicotomizaron el barrio, una parte fue desalojada y la otra continuó hacinada en la margen occidental del río Ozama. Lo nuevo de la situación era que ahora Güaley tenía una estructura dual: el sector más pobre y marginal se asentaba en la rivera del río y el constituído por los nuevos habitantes de los edificios multifamiliares se alojaba en una zona mejor urbanizada y con mejores servicios. Estos últimos pobladores generalmente procedían de otros lugares de la ciudad y sus niveles de vida, aunque bajos, eran relativamente más altos que los de las casuchas de la rivera del río. En los ochenta, la política habitacional del segundo gobierno de Balaguer (1986-1996) casi no afectó a Güaley.

El proceso urbano del Ensanche Luperón es muy diferente al de Gualey. Luperón fue construído por Trujillo en los mediados de los cincuenta, como parte de su política de vivienda para favorecer a los empleados del Estado y a oficiales de baja jerarquía de las Fuerzas Armadas. En consecuencia, Luperón fue desde su creación un barrio de clase media, aunque de ingresos no muy altos. Hoy continúa siendo un barrio de clase media, pero su composición social en gran medida ha cambiado. En esto intervienen varios factores, el principal de los cuales fue la ubicación del Ensanche Luperón (la zona central noreste de la ciudad). En dicha zona fue donde se concentró el principal nucleo poblacional de la ciudad que incluye sobre todo a pobladores pobres, migrantes, e informales. Desde su creación en los cincuenta hasta los ochenta, poco a poco Luperón fue rodeado por una periferia de barrios pobres: al norte se expandió Capotillo, al oeste Villas Agrícolas, al este los barrios 24 de abril y Espaillat, al sur Mejoramiento Social (Véase el Mapa 1.1, Cap. I). Con excepción de este último barrio, que tambien fue construído por Trujillo en los cincuenta, pero para familias trabajadoras, todos los otros barrios que rodean a Luperón son predominantemente pobres, con población de muy escasos ingresos y amplia presencia de actividades informales. Desde mediados de los setenta, muchos viejos pobladores del Ensanche Luperón abandonaron el barrio, ante el empobrecimiento de su periferia.

El barrio de Villa Juana es el que en gran medida mejor representa el impacto de las políticas urbanas del Estado en los ochenta en la vida de los pobladores, al menos desde el punto de vista habitacional. Ubicado en la parte noreste, pero muy cercano a la zona sur de la ciudad, junto a barrios como San Carlos, San Juán Bosco y Villa Consuelo, Villa Juana sufrió un completo reacomodo socio-espacial, como consecuencia de la construcción de grandes edificios de departamentos y de la Autopista Quinto Centenario que prácticamente dividió la barriada, permeándola y aproximándola a las zonas comerciales.

En el pasado Villa Juana concentró mucha población nativa e inmigrante pobre, que se alojaba en la tradicional "cuartería" o "quinto patio". Muchos de estos pobladores trabajaban en las zonas industriales cercanas a la Avenida Máximo Gómez y a la Fábrica de Cemento. A fines de los sesenta, al igual que Güaley, Villa Juana crecería a consecuencia, principalmente, del éxodo migratorio rural hacia Santo Domingo. Sin embargo, en los ochenta, a diferencia de Güaley, el impacto de la política urbana del Estado, además de transformar el ordenamiento espacial del barrrio, prácticamente modificó su estructura social: 1) introdujo nuevos pobladores como en Güaley, pero con un impacto social mayor, 2) dicotomizó el barrio por lo menos en dos zonas, las que posiblemente en el futuro evolucionen y den lugar a otros tipos de comunidades urbanas o barrios, 3) estrechó las relaciones del barrio con la nueva estructura comercial de la ciudad que la remodelación urbana ha promovido y 4) desalojó del barrio una parte significativa de viejos pobladores, lo que no tuvo un impacto tan significativo como en Güaley. Pese a estos cambios, Villa Juana continúa siendo una barriada pobre con gran hacinamiento poblacional.

El último de los barrios objeto de nuestro estudio fue Buenos Aires. A diferencia de los tres barrios anteriores, Buenos Aires es un barrio de reciente desarrollo. Su principal expansión data de los setenta, y esta es, quizas, su novedad.

Si Güaley y Villa Juana se expandieron entre los cincuenta y los sesenta a consecuencia del éxodo migratorio de campesinos hacia la ciudad capital, y el Ensanche Luperón fue un producto de la política urbana de la dictadura trujillista en los cincuenta, Buenos Aires es un producto de la industrialización sustitutiva de importaciones apoyada por el Estado en los años setenta. El barrio creció como "periferia habitacional" de trabajadores de la Zona Industrial de Herrera ubicada en la periferia suroeste de Santo Domingo. En la medida en que dicha zona industrial crecía, lo hacía su barrio periférico, Buenos Aires.

Para los ochenta, la expansión de la ciudad de Santo Domingo tomó otra dirección. De su tradicional orientación noreste, la ciudad comenzó a crecer hacia el suroeste. Esto no obedeció mecánicamente al hecho de que allí estuviera ubicada la principal zona industrial (Herrera y todo el cinturón que llega hasta el Puerto de Haina, su zona franca y las principales instalaciones energéticas del país). Obedeció a la concentración demográfica del norte y la forma de la propiedad urbana, donde el Estado era el principal propietario, como discutimos en el anterior capítulo. Lo que sí es significativo destacar es que esto determinó que en torno a la zona de Herrera, y alrededor del barrio Buenos Aires, se expandieran otros asentamientos poblacionales, donde antes fueron terrenos deshabitados. Para los años ochenta en el suroeste de Santo Domingo se produjo un masivo y creciente bolsón poblacional que ya no era directamente atraído por la expansión industrial de los setentas. Buenos Aires quedó afectado por este proceso. Así, si en los setenta Buenos Aires se pobló con una masa trabajadora estrechamente vinculada a la expansión industrial, en los ochenta su expansión concentró, al igual que en otros barrios, amplios contingentes de población informal, desempleados, etc. Un rasgo distintivo del barrio de Buenos Aires desde los años setenta ha sido su gran concentración de población inmigrante, de forma tal que para principios de los noventa según los datos de nuestro estudio, más del 80% de los pobladores de Buenos Aires había nacido en otras provincias distintas al Distrito Nacional.

Los pobladores urbanos encuestados

La panorámica histórica de los barrios encuestados presentada arriba proporciona el "marco" en el cual se inscriben las presentes características sociodemográficas de los pobladores encuestados. Al respecto, lo primero que debe destacarse es la particular estructura demográfica de la población. El promedio de edad de los jefes de hogar fue de 47.2 años, el del cónyuge de 42.5 años, mientras la edad promedio de los hijos fue de 21 años. Se trata, pues, de hogares que se encuentran en un proceso de transformación, e incluso de disolución, debido a que los hijos han entrado a una edad adulta en la que tradicionalmente se constituye pareja. Por ello el tamaño promedio de dichos hogares está un poco por debajo del típico de las familias dominicanas (5.4 miembros), alcanzando a 4.0 miembros promedio, con 3.8 hijos promedio por familia. Dicha característica es prácticamente la misma en todos los barrios (Ver Cuadro 2.1).

El nivel educativo de la población es bajo. Se trata de una población cuya mayoría puede considerarse analfabeta abierta o funcional. Su promedio de escolaridad es de 7 años, característica común a todos los barrios. El 52% no terminó la primaria, el 22.3% no terminó la secundaria y sólo el 25.6% culminó dichos estudios.

Según nuestro estudio, los pobladores urbanos en su mayoría eran migrantes (72.9%). En prácticamente todos los barrios la tasa de migración es alta, aún cuando se observan diferencias de cierto nivel de significación, siendo en el Ensanche Luperón y en el Barrio de Buenos Aires donde mayor población migrante se concentraba (79.4% y 85.7%, respectivamente). Quizás el fenómeno más importante es la alta proporción de parientes en el exterior de la población entrevistada (76.7%). En los barrios de Güaley, Villa Juana y Luperón esta proporción pasa del 80%; sólo en el barrio de Buenos Aires desciende, pero es igualmente importante (61.2%) (Cuadro 2. 1).

La vivienda de los pobladores en una alta proporción era propia (48.9 %). Debido a su origen, tal como hemos explicado, es en el Ensanche Luperón donde mayor proporción de viviendas propias se reconocen (60.3%), y en segundo lugar en Buenos Aires (55.1%). En el acceso a los servicios hay diferencias significativas entre los barrios. El barrio de Güaley parece ser el que tiene una peor dotación de servicios. En una situación intermedia se encuentran Luperón y Buenos Aires. Es el barrio de Villa Juana el que tiene la mejor dotación de servicios (Ver Cuadro 2.1).

Cuadro 2.1

Perfil sociodemográfico de los pobladores encuestados según barrios

CARACTERISTICAS SOCIODEMOGRAFICAS	BARRIOS				
	GUALEY	VILLA JUANA	LUPERON	Buenos Aires	TOTAL
Edad (X̄)	46.0	49.4	49.7	6.6	7.8
Educación (X̄)	7.0	7.8	7.6	6.6	7.3
Tamaño hogar (X̄)					
Miembros de la unidad doméstica (X̄)	3.7	3.8	4.0	4.1	4.0
Ingresos Mensuales	164.4	138.2	225.7	140.3	161.0
Migrantes (%)	62.6	66.4	79.4	85.7	72.9
Parientes exterior (%)	81.7	81.2	80.9	61.2	76.7
Jefatura femenina (%)	39.1	37.2	39.7	35.7	38.0
Ocupación:					
C. Propia (%)	33.3	25.0	28.4	24.7	27.8
Patrón (%)	12.6	5.0	10.4	4.1	7.8
Asal. informal (%)	14.4	17.5	10.4	13.4	14.4
Asal. formal (%)	22.5	16.7	23.9	29.9	22.8
No trabaja (%)	17.1	35.8	26.9	27.8	27.1
Vivienda:					
Propia (%)	45.2	41.0	60.3	55.1	48.9
Alquilada (%)	41.7	44.3	25.0	29.6	36.7
Acceso al agua (%)	33.9	68.6	47.1	51.0	50.7
Acceso Electricidad (%)	20.0	84.3	60.3	46.9	52.7
Desagües (%)	59.1	75.2	77.9	42.9	63.2
Total (%)	28.5	30.2	17.0	24.3	403

Fuente: Encuesta urbana de Santo Domingo (EURBA), 1991

Los pobladores urbanos entrevistados tienen niveles de ingresos extremadamente bajos: US$ 161 mensuales para los jefes de familia. Se trata de una población compuesta por los pobres urbanos, cuyos niveles de ingresos se encuentran en el mínimo para no pasar a la extrema pobreza. En relación al salario de pobreza de 1990, esto significa que los salarios de la población en estudio no lograban en su mayoría duplicar el nivel de ingresos de pobreza extrema calculado en US$ 104.8 para ese año. El ingreso familiar promedio era de US$ 240.8. De esta manera, si estratificamos a la población de acuerdo al salario del jefe de hogar, apreciaremos tres grupos: 1) el grupo cuyos jefes de hogar reciben un salario o ingreso por debajo de la línea de pobreza (43%); 2) los que reciben entre uno y dos salarios de pobreza (30.8%); y 3) los que reciben dos o más salarios de pobreza (26.3%).

El último rasgo de la población que debe destacarse es la elevada proporción de mujeres jefas de familia: 38%. En gran medida esta elevada tasa de jefatura femenina de hogares es producto de la particular naturaleza sociodemográfica de la población entrevistada, la cual tiene 30 o más años de edad. Esto determina un tipo de hogares diferente al de las parejas jóvenes, pues se trata de hogares maduros e incluso en proceso de disolución. Sin embargo, no podemos menospreciar la creciente responsabilidad económica de la mujer en los hogares urbanos pobres.[2] En este sentido, es muy significativa la alta proporción de jefes (as) de familia separados (as) (20.6%) o viudos (as) (9.4%), categorías que alcanzan, ambas, al 30% del total de jefes (as) de hogar. Naturalmente, esta situación afecta esencialmente a los hogares con jefatura femenina. Apreciamos así que del total de jefas de familia, el 43.8% estaba separada y el 20.3% eran viudas. Es decir, el 64.1% de las jefas de hogar no tenían cónyugues a la hora de la entrevista.

2. Debe puntualizarse que en América Latina una de las expresiones más significativas de la crisis de los años ochenta fue la acelerada incorporación de la mujer a actividades productivas (Oliveira y Roberts, 1991), pasando a ocupar un papel de primer orden como responsable económico de los hogares pobres, no sólo en la administración de los ingresos y del presupuesto familiar, sino también en la generación misma de los recursos monetarios de las familias.

3. Vivir en la ciudad: informalidad y pobreza

Ante el proceso de transformación urbana descrito, en el presente apartado trataremos de dar respuesta a varias interrogantes: ¿cómo afectaron a los pobladores los cambios de la vida urbana en los ochenta, a propósito de sus condiciones de ingreso?, ¿cómo las remesas de los emigrantes han ayudado a los pobres urbanos a dar una respuesta a la crisis, en lo relativo a la generación de ingresos?, y finalmente: ¿de qué modo la crisis de los ochenta modificó la estructura y dinámica de funcionamiento del mercado de trabajo, sobre todo en lo relativo al creciente papel del sector informal en la vida económica de Santo Domingo?

Pobreza, Género y Remesas

En una situación como la descrita hasta aquí es de esperar que la generación de ingresos en la familia involucre de modo significativo no sólo a los jefes y jefas de hogar, sino también a los miembros adultos que se encuentran en edad activa. Sin embargo, los datos manifiestan que sólo el 19.2% del ingreso familiar promedio era cubierto por la población secundaria (los demás miembros de la familia excluído el jefe o jefa de hogar). El jefe (a) de hogar aportaba el 66.8% del ingreso familiar y un 14% era cubierto por las remesas (Cuadro 2.2). Sin embargo, este panorama de la situación de ingresos resulta incompleto. Apreciemos más de cerca la situación del ingreso.

El Cuadro 2.3 permite reconocer que hay una fuerte asociación entre los cambios en la situación del empleo del jefe familiar y la capacidad de ingresos individual y familiar. En base al salario de pobreza (US$104.0 para 1990) el cuadro se ha organizado definiendo tres situaciones de ingreso: 1) por debajo de la línea de pobreza, 2) entre 1 y 2 salarios de pobreza y 3) más de dos salarios de pobreza.

En el primer grupo de ingreso, el de pobreza extrema, casi la mitad de los jefes están desempleados o son inactivos (47.1%), lo que afecta directamente al ingreso familiar en una proporción semejante (47.9%). En dicho grupo el empleo eventual no es significativo como estrategia para elevar el ingreso, pero sí lo es el

Cuadro 2.2

Estructura del ingreso por tipos: promedios y proporciones

POBLACION POR TIPOS DE INGRESOS	PROMEDIOS DE INGRESOS			PROMEDIOS DE INGRESO FAMILIAR		
	TOTAL	HOMBRES	MUJERES	TOTAL	HOMBRES	MUJERES
TODA LA POBLACION:						
Jefe	161.0	193.8	107.3	66.8	76.1	49.2
Secundaria	46.1	37.4	60.2	19.2	14.6	27.6
Remesas	33.7	23.4	50.5	14.8	9.3	23.2
Familiar	240.8	254.7	218.1	100.0	100.0	100.0
RECIBE REMESAS:						
Jefe	137.1	158.5	109.8	45.4	56.3	33.5
Secundaria	38.1	25.5	54.2	12.6	9.0	16.5
Remesas	126.5	97.6	163.5	42.0	34.7	50.0
Familiar	301.9	281.1	327.6	100.0	100.0	100.0
NO RECIBE REMESAS:						
Jefe	169.0	204.0	105.6	77.5	83.3	62.3
Secundaria	48.9	40.9	63.4	22.5	16.7	37.7
Familiar	218.1	244.9	169.5	100.0	100.0	100.0
RECIBE INGRESOS SECUNDARIOS:						
Jefe	144.9	188.0	97.8	56.2	64.0	45.0
Secundaria	81.5	78.7	84.5	31.6	26.7	38.8
Remesas	31.1	27.3	35.2	12.2	9.3	16.2
Familiar	257.5	294.1	217.6	100.0	100.0	100.0
NO RECIBE INGRESOS SECUNDARIOS:						
Jefe	181.9	199.1	130.8	83.0	91.0	59.6
Remesas	37.0	19.8	88.3	17.0	9.0	40.4
Familiar	219.0	210.0	219.2	100.0	100.0	100.0

Fuente: EURBA, 1991.

Cuadro 2.3

Situación del ingreso según condición del empleo del jefe de familia

SITUACION DEL EMPLEO DEL JEFE FAMILIAR	INGRESO DEL JEFE (A)			INGRESO FAMILIAR		
	Debajo línea pobreza	2 salarios pobreza	3 ó más salarios pobreza	Debajo línea pobreza	2 salarios pobreza	3 ó más salarios pobreza
No trabaja	52.9	87.1	90.7	52.1	72.1	86.1
Trabaja	47.1	12.9	9.3	47.9	27.9	13.9
	Chi-Cuadrado: 65.3 Significancia: 0.00 Cramer's V: .40			Chi-Cuadrado: 36.3 Significancia: 0.00 Cramer's V: 0.30		
Con empleo eventual	26.2	26.6	26.2	25.2	27.2	26.0
Sin empleo eventual	73.8	73.4	73.8	74.5	72.8	74.0
	N.S.			N.S.		
Con empleo secundario	68.6	47.6	47.7	60.6	48.5	60.7
Sin empleo secundario	31.4	52.4	52.3	39.4	51.5	39.3
	Chi-Cuadrado: 17.6, Significancia: 0.00, Cramer's V: .0.20			Chi-Cuadrado: 5.40, Significancia: 0.06 Cramer's V: 0.11		
Con remesas	31.6	24.2	22.6	11.7	30.8	32.4
Sin remesas	68.4	75.8	77.4	88.3	69.2	67.6
	Chi-Cuadrado: 3.33, Significancia: 0.18, Cramer's V: .0.09			Chi-Cuadrado: 14.63, Significancia: 0.00, Cramer's V: .0.19		
TOTAL (N)	172	126	107	94	136	173

Fuente: EURBA 1991.

empleo secundario (31.4%) y las remesas (31.6%). Sin embargo, en estos hogares, el papel de las remesas en el ingreso familiar tiene menos importancia del que juega el ingreso del jefe. Cuando el jefe de familia logra conseguir empleo, su situación de ingreso mejora significativamente. Así, el 87% de los jefes de hogar que reciben entre uno y dos salarios tienen ocupación. Ello mejora notablemente el ingreso familiar, pero no en el ritmo en que mejora el ingreso del jefe familiar. De todos modos, en este grupo continúa siendo importante que el jefe tenga un trabajo secundario que permita ingresos complementarios, pero a un nivel mucho menor que en el caso de los hogares en situación de pobreza extrema. Sin embargo, en este grupo el ingreso complementario del jefe, pese a su descenso (47.6%), tiende a sustituir el papel de las remesas (24%). En este segundo grupo de ingresos, tambien el trabajo eventual es poco significativo. Finalmente, en el tercer grupo (los que reciben más de dos salarios de pobreza) casi todos los jefes de familia trabajan (90.7%), manteniéndose de modo semejante al segundo grupo el papel del empleo secundario y de las remesas. Lo importante en este tercer grupo es que el cambio en el ingreso del jefe eleva significativamente los ingresos familiares, pese a que el empleo secundario y las remesas mantengan su papel (ver Cuadro 2.3).

De esta forma apreciamos que: 1) son los ingresos del jefe familiar los determinantes básicos del ingreso de la unidad doméstica, 2) los ingresos por empleo secundario son más importantes en los hogares más pobres, 3) las remesas son importantes en los jefes de hogar en extrema pobreza, pero su importancia es mas determinante para los hogares con mayores ingresos. La remesa no parece ser, pues, determinante en la estrategia de sobrevivencia de los hogares en extrema pobreza, pero sí para la reproducción de los hogares con mejor situación económica. En los hogares más pobres este papel lo juega el empleo secundario.

Precisemos mejor el papel de las remesas en la generación de ingresos de la unidad doméstica. Si bien las remesas sólo aportan el 14.8% del promedio general del ingreso familiar, en los hogares dirigidos por mujeres esta proporción se eleva al 23%. Por otro lado, sólo el 26.5% de los hogares recibían propiamente remesas. No es despreciable esta proporción de hogares que reciben remesas en el momento de la encuesta. Lo que es más importante, si observamos bien las cifras presentadas en el Cuadro 2.2, reconoceremos un conjunto de situaciones claramente diferenciadas: 1) los hogares que reciben remesas aumentan su ingreso en un 20.2%, en relación al promedio general. 2) En los hogares que reciben remesas la proporción del aporte del jefe de familia desciende a un 45% del volumen total de ingresos familiares, elevándose el papel de las remesas al 42%. 3) Esto último revela que en dichos hogares las remesas pasan a ocupar un rol prácticamente igual al de los ingresos del jefe de hogar y significativamente más importante que los aportes de la población secundaria y que viven en la misma residencia. 5) El sutil atenuante de esta última situación no es menos importante: mientras las remesas suponen un ingreso que no demanda un gasto,[3] el aporte de los otros miembros de la población tiene como recíproco un importante nivel de consumo de esta misma población secundaria en el gasto familiar total. 6) Finalmente, el Cuadro 2.2 revela que la función de la remesa se hace mucho más determinante para el ingreso familiar en los hogares dirigidos por mujeres que por hombres, al punto que en dichos hogares las remesas llegan a representar el 50% del ingreso familiar. Es claro, pues, que en estos hogares la remesa pasa a suplir las carencias monetarias provocadas por la inactividad o la salida del mercado laboral, que es la principal característica de los hogares con jefatura femenina.

A fin de precisar el conjunto de estas relaciones hemos construido un modelo de regresión, con el propósito de determinar los principales predictores del ingreso familiar. Se ha elaborado una regresión logística con el propósito de medir los efectos que tienen la condición de género, la edad, la educación y el tipo de

3. No debemos olvidar que generalmente el acceder a las remesas puede haber demandado un gasto pretérito por parte de la familia, precisamente para poder enviar al miembro del hogar al extranjero. En este sentido, si bien la remesa en lo inmediato representa un ingreso neto, sin un correlato en el volumen del gasto familiar, en términos de la historia familiar ha tenido un costo, cuyos efectos económicos no pueden ser despreciados: en su historia la familia se vió forzada a restringir niveles específicos de consumo, a estimular y/o apoyar la emigración en beneficio de algunos de sus miembros y no de otros, con su consecuente correlato en el potencial de conflicto interno, etc.

ocupación del jefe de familia en sus ingresos. La variable de resultados, los ingresos totales, tiene tres categorías: ingresos por debajo del salario de pobreza, 2) ingresos de hasta dos salarios de pobreza, y 3) ingresos mayores que el doble del salario de pobreza.

El modo de regresión (Cuadro 2.4) revela que el sexo, la educación y la ocupación son predictores estadísticamente significativos del ingreso total del jefe de familia (nivel de .05). Las posibilidades de ascender una o más categorías en la escala de ingresos son tres veces mayores para los hombres que para las mujeres (2.99). Entre los informantes que son similares en todos los otros aspectos (edad, sexo, educación), los que trabajan por cuenta propia o de manera formal tienen cinco veces más probabilidad de subir una o más categorías de ingresos, mientras que los trabajadores informales tienen sólo tres veces más probabilidades de hacerlo. Las personas que trabajan como jefes y supervisores tienen las más altas posibilidades de ascender una o más categorías de ingresos (17.064).

Cuadro 2.4

Regresión de determinación del ingreso en base a predictores seleccionados

Variables independientes	B	Exp. (B)
Sexo	1.098	2.998
Edad (años)	0.005	1.005
Educación (años)	0.143	1.154
Ocupación:		
Patrón	2.837	17.064
Cuenta propia	1.675	5.339
Asal. formal	1.679	5.360
Asal. informal	1.104	3.016

Fuente: EURBA, 1991.
Significancia de coeficientes p 0.01
Log. Likelihood = -355.111 Chi cuadrado = 157.06 p 01
Grados de libertad 6.

Finalmente, el Cuadro 2.5 completa todos estos análisis. Apreciamos en el mismo que ciertamente hay una fuerte relación entre la educación y el nivel de ingresos. Sin embargo, el cuadro en cuestión, aún cuando sólo se refiere al ingreso del jefe familiar, obliga a reconocer que hay que atenuar el argumento respecto a la determinación del ingreso por la educación, pues entre los que tienen una educación secundaria completa hay más de un 20% debajo de la línea de pobreza. Igual ocurre con los que tienen eduación secundaria incompleta, pues un 36% de este grupo se encuentra debajo de la línea de pobreza.

Cuadro 2.5

Nivel de ingresos según nivel educativo (%)

	Nivel educativo			
Grupos de ingreso	Sin escolaridad	Primaria incompleta	Secundaria incompleta	Secundaria y más
Bajo línea de pobreza	61.5	53.5	36.7	21.8
1-2 salarios de pobreza	30.8	26.7	37.8	31.7
Más de dos salarios de pobreza	7.7	19.8	25.6	46.5
Total %	100.0	100.0	100.0	100.0
N	(39)	(172)	(90)	(101)

Chi Cuadrado: 44.8, Sig,: 0.00, Cramers V: 0.23

Fuente: EURBA, 1991

Las migraciones Internas y los Pobladores Urbanos

El análisis precedente, respecto al papel económico de las remesas en la economía familiar urbana, nos coloca ante la necesidad de analizar la importancia de la migración en la dinámica económica y social de la ciudad de Santo Domingo.

Como ha sido la tendencia histórica en América Latina (Roberts, 1980), la ciudad de Santo Domingo es esencialmente una ciudad de inmigrantes. La población que nos ocupa no escapa a esta tendencia. El 74.4% de la población entrevistada nació en una provincia distinta al Distrito Nacional. Como lo han reconocido otros estudios (Duarte, 1987; Ramírez, 1982), el principal volumen de población inmigrante procedía de la Región Norte. En el Cuadro 2.6, apreciamos que la Región Norte aportó el 58.1% de la población inmigrante entrevistada. La novedad que presentan estos datos es la evidencia del gran potencial de la región Sur, que aportó el 23.6% de la población inmigrante a Santo Domingo. Como otros estudios han afirmado, históricamente la región Sur ha tenido un dinamismo emigratorio mucho más lento que el observado en la región Este, y por supuesto, en el Cibao, tradicional región expulsora de población hacia la ciudad capital (Ariza et. al., 1991).

Ahora bien, la población inmigrante entrevistada revela un dinamismo migratorio esencialmente urbano-urbano, donde la inmigración a Santo Domingo procedente de ciudades intermedias concentra los principales volúmenes. Vemos de este modo en el Cuadro 2.7 que la inmigración a Santo Domingo procedente de ciudades cuyo tamaño oscila entre 20 y 100 mil habitantes concentraba el 37% del volumen total de inmigrantes. Sin embargo, la inmigración procedente de zonas rurales continúa concentrando un volumen significativo de poblacion migratoria: el 30.8%.

El análisis por cohortes temporales (Cuadro 2.8) revela que la inmigración a Santo Domingo de la población entrevistada reconoce su mayor intensidad en el período 1960-79, donde se concentra el 56.9% de la inmigración. La década de los ochenta propiamente dicho tuvo un ritmo inmigratorio muy lento, concentrando apenas el 6.2% de la inmigración. Se trata, pues, de una población con una historia inmigratoria a la ciudad capital muy vieja.

Un análisis de los volúmenes relativos acumulados de la inmigración por períodos decenales revela el siguiente ritmo: hasta 1949 había llegado a la ciudad de Santo Domingo el 15.9% de la población inmigrante. En la década 1950-59 se concentra el 36.9% de la inmigración (acumulada). A partir de allí, la inmigración se acelera y en el período subsiguiente de 1960-69 se acumula el 63.8% de la inmigración. Mientras en el década de los setenta (1970-79) la población inmigrante acumulada asciende a 42.8%. En la década

Cuadro 2.6

Regiones de nacimiento según sexo: jefes (as) de hogar y cónyuges
(valores absolutos y relativos)

	Jefes		Cónyugues		Total	
	Absoluto %	%	Absoluto	F	Absoluto %	%
REGION NORTE:	165	41.4	116	46.1	281	43.2
REGION NOROESTE:	22	5.6	18	6.8	40	6.0
REGION SUR:	71	17.7	43	17.2	114	17.6
REGION ESTE:	29	7.4	19	7.5	48	7.3
DISTRITO NACIONAL	111	27.9	55	21.8	166	25.6
EN EL EXTRANJERO	-	-	1	0.6	1	0.3
TOTAL	398	100.0	252	100.0	650	100.0

FUENTE: EURBA, 1991.

subsiguiente de 1970-79 se acumula el 93.8%. Como puede apreciarse, el período crucial fue la década de los sesenta, aunque en los setenta hubo también un intenso proceso inmigratorio.

En esta dinámica, podemos reconocer un comportamiento diferencial de la inmigración a Santo Domingo, segun las regiones de origen y el período inmigratorio. Sin embargo, lo primero que debemos destacar es que en todos los períodos, desde los años cincuenta, la región Norte es la que permanece concentrando los principales volúmenes de población inmigrante a Santo Domingo. Ahora bien, vale la pena analizar con algún detalle el ritmo migratorio de cada región.

En primer lugar, la emigración hacia Santo Domingo de población procedente de la región Norte mantiene a lo largo del período 1950-1970 un ritmo estable, pero en la década de los setenta se incrementa significativamente. A diferencia de la región Sur que, concentrando un volumen temprano de emigrantes a Santo Domingo en el período anterior a los años cincuenta, enlentece su ritmo de expulsión poblacional durante todo el decenio de los cincuenta, y a partir de los años sesenta estabiliza un significativo ritmo de expulsión de población.

Como apreciamos, la población entrevistada es esencialmente de origen inmigrante. Lo significativo es que se trata de una inmigración relativamente temprana que reconoce sus momentos de mayor intensidad en el período 1960-69, y en la década de los setenta (1970-79).

De todos modos, el fenómeno más impactante desde los años setenta, y decisivo para la economía a partir de los ochenta, ha sido el de la migración internacional. En poco menos de veinte años República Dominicana se ha convertido en el principal país emisor de población caribeña a los Estados Unidos, despues de Puerto Rico (Báez Evertsz y D'Oleo, 1985; Del Castillo y Mitchel, 1987; Chaney, 1986). Esto ha tenido significativas repercusiones para toda la economía nacional,[4] pero sobre todo ha contribuído a

4. Para un estudio del impacto de la emigración en la agricultura ver a: Ravelo, Sebastian y Pedro Juan del Rosario (1986); Para un estudio del impacto de la emigración en el desarrollo de las microempresas véase a: Portes, Alejandro y Luís Guarnizo (1991).

Cuadro 2.7

Migraciones internas por regiones segun origen urbano o rural (jefes (as) de hogar)

	ORIGENES							
	Ciudades con másde 100,000 habitantes		Ciudades con másde 20,000 habitantes		Ciudades entre 5,000 y 20,000 habitantes		Areas rurales	
	F	%	F	%	F	%	F	%
NORTE:	30	85.7	37	56.1	45	51.1	46	54.8
NOROESTE	-	-	-	-	18	20.5	4	4.8
SUR	-	-	18	27.3	24	27.3	24	28.5
ESTE	5	14.3	11	16.6	1	1.1	10	11.9
Total	35	100.0	66	100.0	88	100.0	84	100.0

Fuente: EURBA, 1991

Cuadro 2.8

Migraciones internas: periodización por quinquenios:
(valores relativos)

Regiones	PERIODOS QUINQUENALES								
	Antes 1950	1950 1954	1955 1959	1960 1964	1965 1969	1970 1974	1975 1979	1980 1984	1985 1991
REGION NORTE:	43.5	77.8	70.8	52.6	57.5	60.0	51.4	50.0	16.7
REGION NOROESTE:	6.5	-	4.3	13.2	7.5	14.0	13.5	-	-
REGION SUR:	37.0	3.7	16.7	26.3	25.0	16.0	32.4	50.0	83.7
REGION ESTE:	13.0	18.5	8.2	7.9	10.0	10.0	2.7	-	-
Total(*)	15.9 (46)	9.3 (27)	11.7 (34)	13.1 (38)	3.8 (40)	17.2 (50)	12.8 (37)	4.1 (12)	2.1 (6)

(*) Los totales entre paréntesis corresponden a los valores absolutos de cada columna. Los valores de la fila de totales corresponden a la proporción de los valores absolutos del total de cada columna en relación al número total de casos (=290).

Fuente: EURBA, 1991

transformar radicalmente las lógicas de sobrevivencia de las familias campesinas, y de las clases trabajadoras urbanas.

Lo que debemos destacar por sobre todo es el hecho de que las remesas de los emigrantes dominicanos se han constituído para sus familiares locales en un decisivo componente de sus estrategias de generación de ingresos, incidiendo notablemente en sus lógicas de sobrevivencia. Ya hemos analizado la importancia que para el equilibrio presupuestario familiar tienen las remesas en los hogares urbanos. Veamos ahora algunos datos relativos a la significación e importancia de la emigración.

Las informaciones derivadas de nuestra encuesta revelan que el 76.7% de los entrevistados declaró tener al menos un pariente en el extranjero. Lo significativo es que, como hemos expresado arriba, el 27% de los hogares recibe alguna ayuda de dichos parientes, al menos una vez al mes. Por otro lado, los parientes de que se trata tienen un lazo parental cercano con las familias entrevistadas. Se trata de parientes emigrantes que en su mayoría son hijos (as),hermanos (as), o compañeros (as), de los entrevistado. Parientes cercanos que mantienen con su núcleo familiar de origen estrechos vínculos.

La mayoría de estos parientes emigrantes residen en los Estados Unidos. Pero la gama de países entre los que se distribuye la emigración es asombrosa.[5] En Estados Unidos, los parientes se concentran esencialmente en New York, Miami, y Boston. Pero también hay un significativo volumen de emigrantes en ciudades como Caracas (Venezuela), Madrid (España), Curazao, Roma (Italia) y Atenas (Grecia).[6]

La realidad de la emigración no se limita a las remesas. Gravita sobre las expectativas de cambio del hogar y, en consecuencia,

---

5. La lista se extiende a más de quince países y alrededor de 40 ciudades. Entre los principales países receptores de la emigración dominicana figuran: Estados Unidos, Puerto Rico, Venezuela, Canada, Saint Thomas, México, España, Grecia, Italia, Alemania, Aruba.

6. Entre las principales ciudades cabe mencionar a: New York, Boston, New Jersey, San Juan, Rio Piedras, Caracas, Madrid, Toronto, Montreal, México, Roma, Hamburgo, Atenas..

motoriza una serie de acciones tendentes a la movilidad social de sus miembros. Por lo demás, los hogares que reciben remesas entienden que las mismas han pasado a constituir un elemento inprescindible del presupuesto familiar. De esta manera el 69.1% de los entrevistados que reciben remesas afirmaron que las mismas son imprescindibles para lograr un equilibrio presupuestario en la familia.

Ahora bien, la ayuda de la emigración no se limita al ingreso monetario. Un 26.6% de los hogares recibe ayuda en bienes materiales, al menos una vez al año, sobre todo en electrodomésticos y ropa.

De esta forma, la emigracion ha ido constituyéndose en un elemento cotidiano de la sobrevivencia de muchos hogares pobres de Santo Domingo, pero principalmente se ha convertido en la perspectiva de la movilidad social más importante. De esta suerte el 30.5% de la población entrevistada declaró tener planes para emigrar del país. Los motivos principales que sostiene la población como determinante de su disposición a emigrar no lo constituye tanto el deterioro de su nivel de vida, sino más bien la deprivación relativa a la que se haya expuesta la población entrevistada. De esta forma, apenas 1.6% manifestó deseos de emigrar por falta de oportunidades de empleo. En cambio, un significativo 30% destacó que desea emigrar debido a que desea mejorar su situación economica, y un 11% señaló que piensa irse porque se ha desencantado del país. Naturalmente, existe un significativo 30% que piensa emigrar debido a problemas derivados directamente de sus limitaciones de ingreso.

La disposicion a la emigracion no se limita a los responsables del hogar, afecta tambien a los cónyugues, pero sobre todo a los hijos. Según los datos recogidos por nuestro estudio, el 35.7% de los familiares del jefe del hogar también tienen planes de emigrar, estando constituída dicha población sobre todo por los hijos y las esposas (os).

El Predominio de la Informalidad

El ámbito de la economía urbana donde se concentra fundamentalmente la población encuestada es la actividad terciaria:

el comercio (29.8%) y los servicios (21.6%). Sin embargo, la actividad manufacturera tiene un peso significativo (19.2%) (Cuadro 2.9). De todos modos, la característica más relevante de la PEA es el peso del trabajo por cuenta propia (49.5%), claro indicador de la importancia que en la economía urbana poseen las actividades informales (Portes y Walton, 1981; Pérez Sáinz, 1991). La actividad "cuentapropista" de que se trata no es la típica del vendedor ambulante, sino más bien la del microempresario establecido en un lugar permanente. Igualmente importante es que la concentración de mujeres en actividades cuentapropistas de tipo permanente es mayor que la de los hombres, mientras estos últimos se concentran más en la actividad cuenta propia ambulante, típica de los vendedores callejeros, y todo tipo de venta popular al detalle (Duarte, 1987) (Ver Cuadros 2.9 y 2.13).

El análisis de las características sociodemográficas de la población, en atención a la situación ocupacional de los trabajadores, precisa mejor lo afirmado. En el Cuadro 2.10 se aprecia que hay una significativa y fuerte asociación entre las principales características sociodemográficas de la población (básicamente la educación, la edad y los salarios) y la ocupación. Reconocemos así que: 1) pese al bajo nivel educativo de la población en conjunto, los asalariados (sobre todo los formales) tienen un mayor nivel educativo que los cuentapropistas y patronos, éstos últimos concentran el 36.8% de los analfabetos y el 40.1% de los que sólo tienen primaria incompleta. 2) Esto coincide con el hecho de que precisamente son los asalariados los más jóvenes, concentrando el 54.9% de la población cuya edad es de menos de 40 años. 3) Sin embargo, esta situación (la de poseer un mayor nivel educativo y ser más jóvenes) no le proporciona a los asalariados una sustancial mejora en el ingreso, pues al respecto los mejor situados son los patronos, aun cuando seguidos de los asalariados formales: pese a que los patronos sólo representan el 17% de la población con ingresos mayores de dos salarios de pobreza, considerados como grupos particular, apreciamos que el 58.1% se encuentra en esta categoría. En cuanto a este último punto los cuentapropistas tienen una repartición de su población muy homogénea: el 23% de la población con salario de pobreza son cuentapropistas, el 33% de los que tienen entre 1 y 2 salarios de pobreza se concentran también en dicho grupo, y el 28% de los que obtienen mayores ingresos

Cuadro 2.9

Ramas de actividad según condición ocupacional
(valores relativos)

RAMAS DE ACTIVIDAD	CONDICION DE ACTIVIDAD				TOTAL
	Cuenta Propia		Asalariado		
	Permanentes	Ambulantes	Jefes y capataces	Obreros y empleados	
INDUSTRIA Y ENERGIA	27.2	1.8	36.9	17.2	20.4
Alimentos, bebidas y tabaco	2.0	-	15.8	3.9	3.5
Textiles	17.5	-	10.5	3.9	8.3
Otras manufacturas	9.0	2.4	5.3	7.8	7.4
Energía	-	2.4	5.3	1.6	1.2
CONSTRUCCION	1.4	17.1	15.8	2.3	4.8
TRANSPORTE	6.1	12.2	3.2	6.3	6.5
COMERCIO	31.8	24.4	-	16.4	21.6
Por mayor	4.9	12.2	-	11.7	8.5
Por menor	26.2	12.2	-	4.7	13.1
SERVICIOS	13.0	12.2	33.6	46.1	29.7
Adm. pública, finanzas y educacion	1.9	2.4	15.8	27.4	14.0
Diversión	6.0	2.4	-	2.3	3.7
Personales	3.9	4.8	5.3	4.0	4.1
Otros servicios	0.7	2.5	12.5	12.4	7.9
A.N.B.E.*	12.7	29.3	10.5	11.3	16.4
TOTAL (N)	100.0 (103)	100.0 (41)	100.0 (19)	100.0 (128)	100.0 (291)

(*) Actividades no bien especificadas

Fuente: EURBA, 1991

Cuadro 2.10

Ocupaciones según nivel educativo, edad y sexo (*)

EDUCACION EDAD, INGRESOS Y SEXO	OCUPACIONES					TOTAL
	C. Propia	Patronos	Asal. informales	Asal. formales	No trabaja	
EDUCACION:						
Sin Escolaridad	28.9	7.9	15.8	42.1	38	38
Pri. incompleta	31.7	8.4	12.0	36.5	167	167
Sec. imcompleta	30.7	5.7	28.4	17.0	88	88
Sec. y más	18.8	8.9	38.6	14.9	101	101
Chi-Cuadrado: 49.54; Significancia: 0.00 Cramers V.: 0.20						
EDAD:						
Menos 40 años	25.5	9.8	21.6	33.3	9.8	153
41-60 años	31.9	7.4	12.9	19.6	28.2	163
60 y más años	24.1	5.1	3.8	8.9	58.2	79
Chi-Cuadrado: 75.24; Significancia: 0.00 Cramers V.: 0.30						
SALARIOS						
1 Sal. pobreza	23.3	1.7	15.0	11.4	48.6	167
2 Sal.Pobreza	33.3	8.1	13.0	32.5	13.0	123
3 ó más	28.5	17.1	15.3	29.6	9.5	105
Chi-Cuadrado: 88.15; Significancia: 0.00 Cramers V.: 0.33						
SEXO:						
Masculino	63.6	83.9	59.6	76.7	43.9	245
Femenino	36.4	16.1	40.4	23.3	56.1	152
Chi-Cuadrado: 29.6; Significancia: 0.00; Cramer's V: 0.27						
TOTAL (N)	27.8	7.8	22.8	27.1	14.5	39.5

(*) En los totales hay ligeras variaciones debido a los casos "no válidos".

Fuente: EURBA, 1991.

son por igual cuentapropistas. Considerados como grupo ocupacional, un 36% de los cuentapropistas obtiene salarios por debajo de la línea de pobreza, un 27% supera tres veces dicho salario y un 37% lo supera dos veces. Hay que hacer notar que respecto al ingreso son los asalariados informales y la población que no trabaja los peores situados. Este último grupo (los que no trabajan), es, además, junto al de las jefas de familia, el peor situado en materia educativa y el de mayor edad (Cuadro 2.10).

Hay, pues, un patrón relativamente consistente que permite sostener una serie de hipótesis generalizadoras de estos hallazgos empíricos. Pese al papel determinante de la educación en la generación de mayores ingresos, a partir de un bajo nivel promedio de calificación, la educación parece no constituir un determinante apreciable y decisivo del nivel de ingresos, sino más bien el tipo de ocupación. Respecto a esto último reconocemos dos situaciones básicas: a) las ocupaciones más inestables son las que generan menores ingresos, como es el caso del trabajo por cuenta propia y el trabajo asalariado informal. La contrapartida revela el mismo fenómeno: las ocupaciones más estables reportan mayores ingresos (patronos y asalariados formales). b) El bloqueo absoluto al empleo (la desocupación abierta, o el status de inactivo), o la condición femenina traduce directamente un importante deterioro del ingreso, que sólo es mitigado por el papel de las remesas.

Apreciamos así una significativa heterogeneidad del empleo u ocupación respecto a la situación de ingresos de los trabajadores. Básicamente podríamos reconocer dos grupos de ingresos: 1) en la base se encuentran los que carecen absolutamente de acceso a ingresos monetarios derivados del trabajo directo (desocupados e inactivos). A estos se unen los que teniendo ingresos salariales, su condición de informales hace muy inestable el empleo y en consecuencia deteriora sus ingresos. En esta situación se encuentran trabajadores eventuales (llamados "chiriperos"), dependientes de pequeños comercios, vendedores callejeros subcontratados, etc. 2) Los que tienen ingresos estables independientemente de su origen (actividades microempresariales o salariales). En dicho grupo son los patronos microempresarios (que contratan mano de obra asalariada) los de mayor nivel de ingresos. Estos hallazgos permiten sostener que el mundo de la informalidad no debe identificarse con pobreza (Portes, Castells y Benton, 1990) y que la estabilidad del salario no asegura ingresos elevados (es el caso del empleado del Estado, o del trabajador de zonas francas).

No podemos dejar de reconocer que en este esquema la condición de género constituye una variable condicional del ingreso. Es posible que esto obedezca a varios factores: en los hogares pobres, en la medida en que la unidad doméstica entra en una etapa de deterioro y desaparición, se eleva la proporción de mujeres jefas de hogar solas, responsables de los hijos. En parte esto se debe a la mayor proporción de viudez en las mujeres, pero sobre todo es el producto de la elevada tasa de divorcio y abandono de hogar por parte del hombre, lo que coloca a la mujer en una situación muy vulnerable, pues hace muy inelástica sus opciones ocupacionales, limitando sus fuentes y posibilidades de ingresos.

Detengámonos con mayor detalle en el análisis del trabajo informal por cuenta propia, pues, como hemos apreciado, es esta la característica específica del predominio de la informalidad en el mercado laboral urbano. Sostenemos la hipótesis de que las actividades por cuenta propia de la población estudiada tienden a organizarse como microempresas de muy escaso tamaño y -posiblemente- muy baja capitalización. En una palabra, no se trata de microempresas de desarrollo (Portes, Castells y Benton, 1990), sino más bien de sobrevivencia (Pérez Sáinz, 1989). El análisis del Cuadro 2.9 permite reconocer que las actividades laborales son esencialmente de tipo comercial, donde la venta ambulante al detalle tiene un peso determinante y, en el caso de establecimientos comerciales con puestos permanentes, se trata de negocios individuales en su mayoría de venta de alimentos en las mismas residencias y barrios de los “microempresarios”. También hay una proporción importante de vendedores callejeros “tricicleros” en esta categoría. El segundo aspecto a destacar es la importancia de la rama de servicios, en la cual se concentra el 20.8% de las llamadas microempresas. Este último grupo es muy heterogéneo, destacándose algunas subcategorías como los servicios de diversión y esparcimiento -que incluye rifas, “aguantes”, “sanes” y toda forma de ahorro popular-, así como puestos de comida o pequeños restaurantes, todas microempresas con posibilidades reales de desarrollo; pero, por otro lado, se trata de servicios como los que ofrecen las lavanderas por cuenta propia, los guardianes que ofrecen sus servicios independientes, etc.; actividades que por regla general son de simple sobrevivencia (Ver Cuadro 2.9).

Hay dos ramas de la economía donde se concentran actividades microempresariales con posibilidades de desarrollo. En primer lugar, la manufactura, y, dentro de ésta, sobre todo los textiles y vestidos y la construcción de muebles. Aquí se trata de artesanos típicos: modistas, costureras independientes, sastres cuenta propia, ebanistas cuenta propia con pequeños talleres, etc. Reconocemos también la actividad del transporte, donde los choferes propietarios de automóviles tienen mucha importancia en la oferta global de servicios en dicha rama. Todas estas actividades tienen posibilidades de constituir un segmento de microempresarios con posibilidades de desarrollo. Sin embargo, no podemos perder de vista que en general en la actividad textil en la región hay un peso significativo de subcontratación por parte de las grandes fábricas de tejidos y ropa (Benería, 1990). Esto potencia el trabajo familiar y a domicilio, principalmente como subproducto de la expansión de la industria de la ropa, y sólo en segundo lugar como resultado de la capacidad misma de las microempresas. Algo semejante puede ocurrir con los talleres de construcción de muebles, muchos de los cuales funcionan como empresas subcontratadas por las grandes firmas vendedoras de muebles. Lo mismo puede decirse de los choferes del transporte, ante el peso de la subcontratación que realizan las grandes empresas propietarias privadas en el sector (Ver Cuadro 2.11).

La otra serie de indicadores que apoyan la hipótesis de que las microempresas en cuestión son predominantemente de sobrevivencia, es la naturaleza de los mercados a los que dirigen su producción y la dimensión del establecimiento. Sus ventas se dirigen básicamente al público (83.8%) (Cuadro 2.11). Un reducido número de establecimientos son los que venden a otras empresas: 16.2%. Muy posiblemente en este último grupo sí se encuentren las microempresas de desarrollo, cuya principal esfera de actividad económica es el comercio (50%) y la manufactura de textiles (25%).

Las microempresas bajo estudio tienen un personal muy reducido. Generalmente en dichos establecimientos el propietario es el principal y casi siempre único productor y operario: el 89% son cuentapropistas que no contratan mano de obra. Apenas el

11% contrata personal, familiar o asalariado. De las microempresas que contratan trabajadores, consideradas como grupo particular, el 45.7% sólo contrata un trabajador, y el 94.2% no tiene más de cuatro trabajadores. Apenas el 5.8% tiene más de cinco trabajadores (Cuadro 2.11). Ahora bien, de las microempresas que sólo contratan un trabajador solamente el 88% vende al público; de los que contratan entre 2 y 4 trabajadores el 85% sólo vende al público; e incluso las que contratan más de cinco trabajadores todas venden al público (Cuadro 2.11). Por lo visto, se trata esencialmente de microempresas individuales y familiares.

El último aspecto significativo de las microempresas cuenta propia es el de la regulación de las relaciones laborales. Si medimos la regulación de la relación capital-trabajo a través del tipo de prestaciones laborales a que tienen acceso los trabajadores, reconocemos que las relaciones laborales en las microempresas cuentapropistas tienen muy bajo nivel de regulación. De todos modos, es importante destacar que pese a esto en las microempresas hay un importante 30.2% de trabajadores que reciben aguinaldo navideño y un 33.3% que recibe bonificaciones (Cuadro 2.12). Debe observarse que las prestaciones en cuestión son esencialmente las vinculadas directamente a la productividad del trabajo (bonificaciones) o a tradiciones muy propias de la cultura laboral y empresarial dominicana (aguinaldo). Donde más precaria es la situación del trabajador de las microempresas es en lo relativo al despido, los accidentes de trabajo, y la salud. No podemos perder de vista que las microempresas constituyen básicamente negocios de tipo familiar, donde la relación patrón-trabajador no es la típica de la moderna empresa capitalista.

Diversificación de Ocupaciones y Sobrevivencia

En su busqueda de ingresos, los pobres de la ciudad de Santo Domingo recurren a una estrategia de diversificación de ocupaciones. Dicha estrategia es el resultado de las características del mercado de trabajo urbano y de la misma economía. En condiciones de una baja demanda de fuerza de trabajo en ocupaciones de alta productividad y complejidad tecnológica, como de un bajo nivel promedio de calificación, la enorme masa de trabajadores urbanos

Cuadro 2.11

Ramas de actividad, número de trabadores y categorías de microempresas según destino de las ventas, contratos de trabajo y categorías de trabajadores
(valores absolutos y relativos)

RAMA DE ACTIVIDAD NUMERO DE TRABAJADORES Y SUS CATEGORIAS	DESTINO DE LAS VENTAS					
	El público		Empresas		TOTAL	
RAMAS DE ACTIVIDAD	Abs.	%	Abs.	%	Abs.	%
MANUFACTURAS:	26	83.8	5	16.2	31	100.0
Alimentos y madera	12	85.7	2	14.3	14	100.0
Textiles	14	82.3	3	17.7	17	100.0
CONSTRUCCION	7	100.0	-	-	7	100.0
COMERCIO	37	86.0	6	14.0	43	100.0
TRANSPORTE	7	100.0	-	-	7	100.0
SERVICIOS PERSONALES	29	96.6	1	3.4	30	100.0
TOTAL (N)	106	89.8	12	10.2	118	100.0
MICROEMPRESAS SEGUN CONTRATEN O NO TRABAJADORES:						
Cuentapropista	89	92.7	7	7.3	96	100.0
1 trabajador	16	88.8	2	11.2	18	100.0
2-4 trabajadores	17	85.0	3	15.0	20	100.0
8-10 trabajadores	2	100.0	-	-	2	100.0
Total de Empresas	124	91.2	12	8.8	36	100.0
MICROEMPRESAS SEGUN CATEGORIAS DE TRABAJADORES CONTRATADOS:						
1. Familiares sin sueldo	10	100.0	-	-	10	100.0
2. Familiares a sueldo	10	100.0	-	-	10	100.0
3. Empleados a sueldo	7	77.7	2	22.3	9	100.0
4. Propietarios	8	72.8	3	27.2	11	100.0

Fuente: EURBA, 1991.

Cuadro 2.12

Prestaciones laborales de los trabajadores (%)

PRESTACIONES LABORALES	% RECIBEN PRESTACIONES LABORALES	
	Asalariados	Cuenta Propia
Seguro de salud	63.7	15.1
Seguro desempleo	5.5	3.8
Seguro Accidente Trabajo	30.8	11.3
Vacaciones	65.8	17.0
Jubilación	43.2	3.8
Aguinaldo Navideño	79.2	30.2
Bonificación anual	41.1	33.3

Fuente: EURBA, 1991

se ve afectada en sus salarios y oportunidades de empleo. Por la vía de los salarios es claro que el excedente estructural de fuerza de trabajo urbana (Lozano, 1987) presiona a la baja de los salarios promedios y de base, y en tal sentido afecta la jerarquía salarial global de la economía urbana (Souza, 1978). Por otro lado, la limitación de la demanda de fuerza de trabajo en los sectores modernos obliga a los trabajadores -sobre todo a los de menores niveles de calificación- a vincularse a actividades económicas de fácil acceso, como son las típicas del sector informal en el sector de servicios y comercio.[7] Todo esto sin considerar que a través de mecanismos como la subcontratación, el propio sector moderno aprovecha la existencia de este excedente de mano de obra abaratando sus costos de producción y, en consecuencia, vinculando a dichos trabajadores a los circuitos productivos modernos, pero sin las exigencias que demandan las relaciones formales entre el capital y el trabajo.

7. Véase el Capítulo I de este libro.

Como hemos podido apreciar, la población trabajadora objeto de nuestro estudio se concentra en actividades terciarias. El Cuadro 2.14 permite apreciar que el 70.3% de la PEA se concentra en el terciario. Este cuadro permite reconocer cómo los trabajadores diversifican sus ocupaciones en el mercado laboral. Reconocemos de este modo que la terciarización de las ocupaciones se mantiene en las ocupaciones secundarias y ocasionales. Sin embargo, ambos tipos de ocupaciones remiten a realidades socioeconómicas muy distintas.

Por lo pronto, las llamadas ocupaciones secundarias[8] tienen muy poca importancia en la estrategia de diversificación de ocupaciones de los trabajadores: apenas el 8.3% de los mismos realizan otra actividad secundaria, despues de su empleo principal. Sostenemos la hipótesis de que esto en parte obedece a un

Cuadro 2.13

Categorías ocupacionales según sexo (%)

CATEGORIAS OCUPACIONALES	HOMBRES	MUJERES	AMBOS
Cuenta propia en lugar permanente	33.2	40.2	35.4
Cuenta propia ambulante	15.1	12.2	14.1
Jefe o capataz asalariado	9.5	-	6.5
Obrero o empleado asalariado	42.2	47.8	44.0
TOTAL	100.0 (199)	100.0 (92)	100.0 (291)

Fuente: EURBA, 1991

8. En el estudio la ocupación secundaria es aquella actividad ocupacional de tipo permanente que el informante reconocia como la segunda en importancia, después de su empleo principal.

Diagrama 2.1

Dinámica ocupacional y mercado de trabajo en Santo Domingo

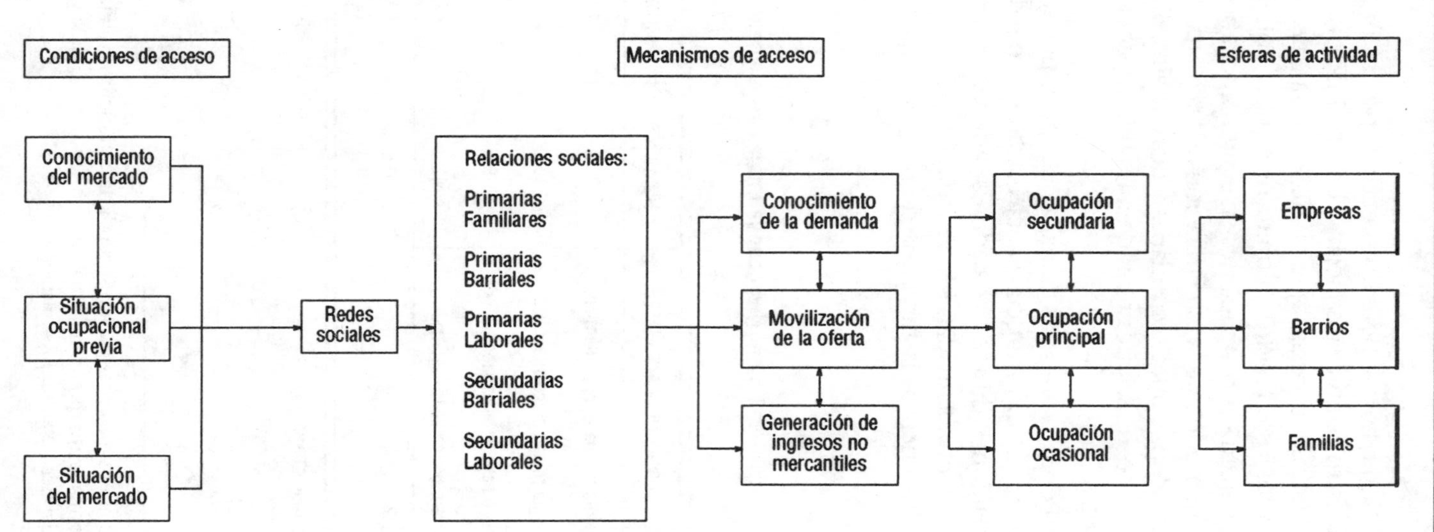

Cuadro 2.14

Estructura ocupacional según empleo principal, secundario y ocasional

Ocupaciones por sectores	Ocupación principal		Ocupación secundaria		Ocupación ocasional	
	Absoluto	%	Absoluto	%	Absoluto	%
I. Sector primario:	3	1.0	-	-	1	1.0
1. Propietarios y administradores	2	0.7	-	-	1	1.0
2. Trabajadores agropecuarios	1	0.3	-	-	-	-
II. Sector secundario:	83	28.7	5	20.8	42	42.0
3. Trabajadores industriales	13	4.5	1	4.2	6	6.0
4. Trabajadores de la construcción	9	3.1	-	-	7	7.0
5. Mecánicos, electricistas y afines	27	9.3	1	4.2	19	19.0
6. Artesanos diversos	34	11.8	3	12.4	10	10.0
III. Sector terciario:	202	70.3	19	79.2	57	57.0
7. Servicios burocrátivos	72	24.9	10	41.6	7	7.0
7.1. Empleados del sector público	4	1.4	-	-	-	-
7.2 Empleados del sector privado	22	7.6	1	4.2	1	1.0
7.3 Profesionales, ejecutivos y técnicos	46	15.9	9	37.4	6	6.0
8. Comercio:	61	21.2	4	16.8	26	26.0
8.1. Propietarios comercio al por mayor	2	0.7	-	-	1	1.0
8.2. Propietarios comercio por menor	23	8.0	-	-	1	1.0
8.3. Empleados comercio	7	2.4	2	8.4	1	1.0
8.4. Vendedores ambulantes	17	5.9	1	4.2	18	18.0
8.5. Agentes comerciales	12	4.2	1	4.2	5	5.0
9. Transporte	*20*	*6.9*	-	-	*5*	*5.0*
10. Servicos de reparación	4	1.4	-	-	3	3.0
11. Servicios sociales	16	5.5	3	12.4	4	4.0
12. Servicos domésticos y afines	27	9.3	2	8.4	11	11.0
12.1. Servicio doméstico y afines	11	3.8	2	8.4	3	3.0
12.1. Servicios de belleza	7	2.4	-	-	6	6.0
12.3. Porteros, conserjes y afines	9	3.1	-	-	1	1.0
12.4. Otros servicios personales	-	-	-	-	-	-
13. Otros servicios	2	0.8	-	-	1	1.0
IV. N.E:O.C (N.R.) N.S.	1	0.3	-	-	-	-
Total	289	100.0	24	100.0	100	100.00

problema derivado de la naturaleza de las ocupaciones principales, las cuales demandan de jornadas laborales no sólo muy largas, sino de cierta formalidad en su cumplimiento. Esta situación hace muy rígida la situación del trabajador en su empleo principal, dificultándole a muchos de ellos el ejercicio de otro empleo permanente, menos importante desde el punto de vista del ingreso, pero que implica una jornada a cumplir con cierta formalidad.

No es casual que sean los profesionales, ejecutivos y técnicos los que sobre todo concentran los escasos empleos secundarios. Esto así puesto que en este tipo de empleos se puede flexibilizar la jornada laboral con mucho más facilidad que en actividades como las burocráticas en el sector público, el trabajo como dependientes de comercio, el cuenta propismo en actividades artesanales, o los servicios domésticos.

En las ocupaciones ocasionales la situación es muy distinta. El 34.6% de los entrevistados tienen al menos una ocupación ocasional a lo largo del mes. Apreciamos que en este caso la población trabajadora sí recurre con relativa permanencia a actividades colaterales ocasionales. Nuestro argumento es que estas actividades por su naturaleza ocasional, pero también por su naturaleza productiva (como veremos en seguida) permiten a los trabajadores conciliar sus horarios en los empleos principales con el ejercicio ocasional de otras actividades generadoras de ingreso.

Este argumento, a nuestro juicio, permite explicar la otra característica significativa del trabajo ocasional: en estas ocupaciones la importancia del sector terciario se reduce significativamente, dando paso al crecimiento del sector secundario, en actividades artesanales y muy cercanas a los servicios (electricistas, mecánicos, etc).

Tenemos la convicción de que posiblemente el acceso a estos "trabajados de ocasión" se logre gracias a las redes sociales en que se encuentra inserto el trabajador, precisamente por la posición ocupada en el trabajo principal. Es esto lo que permite al trabajador flexibilizar las exigencias de la jornada en el trabajo principal en beneficio del trabajo de ocasión.[9] También esto ayuda a explicar

---

9. Por ejemplo: es típico que trabajadores en actividades de servicios bnurocráticos, situados en niveles muy bajos de la estructura de ocupaciones en las oficinas

cómo las propias jornadas de trabajo regulares se pueden violentar, o extender, a propósito del trabajo ocasional.[10]

Como apreciamos, la diversificación de ocupaciones tiene una gran importancia, como estrategia de inserción en el mercado de trabajo. La misma constituye un apoyo muy importante en la generación de ingresos de los trabajadores urbanos. Asegura al trabajador una multiplicidad de opciones que le permiten -ante la incertidumbre e inestabilidad de las ocupaciones en el mercado laboral- un flujo de ingresos relativamente estable, aunque bajos y precarios. Para lograrlo el trabajador no solo se somete a largas jornadas de trabajo, también se ve obligado a articular mecanismos sociales que le permitan insertarse en cadenas de relaciones sociales que brindan el acceso a las ocupaciones.

Para finalizar este apartado es útil discutir un poco más acerca de la racionalidad social y económica de esta dinámica ocupacional en los estratos de trabajadores urbanos de ingresos muy bajos (véase el Diagrama 2.1).

El trabajador se encuentra con una serie de condicionantes para el acceso al mercado de trabajo, en función de los cuales se define la posibilidad de su inserción exitosa en el mismo. En primer lugar hay una situación objetiva del mercado en materia de demanda de fuerza de trabajo, la cual depende del dinamismo de la economía, del proceso de acumulación capitalista. Este condicionante está sujeto a leyes económicas objetivas sobre las cuales el trabajador individual tiene poca o ninguna capacidad de intervención.

(limpieza, portería, cocina, etc.) recurran en horarios de oficina al ejercicio en horas laborales a rifas, venta de ropas y articulos de "fantasías". Lo mismo puede ocurrir con empleados dependientes del comercio, o con microempresarios que ocasionalmente realizan otras actividades en los marcos de sus jornadas de trabajo tradicionales.

10. Es el caso de trabajadores que en los marcos de su trabajo principal logran contactos y relaciones que les ayuda a conseguir actividades "extras" fuera de horarios, o que implican emplear parte del horario del trabajo principal en estas actividades ocasionales. Solo la vinculación a relaciones sociales (de poder) en la empresa permite que este tipo de situaciones se presente.

Sin embargo, hay otros niveles en las condiciones de acceso al mercado de trabajo que le permiten al trabajador un margen más amplio de acción, más allá de las condiciones objetivas del mercado. Nos referimos, en primer lugar, a la situación e historia ocupacional previa del trabajador, en relación a su situación actual, como también al nivel de conocimiento de las necesidades de la demanda de fuerza de trabajo al que tenga acceso. En función de la primera condición, la historia ocupacional previa dotará al trabajador ya inserto en la PEA de un grado de calificacion y nivel educativo, de una cierta experiencia laboral, de un cierto tipo de entrenamiento y capacidad productiva y de vinculos corporativos. Para los trabajadores de reciente entrada a la PEA es natural que estas condiciones previas sean prácticamente nulas, lo que los colocará en una situación de relativa desventaja respecto a los primeros. En este último caso, variables como el nivel de calificación pueden compensar en los nuevos trabajadores su deficiencia en otros niveles, como la experiencia laboral, pero difícilmente la sustituyan. En todo caso, sin embargo, ambos grupos de trabajadores para acceder al mercado laboral necesitan del vínculo con redes sociales que le permiten conocer las necesidades de la demanda, movilizar su oferta de trabajo, e incluso generar ingresos a través de mecanismos no mercantiles, en períodos difíciles (situaciones de enfermedad de algún miembro del hogar, desempleo, etc.), a través de canales como el prestamo, los "sanes", las rifas, etc.

En esta situación, al acceder a una ocupación determinada el trabajador no forzosamente la definirá de modo inmediato como su "empleo principal". Eso dependerá de las condiciones de acceso al mercado de trabajo. Dichas condiciones le permitirán, además, evaluar las posibilidades de dicha ocupación para satisfacer sus requerimientos de ingreso. Resultado de esta proceso, para cada trabajador se articulará una cadena de ocupaciones recíprocamente intercambiables. Las mismas pueden definirse en tres grupos: principales, secundarias y ocasionales.

Finalmente, no podemos olvidar que las actividades productivas del trabajador se desplazan en un continuun de situaciones ocupacionales, cuyos espacios son las empresas, los barrios y las propias familias.

La dimensión territorial del mercado de trabajo urbano

El tipo de actividades económicas en las que se encuentra involucrada la población trabajadora urbana tiene directas implicaciones en el manejo y apropiación social del espacio de las ciudades. Es más, la dimensión espacial del trabajo condiciona la posibilidad del "éxito" económico del trabajador urbano, cuyo objetivo central - no podemos olvidarlo- es la rápida generación de ingresos, pero también la seguridad de su obtención cotidiana.

En relación a la apropiación social del espacio, los datos de nuestro estudio revelan que existen tres tipos de trabajadores:

1) Un grupo cuyas actividades laborales se desarrollan dentro del barrio de residencia. Este grupo concentra más de un tercio de la población trabajadora (Cuadro 2.15). Donde más importante es la presencia de este tipo de trabajadores es en el barrio de Güaley, aunque en todos los barrios estudiados dicho grupo concentra alrededor del 30% del total. Es muy posible que en este grupo se encuentre una elevada proporción de mujeres, en actividades comerciales al detalle que se realizan en las propias casas sin implicar un desplazamiento físico fuera del barrio. Se trata de puestos de venta de alimentos ("frituras", "dulcerías", etc.), pequeños salones de belleza, pequeños talleres de costura, etc. También en este grupo se concentran nucleos de microempresarios cuenta propia, cuyos talleres se alojan en las propias residencias de los trabajadores y empleados dependientes de pequeños comercios (pulperías), familiares o asalariados. De esta manera, para este grupo de trabajadores, el barrio constituye no solo el ámbito cotidiano de la reproduccion social, sino también el territorio de la reproducción económica.

2) Un grupo de trabajadores que laboran en las áreas periféricas al barrio de residencia. Estos trabajadores extienden su radio de acción no más de uno o dos kilómetro fuera del barrio. Se desplazan a pie a los barrios periféricos, y por lo común su oficio se concentran en actividades de servicios personales y la venta callejera. En este caso se trata de trabajadoras del servicio doméstico, lavanderas independientes, vendedores ambulantes de frutas y legumbres, pero también de toda suerte de servicios

Cuadro 2.15

Ubicación del Lugar de Trabajo Según Barrios
(valores absolutos y relativos)

Lugar de Trabajo	Gualey	V.Juana	Luperon	Bs.Aires	Total
En el barrio de residencia	38.5	35.4	34.0	31.0	35.1
En el centro de la ciudad	7.3	5.1	12.0	7.0	7.4
En zona industrial	11.5	12.7	8.0	11.3	11.1
En barrio clase alta	2.1	3.6	6.0	1.4	3.0
En barrio de pobres	9.4	5.4	10.0	4.2	7.1
En barrio de trabajadores	8.3	11.4	2.0	7.0	7.8
En barrio clase media	12.5	12.6	14.0	16.9	13.9
En zona franca	1.0	-	2.0	5.6	2.0
En diversos sitios de la ciudad	9.4	13.8	12.0	15.5	12.5
Total	100.0	100.0	100.0	100.0	100.0
	(96)	(79)	(50)	(71)	(296)

Fuente: EURBA, 1991.

de reparación (plomería, electricidad, limpieza de utensilios domésticos, afiladores, etc.). En este grupo también abundan los empleados dependientes de las pulperías. Este grupo de trabajadores es reducido, concentrando alrededor del 8% del total de trabajadores. Sin embargo, es necesario hacer notar una significativa diferencia que se observa al comparar los diversos grupos de estos trabajadores en cada barrio. El Cuadro 2.15 permite apreciar que mientras en los barrios de Güaley y Buenos Aires esta categoría de trabajadores es poco significativa (entre el 3 y el 4%), en los barrios de Villa Juana y Luperón concentran alrededor del 14%. Es decir, en los barrios de menores ingresos promedios (Güaley y Buenos Aires) esta categoría de trabajadores prácticamente no existe. De todos modos no podemos olvidar que en última instancia estos trabajadores representan una suerte de extensión del primer grupo. Lo único que cambia son algunas modalidades de labores de servicio que también puede hacerse dentro del barrio, pero que en los casos de los barrios de ingresos más elevados (Luperón y Villa Juana) dichas labores se extienden a la periferia barrial.

3) La última categoría esta constituída por trabajadores que laboran en áreas alejadas del barrio de residencia. Estos trabajadores se concentran en varios tipos de actividades: 1) burocráticas, casi siempre en centros administrativos del Sector Publico, en el centro de la ciudad; 2) empresas formales de tipo manufactureras o de servicio, en áreas industriales o residenciales; 3) transporte colectivo, en diversos puntos de la ciudad. Esta categoría concentra alrededor del 60% del total de trabajadores. En esta categoría hay no sólo un mayor grado de involucramiento con grupos sociales colocados en niveles más altos de la estratificación social urbana (clase media y clase alta), sino también un mayor grado de diversificación ocupacional y muy posiblemente un mayor grado de formalización de las relaciones laborales. No podemos por ello perder de vista que en esta categoría se encuentran también muchos trabajadores cuenta propia, cuya esfera de demanda la componen precisamente barrios de clase media y alta, muy alejados de sus áreas de residencia (vendedores callejeros en las esquinas, reparadores

de efectos electrodomésticos, mecánicos y electricistas independientes, etc).

Los datos de la encuesta permiten sostener la hipótesis de que la estratificación del mercado de trabajo urbano define una situación sociolaboral de dominio o apropiación del espacio donde las relaciones entre clases sociales se organiza en dos líneas: 1) la esfera de los servicios, donde la relación se da esencialmente entre los trabajadores urbanos y las clases medias, siendo el barrio o el lugar de residencia el espacio de la relación social. Aquí las clases altas casi no participan de esta relación. 2) la esfera de la producción, donde la relación de los trabajadores con las clases altas se define en el espacio de la fábrica o lugar de producción. Este último típo de relación de clase de los trabajadores es tan o más importante que sus lazos con las clases medias, puesto que un 13% de los trabajadores labora en zonas industriales o en zonas francas (Cuadro 2.15).

De todos modos, la ciudad de que se trata constituye principalmente una economía de servicios. En el mismo Cuadro 2.15 apreciamos que al fin y al cabo los trabajadores en su mayoría trabajan diseminados en la ciudad, pero en esferas de servicios: 1) el barrio; 2) en varios sitios de la ciudad (se trata de choferes del transporte público, de vendedores callejeros y de todo tipo de reparadores, de lavanderas a domicilio, etc.); 3) en el centro de la ciudad (se trata de burocratas y empleados del comercio, en su mayoría, pero también de vendedores callejeros, etc). A diferencia del trabajador de servicios, el trabajador industrial en su relación productiva con el espacio urbano se localiza en áreas muy específicas situadas en la periferia de la ciudad.[11]

4. La vida mala: Estado, imágenes urbanas y pobladores

En este apartado final del presente capítulo nos proponemos evaluar la percepción que los pobladores urbanos tienen de los cambios sociales, económicos y políticos ocurridos en el país entre

11. Véase el Capítulo I de este libro.

1980 y 1991. Particularmente interesa analizar cómo la imagen de la vida urbana de los pobladores se vincula a la posición que ocupan en la estructura urbana, en lo relativo a su situación de clase, ingresos y nivel educativo. Finalmente, analizaremos la relación de los pobladores con el Estado y su potencial de movilización social y política.

Nuestra hipótesis central sostiene que en los últimos diez años el sistema político dominicano ha venido sufriendo una crisis de representación. Esto ha redefinido las relaciones de los partidos tradicionales con los pobladores urbanos. Se trata de una verdadera crisis del sistema populista en torno a las modalidades de lograr la hegemonía a través de la clientela y la prebenda. Todo esto se expresa en la imagen que de la vida política y social tienen hoy día los pobladores de la ciudad. Imagen que se caracteriza por su escepticismo respecto a la acción política como vehículo de solución de los problemas básicos de la vida urbana, tanto a nivel del poblador individual, como de las comunidades barriales. Esta situación ha generado una efectiva desmovilización política de los pobladores urbanos, aún cuando éstos expresan un gran potencial de movilización social en torno a los problemas de la comunidad barrial.

Imagen de la Vida Mala

Para la población entrevistada en nuestro estudio la vida en la ciudad se ha deteriorado dramáticamente en los últimos diez años. Según los pobladores, este deterioro se observa principalmente en los servicios de transporte y educativos. Igualmente estiman que hoy día la ciudad es más violenta (Cuadros 2.16A, 2.16B y 2.16C.

Los pobladores aprecian que este deterioro de la calidad de la vida les ha afectado directa y profundamente. Sin embargo, esta "imagen" del deterioro del nivel de vida varía de acuerdo a la situación social del poblador, y en algunos aspectos como los relativos a la salud los pobladores entienden que la situación ha mejorado.

Los Cuadros 2.16A, 2.16B y 2.16C proporcionan una síntesis de la visión general de los problemas urbanos de los pobladores.

Se aprecia que tanto hombres como mujeres tienen una visión muy positiva de las mejoras de los servicios de salud, independientemente de su condición de ingreso, autoclasificación de clase o sexo. y el nivel educativo. Al respecto, sin embargo, hay sus matices, puesto que son los que se consideran miembros de la clase pobre, los hombre y las personas que tienen mejores ingresos, los que tienen una imagen más positiva de los servicios de salud (Cuadros 2.17 y 2.18). Este hallazgo es consistente con otros estudios (Rosario del y Gámez, 1987) que demuestran que en los noventa algunos servicios médicos, pese al deterioro general de los servicios de salud, han tenido una mejora relativa. A esto debe añadirse que aún cuando los servicios hospitalarios de carácter público han sufrido un significativo deterioro, las campañas de vacunación y algunos programas preventivos han sido exitosos, siendo los beneficiarios de los mismos los sectores más empobrecidos. De todos modos, salvo el caso de los servicios de salud, la imagen del poblador respecto a los otros servicios como el transporte y la educación es la de un total deterioro, cualquiera sea el nivel de la comparación elegido: la ocupación del informante, su sexo, nivel de ingreso o autoimagen de clase. Vale la pena hacer la precisión de que son los trabajadores formales el único grupo donde se concentra un significativo estrato de personas (20.5%, Cuadro 2.16B) que opinan que los servicios de transporte han mejorado.

En lo relativo a los servicios educativos son los trabajadores informales y los desempleados lo que tienen una visión más crítica y negativa (Cuadro 2.16B), al igual que las mujeres y los trabajadores de menores ingresos (Cuadro 2.16C).

La situación ocupacional es el eje determinante de la imagen de la violencia. De este modo, apreciamos que, pese a que toda la población está de acuerdo en que la situación presente es más violenta que hace diez años, son los trabajadores asalariados formales e informales y los que no trabajan, los que principalmente así piensan (Cuadro 2.16B). Debe observarse que son precisamente estos trabajadores los que tienen un contacto más dinámico con la ciudad, pues su movilidad física es muy alta, precisamente a consecuencia de la naturaleza de sus oficios: empleados públicos que diariamente cruzan la ciudad hacia los centros burocráticos del Estado, vendedores callejeros subcontratados, trabajadores de la construcción, choferes del servicio público, etc. En cambio, las

Cuadro 2.16A

Imagen de la vida urbana y autoidentificación de clase (%)

VISION DE LOS SERVICIOS	AUTOCLASIFICACION DE CLASE		
	Media	Trabajador	Pobre
TRANSPORTE:	100.0	100.0	100.0
Mejor	15.3	22.6	6.3
Igual	6.7	4.4	1.1
Peor	78.0	73.0	92.6
TOTAL (N)	(59)	(159)	(176)
SALUD	100.0	100.0	100.0
Mejor	85.0	91.4	97.2
Igual	10.0	3.3	1.1
Peor	5.0	5.3	1.7
TOTAL (N)	(60)	(151)	(176)
EDUCACION:	100.0	100.0	100.0
Mejor	5.0	6.8	2.9
Igual	5.0	0.6	1.1
Peor	90.0	92.6	96.0
TOTAL (N)	(60)	(161)	(175)
VIOLENCIA:	100.0	100.0	100.0
Mejor	10.0	4.4	6.7
Igual	1.7	4.4	4.0
Peor	88.3	91.3	89.3
TOTAL (N)	(60)	(160)	(177)

N.S.

Fuente: EURBA, 1991.

Cuadro 2.16B

Imagen de la violencia por condición ocupacional (%)

Visión de la violencia	Cuenta propia	Patrón	Asalariado		No trabaja
			Informal	Formal	
Mejor	10.9	9.7	10.7	2.2	2.8
Igual	3.6	3.2	-	4.5	6.6
Peor	85.5	87.1	89.3	93.3	90.6
Total (%)	100.0	100.0	100.0	100.0	100.0
N	(110)	(31)	(56)	(89)	(106)

Fuente: EURBA, 1991. Chi cuadrado: 14.22; Sig. 07; Cramers V: .13

Cuadro 2.16.C

Imagen de la vida urbana según sexo y nivel de salarios (%)

VISION DE LOS SERVICIOS	SEXO		SALARIOS		
	Hombres	Mujeres	Por debajo línea de pobreza	1-2 salarios de pobreza	Más de dos salarios pobreza
TRANSPORTE:	100.0a	100.0a	100.0b	100.0b	100.0b
Mejor	13.1a	16.4a	13.5b	15.8b	14.2b
Igual	4.1a	2.0a	2.3b	2.5b	5.7b
Peor	82.9a	81.6a	84.2b	81.7b	80.2b
TOTAL (N)	(245)a	(152)a	(171)b	(120)b	(106b)
SALUD:	100.0c	100.0c	100.0d	100.0d	100.0d
Mejor	95.0c	89.2c	92.3d	91.5d	95.2d
Igual	1.7c	6.1c	5.3d	0.9d	2.9d
Peor	3.3c	4.7c	2.4d	7.7d	1.9d
TOTAL (N)	(242)a	(148)a	(169)b	(117)b	(104)b
EDUCACION:	100.0e	100.0e	100.0f	100.0f	100.0f
Mejor	5.7e	3.3e	3.5f	6.6f	4.7f
Igual	2.8e	-e	-f	2.5f	3.8f
Peor	91.5e	96.7e	96.5f	91.0f	91.5f
TOTAL (N)	(247)e	(152)e	(171)f	(122)f	(106)f

Fuente: EURBA, 1991.

A) No significativo. B) Chi cuadrado 2.94; Sig. 0.56; Cramers V. .06. C) Chi cuadrado 6.22; Sig. 0.04; Cramers V. .12. D) Chi cuadrado 10.78; Sig. 0.02; Cramers V. .11. E) Chi cuadrado 5.69; Sig. 0.05; Cramers V. .11. F) No identificado.

personas que no trabajan son las que tienen un contacto cotidiano más cercano con la vida de los barrios. De esta suerte apreciamos que quienes tienen un contacto más directo con la vida económica de la ciudad y con la vida de los barrios, son los que sostienen una imagen de mayor violencia en la ciudad. Aún así no puede perderse de vista que en general todos los pobladores tienden a percibir la vida de la ciudad como más violenta que en el pasado reciente.

En otra perspectiva, los principales factores que los pobladores entienden han contribuído a agravar la situación de pobreza se resumen en el Cuadro 2.17. En dicho cuadro apreciamos que el poblador atribuye a determinantes económicos objetivos el deterioro de la situación (desempleo: 17.8%; bajos ingresos: 33.9%). Sin embargo, un importante segmento atribuye esta situación a factores políticos y sociales donde la intervención estatal, y la noción de la desigualdad de clase, constituyen los elementos determinantes. El 31.4% entienden que es la política del gobierno la responsable de la situación, mientras un 7.4% entiende que es el producto de la desigualdad de clase. Si comparamos las dos partes de que consta el Cuadro 2.17 (las "causa" y los factores personales responsables de la pobreza), apreciamos que cuando el poblador transita del señalamiento de las causas a la definición de "los factores personales" de la pobreza los determinantes de tipo estructural aumentan, se hace más importante la intervención del gobierno como aspecto decisivo de la situación de pobreza, pero pierden importancia los determinantes de tipo clasista. La población entiende, pues, que el deterioro del nivel de vida es el producto de la situación objetiva (estructural) en la que se encuentran y en mucho menor grado obedece a determinaciones de tipo individual o personal.

El Cuadro 2.18 dicotomiza los diversos items, que miden la opinión sobre las causas de la pobreza presentadas en el Cuadro 2.17, en dos valores: causas individuales y causas estructurales. A la vez, en dicho cuadro se relaciona la causa de la pobreza con las únicas tres variables que resultaron tener un grado de asociación significativo: la edad, los salarios y el sexo. En el Cuadro 2.18 se reconoce que si bien los pobladores aprecian que son causas estructurales las que inciden en su condición de pobres, esta opinión es más alta en los jóvenes que en los viejos, en los hombres más que en las mujeres y en los pobladores de mejor posición económica que en los más pobres. De esta forma, la pobreza, la condición de género y la edad, tienden a mitigar la imagen de la desigualdad: indigentes, mujeres y viejos tienen opiniones sobre su condición de pobres vinculada a su situación personal, mientras hombres, jóvenes y pobladores con mejores ingresos aprecian que la desigualdad es resultado de determinantes estructurales que trascienden el horizonte individual.

Puede sostenerse, pues, la hipótesis de que hay una conciencia de la pobreza, pero no una clara conciencia de la desigualdad social en las relaciones de clase. La conciencia de la pobreza lleva a identificar situaciones sociales y determinantes económicos que producen la pobreza, pero en el plano político a lo sumo permite identificar al Estado como responsable de la misma. No es que la gente esté conforme con su situación de vida, pero la conciencia de la pobreza no produce como su correlato inmediato y "seguro" una visión crítica del mundo donde el conflicto social sea el que organice su contenido. Esta crítica se dirige sobre todo al Estado, pues el mismo es un Jano: el responsable último de los problemas del barrio, de la ciudad y de la crisis económica, pero también se le aprecia como el principal generador de empleos y como la instancia de la sociedad que de alguna manera puede proteger a la población de los especuladores comerciales y otros actores sociales que intervienen cotidianamente en la vida de los pobres (burócratas del gobierno, policías y militares, políticos y delincuentes en el barrio). En el mundo de los pobres urbanos, la política de la clientela y el autoritarismo estatista, tienen efectivos resultados: no sólo para los partidos políticos y el Estado, sino también para los propios pobladores que saben hacer buen uso de la misma en su lucha diaria por la generación de ingresos seguros. La reflexión de Touraine (1989) es aquí pertinente en el sentido de que la ambivalencia de la acción comunitaria (su rechazo de la política y su dependencia del Estado) expresa precisamente la condición de exclusión social a la que se encuentran sometidos los pobladores urbanos de bajos ingresos.

Autoimagen de Clase y Condición Social

La información que hemos podido analizar ciertamente permite reconocer que la situación económica y social del poblador

Cuadro 2.17

Determinantes de la pobreza (%)

CRITERIOS	DETERMINANTES DE LA POBREZA (%)	
	Causas de la pobreza	Factores personales responsables por la pobreza
1. La falta de empleo	28.9	17.8
2. Los bajos salarios	17.7	33.9
3. La sociedad injusta	4.7	5.2
4. El gobierno	17.6	1.4
5. Los ricos	12.1	1.4
6. La mala suerte	2.3	1.4
7. Número hijos	2.6	0.5
8. El alcohol/vicios	8.2	2.1
9. La haraganería	1.6	0.5
10. Otros	2.2	3.8
11. No sabe	1.2	1.4
TOTAL (%)	100.0	100.0
N	(384)	(231)

Fuente: EURBA, 1991.

condiciona su visión o "imagen" de la ciudad, como su percepción de la desigualdad social. Sin embargo, hay algunas cuestiones al respecto que debemos precisar. Si bien la condición laboral es muy importante en la determinación de la autoidentidad de clase, esta identificación no forzosamente establece que los trabajadores colocados en una peor situación laboral y económica se autoidentificarán con los más pobres. Por ejemplo, en el Cuadro 2.19 apreciamos que hay muchos más trabajadores cuenta propia que se asumen como clase pobre, que trabajadores desocupados y asalariados informales (que no reciben seguridad social) que se identifiquen como tales. Ciertamente, los asalariados formales (con seguridad social) en su mayoría se autoidentifican como clase trabajadora, pero también lo hacen los patronos.

Algo semejante ocurre con la evaluación de la situación económica a partir de la condición laboral. Prácticamente todas las

Cuadro 2.18

Opinión sobre determinantes de la pobreza según edad, salarios y sexo (%)

EDAD, SALARIOS Y SEXO	DETERMINANTES DE LA POBREZA		(N)(*)
	Individuales	Estructurales	
EDAD:			
Menos de 40 años	8.7	91.3	149
41-60 años	14.7	85.3	156
Más de 60 años	28.0	72.0	75
SALARIOS:			
Por debajo línea pobreza	21.0	79.0	162
1-2 salarios pobreza	10.3	89.7	117
Más de 2 salarios pobreza	10.9	89.1	101
SEXO:			
Hombres	12.1	87.9	232
Mujeres	19.6	80.4	148
TOTAL	15.0	85.0	380

(*) Hay ligeras variaciones en los totales debido a los casos "no válidos".

Fuente: EURBA, 1991.
Chi Cuadrado: 14.5; Sig. 0.00; Cramers V: 0.19
Chi Cuadrado: 7.9; Sig. 0.01; Cramers V: 0.14
Chi Cuadrado: 4.01; Sig. 0.04; Cramers V: 0.10

categorías laborales asumen por igual que sus ingresos no les alcanzan para cubrir sus presupuestos, aun cuando ciertamente los patronos representan el único grupo que en una parte significativa entiende que sus ingresos les alcanzan bien para cubrir sin problemas su presupuesto (ver Cuadro 2.19).

De esta forma apreciamos que la situación laboral no necesariamente es el factor que determina la autoimagen de clase del poblador, ni tampoco asegura una común visión de la situación económica del grupo social en el que éste se inserta. Pese a que la misma situación se repite en el caso de las relaciones entre el nivel educativo y la evaluación de la condición económica (ver Cuadro 2.19), en este caso es claro que un mayor nivel educativo permite una evaluación distinta de la situación económica. Sin embargo, es casi seguro que esto sea el producto de que las personas con un mayor nivel educativo obtienen mayores ingresos y por ello equilibran mejor su presupuesto. La educación aquí, como variable objetiva, condiciona la imagen de la situación económica, pero esto se encuentra mediado por variables como el ingreso.

La hipótesis que salta a la vista es que entre los pobres de la ciudad hay una significativa inconsistencia de estatus. El Cuadro 2.20 lo revela. Al respecto lo verdaderamente significativo es que en los estratos sociales más empobrecidos es donde más significativa es la inconsistencia de los determinantes del estatus, aún cuando también en los estratos que ganan más de dos salarios de pobreza hay un significativo grupo que se reconoce como clase pobre (ver Cuadro 2.20).

Los Pobres Urbanos y el Estado

El Estado es para los pobres urbanos el principal referente de la política urbana. A través de su relación con el Estado es que propiamente el poblador se vincula a la sociedad política global. De esta manera la política en la ciudad depende del "diálogo" entre el Estado y los pobladores. Sin embargo, la conciencia de ese diálogo dista mucha de ser clara. Que el poblador reconozca que es el Estado su principal interlocutor en la vida política, no quiere significar que tenga una clara conciencia de sus consecuencias. Por lo demás, el poblador urbano no tiene una clara visión de las instancias de poder en las que se organiza el Estado y sobre las cuales él tiene la posibilidad de influir en la política urbana. Su visión de ésta última se encuentra dominada -valga la paradoja- por los grandes problemas nacionales, no por las inmediatas y directas dificultades de la vida urbana (Touraine, 1989).

Esto determina que la conducta del poblador urbano, y su consecuente opinión política, respecto a los problemas propios de la ciudad, se subordine a su visión de la política nacional. Para el poblador uno y otro nivel no tienen mayores diferencias. En gran medida no se equivoca: la política urbana del Estado es una simple consecuencia de su política nacional. Por esto, la jerarquía

CUADRO 2.19

Situación económica, autoidentidad de clase y polarización espacial, según ocupación (%)

SITUACION ECONOMICA, AUTO IDENTIDAD DE CLASE Y POLARIZACION ESPACIAL	OCUPACION				
	Patrón	Asalariado formal	Asalariado informal	Cuenta propia	No trabaja
SITUACION ECONOMICA (INGRESOS):					
Alcanzan bien (Ahorran)	12.4	4.5	8.8	2.7	1.9
Alcanzan justo (Sin problemas)	22.6	30.3	26.3	27.3	26.7
No alcanzan	64.5	65.1	64.9	70.0	71.5
Con problemas	(48.4)	(53.9)	(49.1)	(52.7)	(42.9)
Con graves problemas	(16.1)	(11.2)	(15.8)	(17.3)	(28.6)
	Chi cuadrado: 20.08, Significancia: 0.06, Cramers V: 0.13				
AUTO IDENTIDAD DE CLASE:					
Clase media	29.0	19.1	8.8	9.3	15.2
Trabajador	41.9	47.2	39.3	38.3	38.1
Pobre	29.0	33.7	51.8	52.3	46.7
	Chi Cuadrado: 16.40, Significancia: 0.04, Cramers V: 0.14				
POLARIZACION ESPACIAL:					
Más mezclados que 10 años atras	35.5	18.0	31.5	26.9	23.6
Tan mezclados como 10 años atrás	64.5	82.0	68.5	73.1	76.4
	N.S.				
TOTAL %	100.0	100.0	100.0	100.0	100.0
N	(31)	(89)	(54)	(108)	(106)

Fuente: EURBA, 1991.

del poder estatal (Ejecutivo-Congreso-Judicatura-Municipios), resulta una abstracción carente de significado.[12]

Cuadro 2.20

Nivel de ingresos según autoclasificación de clases (%)

GRUPOS DE INGRESO	AUTOCLASIFICACION DE CLASE (%)			N	
	Media	Trabajadora	Pobre	%	Abs.
Bajo línea de pobreza	12.4	34.7	52.9	100.0	170
1-2 salarios de pobreza	11.5	41.0	47.5	100.0	122
Más de dos salarios de pobreza	23.4	49.5	27.1	100.0	107
TOTAL (%)	15.0	40.6	44.4	100.0	399

FUENTE: EURBA, 1991.

Es a partir de su relación con el Estado como puede comprenderse la capacidad de movilización social y política de los pobladores. Los Cuadros 2.21 y 2.22 proporcionan valiosa información al respecto. El primer hallazgo significativo es el bajo potencial de militancia partidaria (21.5%) y comunitaria (12.9%) de los pobladores (Cuadro 2.21). Pero esto tiene importantes diferencias. Por lo pronto, y como es común en otras sociedades latinoamericanas (Touraine, 1989), el Cuadro 2.22 revela que son las personas más instruidas y jóvenes las que tienen un mayor nivel

12. Es esto lo que explica que en la encuesta el 80% de los entrevistados no hayan podido reconocer cuál es el cargo de mayor jerarquía municipal. La razón es simple: para ellos la autoridad municipal prácticamente no tiene posibilidades de intervención en la vida de la ciudad. Por esto el 70% ha identificado al presidente Balaguer como la máxima autoridad de la ciudad, lo cual es un error en la nomenclatura del poder municipal, pero es un certero conocimiento acerca del lugar donde descansa el verdadero poder. La gente conoce muy bien a los principales actores políticos, aunque no tenga una visión clara y precisa del lugar que ocupen en la jerarquía del poder.

de militancia política y mayor presencia en las organizaciones comunitarias y en acciones de protesta y movilización barriales. Con el propósito de medir el nivel de movilización y participación política, en el Cuadro 2.22 se han manejado dos variables y en ambos casos se han dicotomizado sus valores: 1) la participación o

Cuadro 2.21

Participación política y comunitaria según educación, edad, ocupación y salarios (%)

EDUCACION, EDAD, OCUPACION Y SALARIOS	PARTICIPACION POLITICA Y COMUNITARIA					
	Militancia Partidaria		N	Pertenencia organizaciones Barriales		N
	SI	NO		SI	NO	
EDUCACION:						
Analfabeto	23.1a	76.9a	39	-b	100.0b	39
Prim. Incomp.	22.4a	77.6a	170	8.7b	91.3b	172
Sec. Incomp.	25.8a	74.2a	89	11.1b	88.9b	90
Secundaria y más	15.8a	84.2a	101	20.8b	79.2b	101
EDAD:						
<40 años	21.3c	78.7c	155	18.7d	81.3d	155
41-60 años	24.1c	75.9c	166	7.8d	92.2d	167
Más 60 años	16.5c	83.5c	79	4.9d	95.1d	81
OCUPACION:						
C. Propia	26.4e	73.6e	110	7.3f	92.7f	110
Patrón	22.6e	77.4e	31	6.5f	93.5f	31
A. Informal	19.6e	80.4e	56	15.8f	84.2f	57
A. Formal	28.1e	71.9e	89	17.8f	82.2f	90
No Trabaja	12.3e	87.7e	106	10.3f	89.7f	107
SALARIOS:						
<línea pob.	15.3g	84.7g	170g	9.3h	90.7h	172
1-2 sal. pob.	29.3g	70.7g	123g	12.1h	87.9h	124
>2 sal. pobreza	22.4g	77.6g	107g	14.0 h	86.0h	107

Fuente: EURBA, 1991.

A) No significativo. B) Chi Cuadrado: 15.0; Sig. 0.00; Cramers V: 0.19. C) No significativo. D) Chi Cuadrado: 13.6; Sig. 0.00; Cramers V: 0.18. E) Chi Cuadrado: 9.2; Sig. 0.05; Cramers V: 0.15. F) No significativo. G) Chi Cuadrado: 8.3; Sig. 0.01; Cramers V: 0.14. H) No significativo.

la abstención en las elecciones nacionales de 1990 y 2) la participación o no en reuniones y protestas relativas a los planes de remodelación urbana del Estado y los desalojos barriales. El Cuadro 2.22 pone de manifiesto que son precisamente las personas más pobres y las que se reconocen como pobres, las que tienen un menor grado de movilización social y política.

Cuadro 2.22

Potencial de movilización política y comunitaria según educación, edad, ocupación y salarios (%)

EDUCACION, EDAD, OCUPACION Y SALARIOS	MOVILIZACION POLITICA Y COMUNITARIA					
	Participación en las elecciones nacionales de 1990		N	Participación en reuniones y protestas barriales		N
	SI	NO		SI	NO	
EDUCACION:						
Analfabeto	61.5a	38.5a	39	7.7b	92.3b	39
Prim. Incomp.	68.8a	31.2a	170	7.1b	92.9b	168
Sec. Incomp.	71.1a	28.9a	90	3.3b	96.7b	90
Secundario y más	75.0a	25.0a	100	16.8b	83.2b	101
OCUPACION:						
C. Propia	63.6c	36.4c	110	8.3d	91.7d	109
Patrón	77.4c	22.6c	31	12.9d	87.1d	31
A. Informal	78.6c	21.4c	56	10.5d	89.5d	57
A. Formal	77.5c	22.5c	89	9.0d	91.0d	89
No Trabaja	65.1c	34.9c	106	7.6d	92.4d	105
AUTOIMAGEN DE CLASE:						
Clase media	86.7e	13.3e	60	8.3f	91.7f	60
Clase trabajadora	68.3e	31.7e	161	9.9f	90.1f	161
Pobres	66.5e	33.5e	176	8.0f	92.0f	175

Fuente: EURBA, 1991.

A) Chi cuadrado: 2.6; Sig. .44; Cramers V: .08
B) Chi cuadrado: 12.1, Sig. .00; Cramers V: .17
C) Chi cuadrado: 8.5; Sig. .07; Cramers V: .14
D) Chi cuadrado: 1.0; Sig. .90; Cramers V: 005
E) Chi cuadrado: 0.4; Sig. .81; Cramers V: .15
F) Chi cuadrado: 2.6; Sig. .44; Cramers V: .03

Cuadro 2.23

Preferencias sobre participación política y comunitaria según sexo, edad, ocupación y salarios (%)

SEXO, EDAD, OCUPACION, SALARIOS	PREFERENCIAS SOBRE LA PARTICIPACION			
	Política	Comunitaria	Ninguna	N
SEXO:				
Hombres	16.4	61.9	21.7	244
Mujeres	8.0	61.3	30.7	150
EDAD:				
< 40 años	15.6	66.9	17.5	154
41-60 años	14.5	60.0	25.5	165
> 60 años	5.3	54.7	40.0	75
OCUPACION:				
C.Propia	17.9	63.2	18.9	106
Patrón	12.9	64.5	22.6	31
A. Informal	14.1	75.4	10.5	57
A. Formal	10.1	60.7	29.4	89
No Trabaja	10.7	51.5	38.8	103
SALARIOS				
< Línea pobreza	11.4	56.3	32.3	167
1-2 sal. pobreza	18.2	64.4	17.4	121
>2 sal. pobreza	10.4	67.0	22.6	106
Total	13.2	61.7	25.1	394

Fuente: EURBA, 1991.

A) Chi Cuadrado: 7.9; Sig: .01; Cramers V: .14
Chi Cuadrado: 15.9; Sig: .00; Cramers V: .14
Chi Cuadrado: 20.2; Sig: .00; Cramers V: .16
Chi Cuadrado: 11.3; Sig: .02; Cramers V: .12

Pese al bajo nivel de participación política de los pobladores, su potencial de movilización parece ser alto. Esto se revela en el Cuadro 2.23 que expresa la opinión respecto a la participación política y comunitaria. En la construcción de dicho cuadro se han manejado tres valores: 1) preferencia por la participación política, 2) preferencia por la participación comunitaria y 3) rechazo a cualquier forma de participación. Como el Cuadro 2.23 permite observar, tanto mujeres como hombres son de opinión que la gente no debe participar en ningún tipo de organización política o comunitaria. Aquí también son los más pobres los que tienen opiniones más conservadoras: el 54.5% de los que opinan que no debe participarse en la política, ni en acciones comunitarias son pobres. También de nuevo son los más jóvenes los que revelan un mayor potencial de movilización, tanto política como comunitaria. Podemos apreciar así que los pobladores tienen una visión de la vida social y política de la ciudad no exenta de contradicciones y ambigüedades, pero no por ello menos eficaz en muchos planos de su vida cotidiana.

En el plano político y en lo referente a la vida municipal, pese a que formalmente ellos no tienen un adecuado conocimiento de la jerarquía político-institucional, en torno a la cual se organiza la vida de la ciudad, tienen el conocimiento suficiente para darse cuenta dónde radica realmente el poder. Por esto su visión de la eficacia de los programas sociales del Estado es muy escéptica y, en la práctica, participan poco de dichos programas. Sin embargo, pueden reconocer los beneficios que determinadas políticas urbanas del Estado le generen, sobre todo a nivel de la política habitacional. De todos modos, su posición no resulta muy clara: creen que la acción del Estado es positiva en términos globales, pero son muy críticos en el plano concreto, sobre todo en lo que refiere a los beneficios directos que de dichas políticas puedan derivar (obtener un departamento, acceder a programas de venta de alimentos baratos, vincularse a programas de salud y asistencia social en los barrios, etc.). Es claro que en el fondo esto responden inteligentemente a la estrategia clientelista del propio Estado, que sobre todo persigue ganar votos. Los pobladores lo saben y sencillamente también tratan de sacar provecho de la situación. El resultado es la articulación de un esquema de movilización política poco participativo y que en la práctica excluye a los pobladores.

5. Conclusiones

El estudio del mercado laboral en la ciudad de Santo Domingo, en sus sectores de base, predominantemente informales, enseña que no puede verse de manera estática la situación de los trabajadores urbanos de bajos ingresos. Bajo esta óptica lo que principalmente caracterizaría a los trabajadores situados en estos niveles es la pobreza relativa y extrema. Sin embargo, nuestro análisis muestra un mundo muy dinámico, donde las estrategias de inserción laboral y de búsqueda de ingresos de los pobres urbanos son, ciertamente, cambiantes, pero bien articuladas, donde, pese al rol determinante del jefe familiar, la composición de la unidad doméstica juega un papel importante.

Otro punto que nuestro estudio ha logrado sacar a la luz es el de la heterogeneidad de la pobreza. No puede verse a los pobres urbanos como una masa uniforme. Por el contrario, podemos apreciar diferentes situaciones. En primer lugar, entre los pobres urbanos hay diferencias razonablemente apreciables en los niveles de ingresos de las familias, que no necesariamente son el resultado de un mayor nivel educativo, de las diferencias de edad, o la condición migratoria, sino principalmente el producto de la desigualdad de acceso a las ocupaciones. 2) En torno a ello se definen estrategias diversas de inserción ocupacional del conjunto de miembros de la unidad doméstica, pero siempre en estas estrategias el jefe de familia guarda un lugar central. 3) Lo que sí es significativo es la creciente participación de la mujer como jefa de hogar, pero con una muy precaria situación económica y laboral respecto a los hombres. 4) La remesa juega un papel central en el equilibrio económico de los hogares pobres, sobre todo en aquellos dirigidos por mujeres, donde llegan incluso a sustituir el papel del ingreso secundario y superan la contribución de la jefa de hogar. Es natural que en este caso esto sea así, pues es en las mujeres donde mayor presencia de inactividad o desocupación hay en la población. Pero esto no puede oscurecer que principalmente las remesas se dirigen hacia los hogares con mejor situación económica.

Son estas evidencias las que permiten sostener que la visión de la situación ocupacional del trabajador en niveles muy bajos de ingresos como inestable y extremadamente cambiante es por lo menos incompleta. Entre los pobres la ocupación pasa a constituir parte de una cadena de relaciones entre individuos, familias y grupos, cuyos principales elementos articulantes son la propia unidad doméstica, las redes de relaciones primarias (el barrio como red de relaciones) y las conexiones sociales logradas tras la experiencia laboral previa. El trabajador más pobre logra así proveerse de mecanismos de sobrevivencia en la búsqueda de ingresos que le permiten un grado de competencia no despreciable, en condiciones de muy bajo nivel de productividad e ingresos, a partir de una formación o bajo nivel educativo. Allí donde los estratos socioprofesionales compiten en el mercado laboral a través de las calificaciones o las redes sociales institucionalizadas (asociaciones, gremios, etc.), los pobres urbanos lo hacen por medio de redes sociales "informales", o no institucionalizadas, pero efectivas en materia de movilización de informaciones, conocimientos de necesidades o demandas de trabajadores, e incluso de movilización de ingresos en situaciones extremas, tal es el caso de las remesas. Se logra de este modo definir eficaces mecanismos de acceso a las ocupaciones y de producción de ingresos. Uno de los conceptos clave para comprender este cambiante y dinámico proceso es el de "capital social".

Pero la ciudad es también una realidad social y política. A este respecto, como hemos apreciado, nuestro estudio se concentró en la cuestión de las identidades colectivas. Toda nuestra argumentación se apoyó en tres ideas básicas: 1) En primer lugar, vimos cómo los pobladores tienen una adecuada y clara conciencia de su condición de grupos y estratos sociales marginales o pobres. 2) Pero esta conciencia de la pobreza -el conocimiento de la vida mala- se apoya en una cultura que siendo muy eficaz en materia de movilización de recursos en la búsqueda de ingresos, no lo es tanto en lo relativo al plano organizativo a nivel barrial, comunitario y ciudadano. 3) Esto se conecta a una visión muy escéptica del potencial de cambio de su mundo, en el cual la imagen y el papel del Estado cumple una función bifronte: a) se reconoce como el principal responsable de los problemas económicos y societales, b) pero también se le atribuye una virtud solucionadora de los problemas, lo que desmonta el posible dialogo participativo en la acción del poblador, a lo cual se une una cultura personalista y autoritaria, que organiza y sostiene el sistema (político) de la clientela.

CAPITULO III

MICROEMPRESARIOS Y DESARROLLO: ARTESANOS DEL AMBAR Y PRODUCTORES TEXTILES EN SANTO DOMINGO

1. Introducción

Discutiremos en este capítulo algunas hipótesis de trabajo tendentes a ilustrar las posibilidades de las llamadas microempresas como factores de desarrollo, en los marcos de la presente reestructuración económica que hoy vive Latinoamérica y el Caribe.

El reordenamiento de la división internacional del trabajo ha rearticulado el rol de la periferia en el sistema mundial. Particularmente en la región del Caribe la nueva situación ha producido un reacomodo del mercado de trabajo en las economías del área, así como un desplazamiento del llamado sector industrial sustitutivo de importaciones por un sector exportador de servicios (turismo) y una creciente economía exportadora de manufacturas, en base al uso intensivo de la mano de obra (zonas francas) (Watson, 1994). Si bien estos sectores -las zonas francas y el turismo- se han constituído en los ejes dinámicos de un nuevo esquema de acumulación en nuestras economías periféricas, no es menos importante un conjunto de fenómenos económicos paralelos o concomitantes a este nuevo modelo. Nos referimos al acelerado proceso de informalización del mercado de trabajo urbano, y, dentro de dicho contexto, al desarrollo de actividades de producción en pequeña escala en diversas líneas productivas, como la artesanía, los textiles, los calzados, etc.

¿Cómo interpretar la presencia de las "microempresas" en este nuevo contexto económico? ¿Se trata de una respuesta reactiva de la fuerza de trabajo excedentaria que no tiene acceso a las ocupaciones de alta productividad en los ejes más dinámicos y modernos de la economía? En este caso las microempresas constituirían en esencia una forma de autoempleo producida por la fuerza de trabajo excedentaria (Carbonetto et al., 1985). Por el contrario, ¿se trata de una nueva modalidad de articulación productiva al sistema mundial, donde las microempresas representarían modalidades dinámicas y flexibles de adaptación de la producción manufacturera, en un contexto de creciente descentralización de la actividad industrial? En este caso las microempresas representarían modalidades adaptativas del capital, cuya consecuencia más directa sería la generación de mecanismos de subcontratacion o asalarización encubierta del trabajo, bajo la forma que hemos venido denominando "microempresas".[1] Cualquiera de las respuestas posibles coloca a las microempresas en el eje de la discusión en torno a las opciones de desarrollo que se presentan hoy día a las economías caribeñas como la dominicana.

En este capítulo solo formularemos algunas hipótesis de trabajo en torno a esta problemática. En parte porque sólo se persigue ilustrar el desarrollo de tendencias vislumbradas en el Capítulo II. Pero tambien -y sobre todo- a consecuencia de limitaciones empíricas y metodológicas, puesto que sólo nos apoyamos en entrevistas a profundidad a microempresarios que consideramos exitosos. No se ha trabajado en base a una metodología cuantitativa, apoyada en encuestas por muestreo. Por otro lado, el número de entrevistas es muy reducido, por lo cual las conclusiones que de ellas podemos extraer representan únicamente posibles tendencias.

---

1. Eentenderemos por "microempresas" aquellas actividades productivas de bienes y servicios, cuyos establecmientos se caracterizan por: 1) el predominio del trabajo por cuenta propia, se contrate o no mano de obra asalariada, y trabaje o no mano de obra familiar; 2) la reducida dimensión del número de trabajadores involucrados en la actividad económica: en nuestro caso las microempresas no pasan de diez trabajadores; 3) el uso intensivo del factor trabajo, con poca formación de capital; y 4) las reducidas posibilidades de acumulación. De aquí que, en este capítulo, cuando nos refiramos a los artesanos del ambar y microempresarios textiles reconoceremos como microempresarios "exitosos"

Se ha trabajado con dos grupos de microempresarios: los artesanos del ambar y los microempresarios de la aguja. En el primer grupo se entrevistaron artesanos que trabajan principalmente el ambar, pero que a veces o de modo complementario, trabajan el larimar y el coral. En el segundo grupo se entrevistaron microempresarios que trabajan por subcontratación en la producción de camisas para grandes y medianas tiendas de ropa. En el primer grupo se entrevistaron cuatro artesanos, en el segundo a seis microempresarios textiles productores de camisas.

2. Microempresas y desarrollo

Algunos autores han hecho un esfuerzo teórico por sintetizar lo que entienden son las características básicas de las economías informales de desarrollo (Portes, 1990 y 1995), dentro de cuya categorización se incluirían las llamadas microempresas exitosas, según se han definido en la Nota 1 de este capítulo.

Para Portes, Castells y Benton (1990), una economía informal de desarrollo no se limita a la producción en condiciones de uso intensivo del trabajo y baja tecnología. Al menos algunas de ellas han logrado establecerse en niveles del mercado en base a un esquema de eficiencia competitiva. En esta perspectiva, los bienes y servicios que es capaz de producir dicha economía informal, en las experiencias exitosas se han orientado por lo común hacia el mercado exterior. De esta manera la pequeña empresa exitosa logra hacerse relativamente independiente, desconectándose de las cadenas de subcontratación de los sectores monopolistas

---

a aquellos productores, cuyas microempresas: 1) hayan generado cierta capacidad de acumulacion, reflejado en el aumento de sus niveles de inversión y/o beneficios; o 2) que la microempresa haya demostrado cierta capacidad de "permanencia" o sobrevivencia, en tanto actividad economica o empresarial. En todo caso se trata de empresas que tienen ya mas de ocho años funcionando, en sus respectivas áreas productivas. 3) Finalmente, se trata de microempresas que proporcionan a sus dueños ingresos suficientes como para constituir la fuente principal de ingresos de la familia, o unidad domestica a la cual pertenece el microempresario. La cuestión de la subcontratación se trata extensamente en Portes, Castells y Benton (1990).

modernos. Por lo demás, estas microempresas manifiestan una gran flexibilidad en la dinámica organizativa de la producción y el comercio.

Por lo general, en las experiencias de éxito de las microempresas informales se reconocen algunos aspectos comunes. En primer lugar, y contraviniendo el esquema neoliberal tradicional de De Soto (1987), la experiencia indica que, en caso de éxito económico, comúnmente las microempresas han recibido un apoyo estatal significativo, o de algún agente institucional externo (organismos internacionales, bancos de desarrollo, etc.) (Portes, 1995).

Normalmente los microempresarios participan de una "cultura microempresarial", o espíritu de desarrollo, que les permite reconocerse como parte de una experiencia sociocultural común, gracias a la cual se identifican con un grupo societal diferente: indígenas, inmigrantes, menosvalidos, todos se sienten parte de un grupo al cual le reconocen lealtad, con el que se identifican, y en el cual se apoyan en su práctica económica como microempresarios. Esta situación define así un potencial de solidaridad, tras el cual se crean las posibilidades de articulación de un "capital social"[2] que motoriza la acción microempresarial, dotándola de recursos socioculturales que le serán imprescindibles para su inserción exitosa en el mercado.

Si bien los argumentos aquí esbozados abren la perspectiva para la discusión del potencial de desarrollo de segmentos productivos vinculados a la economía informal, debemos tomar algunos cuidados en su manejo, para no caer en conclusiones reduccionistas.

Por lo pronto, es justo señalar que la cuestión de la competitividad se torna crucial para las microempresas. Sin em-

---

2. La noción de "capital social" se articula en torno a las acciones y actitudes no orientadas directamente al lucro, que individuos pertenecientes a un grupo social determinado definen o articulan, afectando los propositos económicos de los demás miembros del grupo en cuestión. Como se aprecia, la noción es tributaria de la perspectiva accionalista de la escuela alemana (Weber) y la antropología económica (Polanyi). Véase a: Granovetter (1985) y a Portes y Sensenbrenner (1993).

bargo, hay que precisar que la microempresa no dispone de los mismos mecanismos que la empresa moderna para resistir las fluctuaciones de la economía. En primer lugar, sus volúmenes de producción son normalmente muy reducidos. Mientras la empresa tradicional puede responder a las situaciones de crisis con una reducción de la actividad productiva, o un cambio en el equilibrio de factores de la producción: despido de mano de obra, reducción del volúmen de compras de materias primas y otros stock, etc., la misma situación puede determinar prácticamente la salida del mercado para la microempresa. En segundo lugar, la microempresa no puede resistir durante mucho tiempo stocks de mercancias sin salida al mercado, sin poner en riesgo el negocio mismo y, lo que es más importante, sin poner en riesgo la sobrevivencia de los productores directos. La empresa capitalista tradicional sí puede hacerlo, aunque al igual que para el microempresario los stocks de mercancias conspiran contra su eficiencia y los márgenes de beneficio.

Es cierto que el caracter interno o externo del mercado influye en el éxito potencial de la microempresa. Pero de esto no podemos deducir que sólo un tipo de mercado, como el dirigido a las exportaciones, asegura ese éxito. En determinadas condiciones, la competitividad internacional misma puede conspirar contra el éxito inmediato -el mas importante- de la microempresa. Muchas veces las escalas de producción y el ritmo de la productividad, en la que tiene que situarse la microempresa que desea acceder al mercado mundial, implican inversiones en capital -sobre todo de trabajo y materia prima- de los que no dispone el microempresario y a las cuales no puede acceder en el sector financiero formal (bancos comerciales e instituciones de crédito), debido a las altas tasas de interés. Por esto, en determinadas condiciones, es posible que la microempresa prefiera la escala intermedia que le ofrece el mercado local a la gran escala del mercado mundial.

No sólo la subcontratación conspira contra el éxito de la microempresa. Tambien conspira la tendencia a la monopolización de los mercados, tanto en los circuitos que suplen de materia prima a los productores, como en los que controlan la venta. En las llamadas microempresas, por lo general, la compra de la materia prima se hace a pequeña escala. No se dispone de capital suficiente para la compra de grandes volumenes que abaraten su costo y permitan la creación de stocks, que aseguren la continuidad de la producción en períodos de escasez de la misma, pero de aumento de la demanda del mercado. El acceso a la materia prima está muy condicionado a la disponibilidad de capital de trabajo, el cual es muy escaso en los microempresarios. Esta situación puede producir una gran dependencia del microempresario del credito local no formal, a tasas muy altas de interés, pero sobre todo a corto plazo; o, en aquellas situaciones en que sea posible, acceder a la compra de materia prima a crédito, pero a precios sustancialmente más altos que los normales del mercado; o, en todo caso, al costo de la subcontratación que es lo más común, como lo ilustra el caso de los microempresarios textiles en este capítulo.

Quienes controlan la materia prima requerida por los microempresarios tienen un gran poder y autonomía en la fijación de precios de monopolio. En parte, por las razones de tipo financieras que hemos señalado, a propósito de la secular escasez de capital de los microempresarios, pero también a consecuencia del tipo de material que demandan las microempresas: materia prima muy escasa, o materiales muy especializados, controlados por productores monopolistas o grandes casas comerciales. Como veremos abajo, el monopolio de la venta es quizás el punto más difícil para los microempresarios asegurarse un espacio de mercado estable.

Como han insistido justamente Portes, Castells y Benton (1990), para que los microempresarios aseguren su éxito resulta imprescindible un apoyo externo, estatal o privado, nacional o internacional. Pero ese apoyo debe materializarse de manera sistemática e institucional, no de forma ocasional o esporádica. En todo caso, el apoyo debe permanecer durante un tiempo relativamente largo. Las experiencias a la vista indican que sin este apoyo estable la posibilidad del exito microempresarial es prácticamente nula (Pérez Sáinz, 1991).

Es cierto que sólo en determinadas circunstancias de tipo socioculturales es posible la emergencia de microempresas exitosas. Por ejemplo, en nuestro caso los microempresarios del ambar participan de una sub-cultura empresarial que los identifica como "artesanos" y que les permite afirmarse en un espiritu de grupo distinto a otros conjuntos de productores. En este contexto, la solidaridad social de los miembros del grupo, potencia el surgimiento de un poderoso capital social que en muchos casos pasa a constituirse en requisito del éxito económico. Sin embargo, debemos tomar con mucha cautela esta última afirmación, pues como nos permite apreciar el caso de los productores de textiles en este capítulo, dicho capital social asume formas muy diversas, y puede en determinadas circunstancias no constituir tan fácilmente un elemento imprescindible del éxito económico. En las próximas secciones podremos apreciar, con los casos de los artesanos del ambar y los microempresarios textiles, el alcance de los argumentos hasta aquí formulados.

3. La constitución de las microempresas y las redes sociales

Las condiciones sociales en las cuales originalmente las microempresas se han desarrollado constituyen un elemento determinante de su posible éxito futuro (Portes, Castells y Benton, 1990). Los dos tipos de microempresarios estudiados en este capítulo (artesanos del ambar y productores de ropa) para establecerse contaron con acceso a redes sociales que posibilitaron los vínculos iniciales con el mercado. En los dos grupos microempresarios estudiados la participación en estas redes sociales definió la identificación con un tipo de cultura laboral donde la opción de la microempresa constituía una meta del grupo social más amplio.

Los artesanos del ambar investigados en el estudio en su generalidad procedían de un "nicho" cultural donde tradicionalmente trabajar el ambar había constituído la forma de vida económica de familiares cercanos. En tres de los cuatro entrevistados el origen migratorio común fue determinante: procediendo de una misma región (Neyba) antes de llegar a Santo Domingo ya se conocían. En Neyba algunos habían tenido experiencia artesanal con hermanos que ya eran viejos artesanos. Otros, al llegar a Santo Domingo, encontraron en sus amigos y "compueblanos" un apoyo para abrirse paso en la ciudad, de forma tal que la iniciación como aprendiz de la artesanía del ambar se constituyó en la puerta de entrada al mercado laboral en Santo Domingo. En todos los casos la vinculación de tipo primaria, que proporcionaba el origen migratorio común, los unificó en un tipo de tarea productiva, permitiéndoles integrarse como grupo (Granovetter, 1985; Portes y Sensenbrenner, 1993).

Por lo demás, en los artesanos del ambar se reconoce un "ethos" artesano que no aparece en otros microempresarios. Para estos productores el terminado de la pieza del ambar no puede sacrificarse en beneficio de una mayor productividad (Granovetter, 1985). Cada pieza representa un esfuerzo productivo específico, y no un momento de una cadena laboral de piezas comunes, indiferentes en su terminado.

El caso de los productores de ropa es diferente. La industria de la aguja es más extendida que la artesanía del ambar, su importancia en la economía es indiscutible, constituyendo una de las principales ramas de la actividad manufacturera tradicional. Pese a esto, en el sector textil los productores de ropa se concentran en pequeños establecimientos, cuyo tamaño oscila entre 2 y 10 personas. Cientos de talleres textiles producen en la práctica un significativo volumen de mercancías (Cabal, 1992). Muchos de los grandes talleres, o fábricas, subcontratan con pequeños talleres el principal volumen de su producción. Se ha creado así un estable y significativo sector de pequeños empresarios textiles, estrechamente vinculado a las grandes y medianas tiendas de ropa y a los grandes talleres de producción. En este mundo, los pequeños productores han producido así una cultura laboral común (Portes y Sensenbrenner, 1993; Portes, Castells y Benton, 1990) que dista mucho del "ethos" artesanal descrito arriba en el caso de los productores de joyas de ambar.

Es un rasgo común de los microempresarios del sector textil su origen obrero-fabril, como operarios en los grandes talleres de ropa. La cultura fabril en torno a los textiles supone una disciplina de fábrica que los operarios aceptan en su actividad laboral cotidiana. La idea de la productividad y las grandes escalas de producción, como objetivo-meta del productor directo, se constituye en un elemento dinamizador para el aprovechamiento de la jornada laboral, a través de su intensificación y extensión, a consecuencia de que, en la fábrica textil, la forma del salario es generalmente el pago por pieza, o a destajo. Todo esto supone una economía del tiempo, de la cual están conscientes no sólo los patronos, sino también los propios trabajadores. Finalmente, en este mundo laboral, la competitividad en el mercado pasa a constituir un elemento muy importante de la gestión empresarial, ya que en dicha rama existe un grado de monopolio mucho más bajo que en otras ramas industriales, como la metal-mecánica, las bebidas y el tabaco (Cabal, 1992).

Todos los microempresarios textiles entrevistados participaban de esa cultura laboral de la producción textil. En su trayectoria laboral han estado empleados en diversas empresas del ramo. Una vez insertos en los circuitos laborales del mercado de trabajo textil, casi no han tenido experiencias laborales fuera del ramo. Por otro lado, en su experiencia operaria previa, como asalariados textiles, han desarrollado una clara idea de la competencia por la mano de obra, a través de los mecanismos de la especialización productiva. Esto ha determinado que en la actividad textil se haya producido una "división" del mercado laboral que especializa a los operarios en tareas específicas (cortadores, pantaloneros, ojaleros, etc.). Con esta situación, en dicho mercado laboral se reduce la posibilidad de entrada, por parte de trabajadores procedentes de otras ramas, potenciándose la función de las redes de relaciones sociales para el acceso a los puestos de trabajo. La contrapartida de esta realidad es que en el mercado de trabajo textil se reconoce una gran adscripción o fijación al sector por parte de la mano de obra. Por esto, la mayoría de los microempresarios textiles: 1) proceden del mismo sector en su condición de operarios; 2) son viejos en la actividad textil; y 3) tienen buenas conexiones con las casas productoras y con las grandes tiendas. En casi todos los casos estudiados, por lo menos uno de los responsables de los talleres reunía al menos dos de estas tres condiciones.

Un resumen de las funciones del importante papel del capital social en la microempresa urbana se presenta en el Diagrama 3.1.

Diagrama 3.1

Función del capital social en la microempresa

Categorías socioculturales	Categorías de microempresarios	
	Artesanos del ámbar	Microempresarios textiles
Grupo primario	Cohesión del grupo primario artesano	Función articuladora del grupo familiar como motivo de logro para la movilidad social
Cultural laboral	Cultura artesana	Cultura fabril
Capital social	Potenciación de mecanismos de reciprocidad y apoyo	Integración a la red de relaciones primarias artesanas del sector textil

4. La gestión económica de las microempresas

Los talleres del ambar expresan otra realidad. Generalmente son pequeños.[3] Su modelo de organización es el típico del artesanado. El dueño del taller controla los momentos más difíciles y propios del diseño de la pieza, pero en todos los casos el artesano propietario está muy vinculado a sus aprendices en el proceso productivo. Lo que es más significativo, en la artesanía del ambar la directa intervención del "capital social" actúa como un condicionante societal del éxito del proceso productivo, no sólo

3. Es posible que la dimensión del taller de ambar, que normalmente no pasa de cinco trabajadores, sea el resultado de la pequeña escala de producción. Regularmente los artesanos del ambar tienen poco capital de trabajo y les resulta difícil comprar grandes cantidades de materia prima. Sus compras normales fluctúan entre dos y tres libras de ambar para el trabajo en una semana buena. Sólo en situaciones extraordinarias se compran más de diez libras de ambar, lo que da lugar a la contratación de personal extra. Por otro lado, esta situación también es el producto del alto costo de las materias primas.

de la empresa económica. Ahora bien, Por lo común un taller de ambar tiene entre uno y tres trabajadores, incluido su dueño. Sólo en los momentos de un gran aumento de la producción los talleres contratan mano de obra extra, pero casi nunca el número de operarios es mayor de cinco.

Los artesanos del ambar pueden trabajar en un solo establecimiento físico, pero en empresas (talleres) diferentes. Aquí la noción de taller se identifica con la gestión económica y la propiedad de algunos bienes de capital, sobre todo los motores de pulimento. ¿Por qué el propietario del local permite que en el mismo trabajen reunidos varios talleres? ¿Acaso esto no compite contra su propia clientela? Esto ocurre porque tal situación refuerza la solidaridad del grupo en períodos malos, a través de una distribución de costos en la crisis, períodos que son muy recurrentes. Permite también al dueño (y a los otros artesanos) encontrar opciones de trabajo cuando se acaba la materia prima, pasando a trabajar como ayudante del compañero de taller. Esto último revela que en el taller del ambar la noción de jerarquía ocupacional, propia de la fábrica y del taller manufacturero, prácticamente no existe. Esta intercambiabilidad de funciones en el espacio del taller[4] permite también que en los períodos buenos todo el grupo adquiera una posición más ventajosa respecto a las casas de venta (Gifts Shops), a través del mayor volumen de oferta que pueden generar. Finalmente, la reunión de varios talleres en un solo local le permite a los productores asegurar los pedidos frente a los intermediarios, independientemente de la dimensión de su taller particular, ya que siempre el productor individual puede recurrir a los amigos que comparten el local para suplir la producción en el período acordado con el intermediario.

---

4. No debemos olvidar que en un mismo local se reúnen varios artesanos del ambar. Todos comparten un mismo espacio. Muchas veces el dueño del local no les cobra por el alojamiento. La diferencia radica en la propiedad del motor: quien tenga motor tiene un taller. De este modo, en el mismo local varios motores propiedad de diversos artesanos permiten organizar varios talleres. Esta situación es la base de la intercambiabilidad de funciones ocupacionales en el taller: un dueño de taller que se quedó sin materia prima puede pasar a ser ayudante de otro en el mismo local y viceversa. Esto no es visto como algo "denigrante", ni genera conflictos. Más bien funciona como un mecanismo de sobrevivencia de los productores ante las fluctuaciones del mercado.

Para su sobrevivencia como empresas económicas los talleres del ambar dependen mucho de las relaciones de tipo primarias. Normalmente, en los períodos en que se requiere de mano de obra extra se contrata a conocidos cercanos, pero preferiblemente a familiares. El criterio para la selección de los contratados es el mismo: el conocimiento personal, el lazo parental, en una palabra, la confianza. Esto sólo en parte es producto del importante papel que en la artesanía del ambar juega el capital social (Granovetter, 1985). Es también el resultado de la naturaleza misma del mercado. Como el ambar que contiene fósiles es sustancialmente más caro y se vende mucho mejor que el normal, únicamente con trabajadores de confianza puede el dueño del taller asegurar que, cuando aparezca una piedra que contenga un fósil, la misma será entregada al maestro. Como bien afirmó uno de los entrevistados: "...la gente de confianza asegura que los fósiles no se lo robarán o dañarán. La gente de confianza es segura". Apreciamos aquí cuán decisivo es el sentimiento de pertenencia a un grupo para la acción económica exitosa.

El caso de los productores textiles es relativamente diferente al de los artesanos del ambar. Pese a que también el taller del microempresario textil es pequeño, y es común que en el mismo también se empleen familiares, hay dos diferencias significativas con el artesano del ambar. En primer lugar, la organización interna del taller textil se aproxima más al modelo de la fábrica, con la producción en serie y las jerarquías ocupacionales que le son propias. En segundo lugar, el papel de los lazos familiares y de las relaciones primarias en la contratación de la mano de obra es mucho menos significativo que en el ambar. A la gente se le contrata, ciertamente, porque en parte se le conoce, pero sobre todo por acuerdos salariales que le son favorables al dueño del taller y por la experiencia del operario.[5]

5. Como hemos referido, el taller textil típico tiene una jerarquía productiva que le aproxima al modelo de fábrica: 1) el dueño del taller y maestro, corta y define los modelos; 2) los operarios ensamblan las camisas o pantalones en función del corte dado por el maestro; 3) existen algunos operarios especializados en funciones específicas: ojales, cuellos, puños, planchado; 4) la función de supervisión y control de calidad reside en el maestro; 5) este último, o un ayudante experto que él designe, tiene a su cargo el terminado de la pieza.

En un taller textil típico con relativo éxito económico trabajan pocas personas, de dos a cinco. Sin embargo, estas funciones productivas en el taller textil tienen un carácter más permanente que en el taller de ambar. El taller textil requiere de operarios a lo largo de todo el año, pero el de ambar sólo en algunos momentos donde hay mucha demanda, o se ha conseguido materia prima para trabajar. De esta suerte, a diferencia de los artesanos del ambar, el microempresario textil participa de una cultura fabril que le permite organizar su taller en base a un esquema de cálculo económico empresarial, donde los productores deslindan, con mayor claridad que en el ambar, las exigencias de la acumulación y la gestión empresarial, de las tareas propias de la sobrevivencia.

Con los productores textiles entrevistados, lo que hemos podido observar es que si bien es cierto que en ellos la familia puede ocupar una función de apoyo en la microempresa, una vez el negocio se sostiene económicamente, los miembros más jóvenes de la familia son excluídos del trabajo cotidiano y directo en el taller, pasando su ayuda a ser marginal. Se trata en ese momento de que estudien y alcancen un nivel profesional o técnico. No ocurre así con los artesanos del ambar, cuyos familiares en todo momento se encuentran vinculados a la microempresa. Lo que es más importante: esta vinculación resulta imprescindible para la permanencia del taller artesano.

En segundo lugar, hemos apreciado una disposicion de tipo sociocultural en los productores textiles tras la cual su visión del mercado, apoyada en lo que hemos denominado una "cultura fabril", ve la competencia del mercado no como calamidad o situación no controlada que se les impone, sino como la regla del juego en la que están insertos y que organiza la gestión productiva del taller.

Dominar el mercado es quizás la principal tarea del microempresario, pero también su principal obstáculo. Sin embargo, la presencia del mercado varía en su significado económico y social, de acuerdo al tipo de microempresa de que se trate. En nuestro caso, mientras para los artesanos del ambar el principal problema del mercado consiste en el monopolio de la materia prima y de la venta, para los productores textiles el principal problema que enfrentan es lo que inicialmente les ha permitido sobrevivir: la subcontratación (Benería, 1990).

Para el artesano del ambar el costo de la materia prima es determinante. Sin embargo, por tratarse de madera petrificada, la misma sólo se localiza en determinados lugares del país, principalmente en Santiago y en Bayagüana. Este simple hecho determina que los dueños de los terrenos donde se extrae el ambar tengan un poder monopolista. Según los propios artesanos, el ambar bruto está controlado por los "sacadores", a quienes impropiamente definen como intermediarios. Sin embargo, tal parece que el poder monopolista del terrateniente propietario de los terrenos de extracción del ambar está mediado por intermediarios mercantiles, quienes tienen el contacto directo con los sacadores.

Esto encarece mucho los costos. Una libra de ambar bruto cuesta en el mercado entre RD$1,200 y RD$3,000 (precio de 1991), dependiendo de su calidad. La mano de obra tambien es cara. Los talladores piden entre RD$1.50 y RD$2.00 por una bola (piedra redonda para hacer el collar). Si cada bola sale por dos pesos y un collar se lleva 55 bolas, el collar tiene un costo de RD$110 sólo en mano de obra. Pero en el mercado el collar no se puede vender a RD$200 ó RD$300 que sería el precio mínimo para tener algun beneficio.

Según algunos artesanos, es por esto que ellos sólo pueden obtener beneficios cuando se consiguen fósiles en las piedras, si es que no han sido detectados antes por los sacadores. Según los propios artesanos:

> *"La 'defensa' del artesano está en encontrar fósiles que sí se venden bien. En el fósil el artesano hace su rejuego. Con dos o tres fósiles se puede ganar entre RD$300 y RD$500 pesos..."*

Pero la intervención del intermediario no se limita a la venta del ambar bruto a los productores. Controlan también el mercado de las piezas trabajadas. El ambar depende del negocio del turismo. Pero el acceso al turista lo tiene el Gift Shop.

Por la información de los artesanos entrevistados, los productores de ambar en Santo Domingo venden su mercancia a tiendas para turistas (Gifts Shops), pero comúnmente esto se hace a traves de intermediarios. Hay diversos tipos de intermediarios. Algunos en realidad son representantes de las casas vendedoras de ambar, otros son agentes independientes, pero otros -quizas los menos- son de hecho representantes de los propios artesanos. En este último caso, el vendedor resulta un artesano que se ha especializado en la venta y tiene la confianza de los otros miembros del taller, y de otros artesanos. Los entrevistados piensan que los agentes vendedores ganan alrededor del 10% del valor de mercado de la mercancías. Parece que en realidad el intermediario puede tener un margen mayor de beneficio debido al siguiente mecanismo: el puede tratar la venta con los artesanos a un precio determinado, sobre cuya base puede vender a mayor precio en el mercado sin tener ningún control de regulación.

Si los vendedores proceden de los propios artesanos hay confianza, pero no necesariamente si éstos representan a los grandes comerciantes o son independientes. Normalmente, el acuerdo con los intermediarios se hace a consignación. Es decir, el vendedor no paga por adelantado al artesano, sino después de realizada la venta. Esto supone que el artesano deposita en el intermediario mucha confianza para su vinculación con el mercado. Si tomamos en cuenta que normalmente el artesano no cuenta con mucho capital de trabajo, apreciaremos que la venta a consignación es muy riesgosa.

El vendedor acude periódicamente a los talleres de artesanos. Los artesanos saben que los intermediarios tienen un control del mercado que les resta un margen significativo de beneficios. Pero muchos prefieren que la venta de sus productos se haga a través de ellos. En parte, porque -según sostienen los productores- sólo los intermediarios tienen un conocimiento del comportamiento del mercado, en parte porque si se dedicaran a esto perderían eficiencia en su trabajo de taller. Sin embargo, el principal problema, del cual muchos artesanos no tienen clara visión, es que esto también se debe al hecho de que sólo el intermediario es quien tiene el "monopolio del trato" con el dueño del Gift Shop. De esta forma, el (libre) acceso al mercado del productor directo se encuentra simplemente bloqueado.

Las consecuencias de este bloqueo son múltiples. En primer lugar, las ventas que puede lograr el productor directo tienen un ritmo artificial que, parcialmente, impone el intermediario: en los períodos donde la demanda turística baja, el intermediario compra a bajos precios a los productores directos, pero cuando la demanda turística sube, las compras de los intermediarios pueden bajar, o en todo caso, no aumentan a igual ritmo. Esto último es consecuencia de los stocks de mercancías que los Gifts Shops pueden acumular. Esta situación determina que en los períodos de mayor demanda los precios a que puedan vender los productores directos no necesariamente aumenten, y también que si bien el aumento de la demanda del consumidor aumenta la venta en las casas comerciales, no forzosamente aumenta la venta de los productores. Por esto para los productores el mercado del ambar no sólo resulta reducido, es sobre todo inestable e inseguro.

El hecho de que en la rama textil los microempresarios se desenvuelvan en un mercado cuya demanda es más estable no asegura el éxito del microempresario. Como hemos afirmado, para los microempresarios de la ropa el principal problema del mercado es precisamente la subcontratación por parte de los grandes talleres y las casas vendedoras de ropa. Sin embargo, al igual que en el ambar, la reducida escala de la producción le dificulta a los productores del ramo el dominio del mercado.

Por lo general el mecanismo de vinculación de los talleres textiles a las grandes tiendas se ha producido a través de las redes sociales articuladas al inicio del negocio con los primeros clientes. Con estos contactos, comúnmente los microempresarios textiles han expandido su espacio de mercado llevando su mercancía a las oficinas públicas, bancos, etc. A partir de allí han establecido contactos con las grandes y pequeñas tiendas. Como se aprecia, el vínculo con las casas subcontratantes se ha originado de manera directa, sin la mediación de terceros agentes económicos. En una palabra, en el caso de la producción de ropa, y a diferencia de la artesanía del ambar, la función del intermediario es mucho más limitada, y más flexible la situación del productor directo. Sin embargo, la libertad del microempresario en cierto modo llega hasta ahí.

La microempresa textil exitosa comúnmente depende del flujo regular de demanda de las tiendas y talleres. Estos fijan el volumen de la demanda, pero también regulan los precios. En parte, esto es consecuencia de la escasez de capital del pequeño productor. De hecho la subcontratación se funda en la entrega de materia prima a los pequeños talleres para la confección de camisas o pantalones.[6] Con ello el subcontratante organiza un verdadero "putting out system" moderno: gracias al monopolio de la materia prima y al avance de capitales a los pequeños talleres, el comerciante impone precios, controla el ritmo de la producción con los acuerdos de entrega y los volúmenes de materia prima base de las actividades productivas en el taller.

La contrapartida de esto es que el pequeño productor textil encuentra un flujo permanente y seguro de trabajo, pero bajo una modalidad extrema de subordinación y control monopólico del capital comercial.[7] Corolario de esto es que el pequeño taller es sometido a una disciplina de fábrica por el capital comercial, sin una regulación y control productivo directo. Esto explica lo extenso de las jornadas laborales de operarios y dueños de talleres textiles: regularmente trabajan entre 9 y 10 horas, y en períodos de mucha demanda llegan a agotar jornadas de 14 y 16 horas.

¿Cómo responden los microempresarios a estos bloqueos "monopolistas" del mercado, derivados en un caso del papel de los intermediarios (ambar), en otro de las tiendas subcontratistas (textiles)? Ambos tratan de escapar de la jaula de hierro del mercado a través de la especialización flexible, que le facilita la pequeña escala productiva de sus microempresas (Piore y Sabel, 1984). Sin embargo, la forma del mercado en que se mueven los productores constituye un elemento fundamental del éxito de esta estrategia.

Los artesanos del ambar que han tenido más éxito lo han logrado diversificando la producción en sus talleres. Para esto han

---

6. Regularmente los pequeños talleres subcontratados producen principalmente es camisas. La confección de pantalones por la vía de la subcontratación es más difícil, puesto que el proceso de confección de pantalones implica inversiones en equipos más sofisticados que los requeridos para la producción de camisas. Por consiguiente, impone inversiones de capital difícil de lograr por los microempresarios.

7. El poder de las casas comerciales es tan grande que es común que éstas le adelanten a los pequeños productores dinero con el cual compran sus maquinas de coser modelo industrial. De hecho, el capital comercial establece una modalidad de crédito informal que le asegura una mano de obra "cautiva" y barata.

tenido que encontrar formas asociativas que vayan más allá de los "espontáneos" mecanismos de reciprocidad y apoyo del taller artesano típico. Han tenido que establecer negocios más formales, organizados y estables que los simples talleres de ambar. Se han visto forzados a conjugar variadas experiencias laborales y especializaciones artesanas en procesos comunes, como por ejemplo la joyería del larimar, que unifica en un solo proceso productivo la experiencia propiamente artesana del larimar con la orfebrería, produciéndose así mecanismos laborales y productivos más complejos al interior del taller. Estas experiencias aproximan al pequeño taller al esquema del trabajo manufacturero-fabril.

La especialización flexible del productor textil es de otra naturaleza. Para escapar de la subcontratación el microempresario textil se tiene que valer de ella. Gracias a los acuerdos informales con las grandes casas, muchos pequeños productores consiguen adelantos que les permiten ampliar las dimensiones del taller. A las casas comerciales esto les conveniene y, en realidad, constituye una de las consecuencias normales del "putting out system" clásico. Sin embargo, al ampliarse el taller, algunos productores pueden ampliar sus márgenes de ahorro, con lo cual pueden dirigir una cierta inversión a la compra de materiales para confeccionar prendas de vestir por su propia cuenta. Como la clientela se encuentra establecida, ellos pueden colocar esta producción en pequeñas tiendas. De esta forma, logran mayores márgenes de beneficio que los que le proporcionan las casas comerciales. Sin embargo, ¿cuál es la base económica real en la que se sostiene esta estrategia, pues es evidente que no todos pueden lograrlo?

En primer lugar, es decisivo el margen de ahorro que puede alcanzar el pequeño productor capaz de convertirse en inversión en materia prima, sin poner a peligrar la sobrevivencia del hogar y la estabilidad del negocio. Sólo contados productores pueden lograr este margen. En segundo lugar, es muy importante la red de relaciones sociales que el productor haya logrado establecer con viejos clientes que le aseguren el acceso a las tiendas que pueden demandar su producción. Para esto se necesita, ciertamente, mucha destreza y habilidad empresarial. No todos los pequeños productores alcanzan esta habilidad. En tercer lugar, interviene la propia experiencia del microempresario en la producción textil. Esta experiencia dota a muchos empresarios de habilidades organizativas, pero también de complejos conocimientos tecnológicos, que permiten una cierta fragmentación del proceso productivo al interior del taller, aumentando la productividad y los márgenes de beneficio.[8]

Esta última condición, junto al conocimiento del movimiento del mercado (que se apoya en el manejo de redes sociales), es la determinante de la opción por la especialización flexible. Es de este modo que el pequeño productor puede producir camisas, pantalones o "chacabanas" (Guayaberas) de mayor calidad que los grandes talleres, pero por ello más caras. Su conocimiento del mercado le permite detectar cuales tiendas demandan estos géneros, su conocimiento tecnológico y experiencia laboral le permite producirlos.

5. El potencial de desarrollo de las microempresas

Como puede deducirse de nuestra argumentación, artesanos del ambar y productores textiles, en el caso de tener éxito económico como microempresarios, se encuentran expuestos a un elevado y permanente riesgo económico. En esencia, esto es el resultado de su escasez de capital y de su posición subordinada en el mercado. La pequeñez de la microempresa y lo reducido de su escala de producción, hace más frágil esta posición. La especialización flexible como estrategia de competencia en el mercado, frente a intermediarios y grandes comerciantes, puede ser efectiva de manera limitada y, en definitiva, a nuestro juicio,

8. Cabe aquí recordar la tesis de Piore y Sabel (1984) respecto al papel central de la tecnología en la estrategia de especialización flexible. No puede perderse de vista que dicha tesis tiene como referencia central actividades microempresarias con alta tecnología, como es el caso de la Italia del Norte en la Emilia Romagna. En nuestro caso, el acceso a la tecnología por parte del microempresario textil encuentra más obstáculos, en parte debido a la precaria formación de los recursos humanos en todo el sistema laboral dominicano, pero también resultado de la insuficiencia de capital, dados los bloqueos para el acceso a un crédito seguro y con bajos intereses. De aquí que en estos casos el acceso a la tecnología derive precisamente de la experiencia laboral (lo cual toma tiempo) y en mucho menor medida de la formación educativa formal, o de la transferencia de tecnologías a través de programas especiales de entrenamiento.

puede llegar a asegurarle al segmento más eficiente de los microempresarios un margen de competitividad que estabilice su empresa, pero es muy difícil que como estrategia le permita al conjunto de pequeños productores una posición semejante. Esto demandaría de la intervención de agentes sociales y económicos externos que apoyen de manera institucional la flexibilización de la producción microempresarial. Abandonado a su suerte el pequeño productor tiene escasas posibilidades de permanencia como microempresario.

Sin embargo, los microempresarios si bien no se niegan al credito formal de instituciones de apoyo a las microempresas estiman que dichos prestamos se otorgan en condiciones muy difíciles para los microempresarios. En primer lugar, los préstamos son muy reducidos, lo cual no permite hacer grandes compras de materia prima, ni grandes inversiones en equipos. Son muy cortos los períodos de pago. Situación que se agrava si tomamos en cuenta la incertidumbre del mercado en que se mueven los artesanos del ambar -principalmente- y los productores textiles. Finalmente, las tasas de interés son muy elevadas. Por eso los microempresarios textiles prefieren recurrir al crédito informal de las grandes tiendas, y los artesanos del ambar prefieren mantenerse trabajando a una escala muy pequeña.

Los casos de los artesanos del ambar y los pequeños talleres textiles ilustran a nuestro juicio una situación más generalizable en la que se encuentra un significativo número de microempresarios. Nuestros argumentos no pueden tener la fuerza de una tesis demostrativa, sugieren únicamente hipótesis para una discusion creadora, que no vea al microempresario envuelto únicamente en una lógica económica, donde las perspectivas de las microempresas se evalúan a partir de parámetros tecnocráticos de eficiencia productiva y de racionalidad costo/beneficio. La realidad de la microempresa es más compleja.

Sin la racionalidad empresarial que asegure el ahorro y la inversión la microempresa perece. Esto no depende únicamente de factores de orden técnico o del acceso al crédito formal. Remite a una realidad social en la que se encuentra involucrada la familia del microempresario, la dinámica intervención del capital social que potencia un "ethos" cultural que estimula la acción del microempresario, pero también lo dota de un espacio social que le protege de los agentes económicos que controlan el mercado y, en caso de exito, le permite generar opciones de diversificación y especialización flexible con la cual enfrenta a los monopolios o la subcontratación. Pero todo esto, más temprano que tarde, termina en el fracaso, de no existir un apoyo sistemático e institucional de agentes externos al sector, que aseguren la continuidad del esfuerzo microempresario, pero adaptándose a las especificidades que presenta este tipo de gestión económica. En esta función cabe al Estado un papel determinante. En este sentido, es imprescindible una consciente y organizada voluntad estatal a fin de convertir el potencial productivo y gerencial del microempresario en una opción de desarrollo coherente, que contribuya a una exitosa reinserción productiva de los países periféricos en el nuevo escenario económico internacional. Los casos de los artesanos del ambar y de los pequeños talleres textiles de Santo Domingo ilustran ese potencial del microempresario como opción de desarrollo, pero también revela con claridad los serios obstáculos que revelan.

CAPITULO IV

LA POBREZA URBANA Y EL GASTO SOCIAL DEL ESTADO
(Notas para el estudio de los problemas de gobernabilidad de la pobreza)

1. Introducción

Hasta hace poco más de veinte años el tema de la pobreza en América Latina constituía un obligado subsidiario de una preocupación mayor: el desarrollo. Los pobres estaban ciertamente ahí. Lo sabíamos. Pero su presencia en la escena histórica era asumida a propósito de un discurso, quizás elíptico, políticamente sujeto a críticas definitivas, pero en todo caso distinto al del crudo señalamiento de "la masa" de "pobres". Dominaba en ese entonces la preocupación por los "campesinos sin tierra", por los "minifundistas precarios", y, en el mundo urbano, los "marginales" se robaban la escena. La pobreza aparecía así revestida de un ropaje que engalanaba su presencia con una propuesta colectiva cuyos componentes la colocaban como parte integral de una subjetividad política definida por muchos como "discurso populista". Los pobres podían así reconocerse como descamisados, pueblo, marginales. Y, en cualquiera de los casos, era claro que el Estado trataba de organizar un discurso que les convertía en obligada referencia de la política de masas. La pobreza era así movilizada como subjetividad política: en gran medida el populismo se sostuvo en ese procedimiento, en esa operación discursiva (Laclau, 1978).

Hoy las cosas han cambiado. Reconocidos "los demonios" que el discurso populista había desatado, resuelto el hecho de su necesario cautiverio y exorcización ¿qué queda de los pobres como "masa" movilizable en la cual ayer se apoyó el populismo? De algo estamos seguros: en la nueva situación, al dejar de movilizarse como “marginales”, "descamisados" y las incontables categorías que en cada país se emplearon para el mismo propósito, los pobres perdieron gran parte del espacio que les había permitido reconocerse, bajo los diversos clientelismos, como una “masa colectiva”, es decir, como un proto sujeto político. En el nuevo escenario, los pobres aparecían en su simplicidad y aterradora desnudez: la pobreza.

Como todos sabemos, el Estado Populista sostuvo su función pública en materia de gastos sociales (salarios indirectos) no sobre la base de la ciudadanización de los contingentes laborales que apoyaban su base política, sino sobre la clientela (Weffort, 1968). De esta suerte, la clientela no organizaba en el seno de las instituciones estatales lo que Poulantzas (1976) definió como “la lucha de clase en el seno del Estado”. Mas bien sostenía una relación vertical entre la élite burocrática y el séquito caudillista con su base de masas. La disputa social se trocaba así en relación clientelar. En este escenario, los pobres aparecían como “conglomerado” que debía ser integrado al proceso de desarrollo, al proceso de modernización. Eran, pues, marginales urbanos. En consecuencia, no constituían fuente alguna de “ingobernabilidad”. A lo sumo eran obstáculo al desarrollo y a la modernización.

Sin embargo, la interrogante que debe preocuparnos se sitúa precisamente en ese punto ciego, en ese espacio vacío de sentido político. ¿Por qué, precisamente ahora que los pobres en su “hacer político” se deshacen, en medio de la crisis de los partidos tradicionales que asumían su “representación” y ante el descalabro de la forma estatal que los convirtió en clientes, por qué ahora -repetimos- preocuparnos por su gobernabilidad? La preocupación es, digámoslo de una vez por todas, lícita. Sin embargo, su respuesta en modo alguno queda satisfecha acudiendo al apelativo moral, al señalamiento normativo, que nos advierte sobre la magnitud y dramática situación de los pobres en nuestras sociedades. La cuestión desborda el campo instrumental de las políticas sociales, del cálculo sobre el costo económico que implica una estrategia de superación de la pobreza. La cuestión es, pues, de tipo política.

La crisis de los ochenta produjo en República Dominicana, como en la mayoría de los países de la región, transformaciones significativas no sólo en el plano económico sino también en el político y social. Más allá del impacto social de los ajustes económicos que siguió a la crisis de la deuda, a partir de 1982, el balance final del período produjo un significativo reacomodo en cuatro aspectos fundamentales de la vida económica y social dominicana: 1) redujo la capacidad o poder de intervención del Estado en la regulación del proceso de acumulación y, en general, en el proceso de reproducción social, 2) deterioró dramáticamente el nivel de vida de la población en su conjunto, sobre todo en sus grupos de menores ingresos, 3) puso en crisis un estilo del "hacer política", cuya expresión inmediata fue el deterioro de la legitimidad de los grandes partidos de masas y el surgimiento de movimientos populares urbanos fragmentados con una agenda territorial de demandas frente al Estado y, finalmente, 4) fortaleció el papel del mercado, no sólo como objetivo-meta de la liberalización económica, de la desestatización de la economía, sino -quizás con mayor importancia- como "ideología" del proceso de "individuación" de la política y el quiebre del discurso populista (Lozano, 1992; Ceara, 1984; Espinal, 1987).

En el presente capítulo nos concentraremos en un aspecto específico de este complejo proceso que se prolonga hasta nuestros días. Nos referimos al deterioro del nivel de vida que acompañó a los proceso de ajuste y liberalización económica, y a los impactos que de alguna manera esto ha provocado en el plano político. A tal propósito, analizaremos, en primer lugar, las políticas económicas del Estado en el período 1980-91, destacando el manejo de los gastos sociales. En seguida presentaremos un breve panorama de la pobreza en su expresión básicamente urbana. En tercer lugar, presentaremos algunas consideraciones críticas a fin de evaluar la cuestión de la pobreza como problema de gobernabilidad, tratando de discutir sus espejismos y, a nuestro juicio, principales nudos.

2. Estado, política económica y gastos sociales

De la Crisis de la Deuda a los Programas de Ajuste y la Liberalización Económica

Desde mediados de la década de los setenta la economía dominicana venía enfrentando serios problemas en su balanza de pagos, inicialmente como consecuencia del brusco aumento de la factura petrolera, pero posteriormente producto de un acelerado proceso de endeudamiento externo (Ceara, 1984; García y Valdivia, 1985). De esta forma, lo que en los finales de los años setenta comenzó por revelarse como una crisis externa, terminó por englobar a toda la economía, constituyéndose así en una verdadera crisis de acumulación. Esta última era la expresión de las profundas limitaciones y contradicciones económicas y sociales en las que se apoyaba el modelo de desarrollo vigente desde los años sesenta, encaminado a la expansión industrial sustitutiva, pero apoyado por el dinamismo del eje agroexportador (Lozano, 1985; Ceara 1984). En los ochenta, la situación descrita se agravó más por el hecho de que en los mercados financieros internacionales el crédito se redujo, al tiempo que aumentó exhorbitantemente la tasa de interés (García y Valdivia, 1985). A ello se unió el deterioro de los términos de intercambio, a consecuencia del aumento del costo de las importaciones -en primer lugar del petróleo- pero sobre todo producto de la crisis de las exportaciones tradicionales. Con ello la fuente básica del excedente que financiaba la expansión industrial prácticamente desapareció. Esto tuvo dos efectos inmediatos. En primer lugar, produjo una aguda escasez de capitales que hizo entrar en crisis al aparato industrial sustitutivo. En segundo lugar, determinó una aguda crisis del Estado, en materia de gastos corrientes y de inversión, que lo condujeron al abandono o reducción de importantes rubros de los gastos sociales y, finalmente, lo precipitó a definir una política de recesión inducida de la economía (Ceara, 1984).

Como han destacado algunos economistas (Ceara y Croes, 1993), la transición de la economía hacia un nuevo esquema de inserción en el mercado mundial significó un camino tortuoso, lleno de contradicciones, constituyendo todavía hoy un proceso inacabado. En tal sentido, en términos de política económica podemos reconocer cuatro momentos básicos:

1. Período 1979-1982. En esta etapa hay una fuerte expansión de la demanda interna, a través del incremento del gasto público corriente, del gasto social y del incremento significativo del salario real. El período se caracteriza por la hegemonía de la política populista del Partido Revolucionario Dominicano (PRD) y corresponde al gobierno presidido por Antonio Guzmán. Lo significativo a destacar en esta etapa son tres aspectos: 1) la política de aumento salarial y del gasto corriente operó no sólo como una estrategia keynesiana de política económica, a fin de estimular el volumen de la demanda, frente al debilitamiento del aparato productivo local y del sistema exportador: era también el resultado de un cambio en el orden político. Por lo pronto, estuvo condicionada a la política de masas del partido en el gobierno y del conjunto de presiones de su base popular y sindical. 2) En segundo lugar, perseguía estimular el aumento de la producción, particularmente agropecuaria y la modernización del campo, dada la hegemonía de las fracciones agrarias en el poder (el propio presidente era un acaudalado hacendado agrícola). 3) En tercer lugar, se movía en un campo minado, en tanto se desarrolló en medio de una crisis del sector exportador tradicional, sobre todo de la economía azucarera. Crisis esta última que, vista en el largo plazo, no era simplemente la expresión de un declive coyuntural de los precios del mercado mundial; por el contrario, era la punta del iceberg de una profunda crisis estructural del sistema exportador tradicional. Cuando los empresarios (industriales y agrarios) no respondieron dinámicamente al estímulo de la demanda y los ingresos fiscales declinaron, el recurso al endeudamiento externo fue el camino al que de manera casi natural se dirigió el Estado.

2. Período 1983-86. La anterior estrategia de política económica, bautizada como de "demanda inducida" (Ceara, 1984), en el contexto de la crisis del sector exportador condujo a la crisis fiscal. A ello se unió el fantasma de la deuda externa. El resultado fue que el nuevo gobierno del PRD, presidido ahora por Salvador Jorge Blanco, inició un Programa de Ajuste con el Fondo Monetario Internacional (FMI), cuya estrategia de control del déficit fiscal y de balanza de pagos, fue la recesión inducida, a través del control del gasto público, la liberalización de precios y la devaluación. Con estas medidas se provocaba un reacomodo del esquema de alianzas políticas en el que se sostenían los gobiernos populistas, pero principalmente se daban pasos firmes para una radical transformación de la función estatal en materia de regulación del proceso económico y de reproducción social (O'Connor, 1987). Por lo pronto, la liberalización de precios y el proceso de devaluación del signo monetario, en un contexto de declive del sistema exportador tradicional, condujo a una radical derrota del grupo exportador tradicional y del empresariado industrial en sus sectores menos competitivos. En tal situación, los grupos financieros pasaron a ejercer una función hegemónica en la economía, al convertirse en el nuevo eje articulador de los emergentes sectores productivos punta: la economía exportadora de servicios, en sus sectores turísticos y en las llamadas zonas francas industriales. El otro lado de ese proceso fue el abandono de la política social del Estado que modificó su tradicional posición de apoyo a los gastos reproductivos de las clases populares, a través de la política de gastos sociales y los subsidios a los salarios, con la protección de precios agrícolas, como ya apreciamos en el Capítulo I. La hegemonía financiera del gobierno de Salvador Jorge Blanco condujo, finalmente, a la crisis interna en el partido de gobierno, a su ruptura con su base de masas y a la crisis de gobernabilidad con la revuelta de abril de 1984, protagonizada por los barrios y sectores populares urbanos en los que el PRD seis años atrás había encontrado la base de apoyo con la cual derrotó a Balaguer en 1978: los desempleados urbanos, los informales precaristas y en general los pobres de las ciudades.

3. Período 1986-1990. La crisis de gobernabilidad de 1984 y la fractura del partido de gobierno condujo a la vuelta al poder a Joaquín Balaguer en 1986. En el contexto político en que se dió la transición la estrategia de política económica balaguerista se colocó en las antípodas del anterior gobierno. A la recesión Balaguer respondió (como lo hizo en su momento Antonio Guzmán del PRD en el período 1978-82) con una agresiva política de gastos públicos que, ciertamente, condujo a importantes desequilibrios macroeconómicos, como veremos.Balaguer inició un agresivo programa de inversiones públicas, sobre todo en viviendas y carreteras que, en principio, ayudó a paliar el grave problema del desempleo abierto (28.7% a la hora de tomar el poder). Pero ese aumento del gasto público se acompañó de un deterioro del gasto social en educación y salud. Estimuló la expansión del sector turismo y las zonas francas, pero protegió a los grupos industriales tradicionales vinculados al sector sustitutivo de importaciones. No se enfrentó a la hegemonía del capital financiero, pero mantuvo una política monetaria que estimuló la inflación al financiar parte del gasto público con emisiones monetarias (inorgánicas) sin respaldo en las reservas internacionales, dislocándose así la actividad bancaria y comercial (Ceara y Croes, 1993).

En una palabra, la política económica de Balaguer en este período (1986-90) era presa de dos lógicas, como bien han apuntado Ceara y Croes (1993): la que impulsaba un modelo de economía abierta, liberalización de precios y exportación de servicios y la que sostenía un esquema de protección local, exportaciones tradicionales y protagonismo estatal. Esta dualidad era el fruto de una lucha entre sectores del capital, pero también era el resultado del esfuerzo del aparato estatal, específicamente del estamento burocrático, por sobrevivir con un gran poder en la nueva situación económica y social que se perfilaba. Balaguer mantuvo una estrategia de control salarial que favorecía a los dos sectores del capital en lucha. Las inversiones en construcciones favorecieron no sólo a las compañías constructoras, sino también a su grupo palaciego y al sector importador. El llamado sector no formal del capital financiero fue desmantelado, pero los bancos mantuvieron y acrecentaron su poder económico. Sin embargo, este esquema condujo a una nueva crisis económica y política. Por lo pronto, el no pago de la deuda externa no sólo aumentó su monto, sino que cerró las puertas del crédito extranjero. En segundo lugar, las emisiones inorgánicas del Banco Central, trasladaron el financiamiento de la crisis fiscal del Estado a la inflación y con ello a los consumidores. Lo que se acrecentaba con la desmedida política de construcciones. Al final del período, este esquema de política no podía ya sostener los servicios básicos: energía, agua, transporte. Con ello no sólo se afectaban los grupos populares y medios, sino que las bases elementales de la dinámica económica quedaban bloqueadas. La crisis de gobernabilidad estaba a la orden del día.

Pasadas las elecciones de 1990 y para poder continuar manteniéndose en el poder, Balaguer terminó adoptando el programa de liberalización de la economía y estabilización monetaria de ascendiente neoliberal que él había combatido en las elecciones. Con ello se daba fin a las ambivalencias del período anterior, con el triunfo de los nuevos sectores punta: el turismo y las zonas francas. Se incorporaba ahora al esquema el sector importador y, en cualquier caso, la hegemonía del capital financiero quedaba asegurada. Se inicia así en los noventa un programa de reformas estructurales que se orienta a varios objetivos estratégicos: estabilización monetaria y control de la inflación, apertura de los mercados y pago de la deuda externa, entre otras medidas.[1]

Política Económica y Gasto Social

Distinguiremos con Offe (1990), en la gestión pública del aparato estatal tres componentes básicos: 1) el conjunto de medidas, procedimientos, disposiciones y leyes que organizan la acción estatal y, en particular, las agencias del gobierno central, a fin de regular, orientar y dirigir las actividades realizada por los agentes que operan en la esfera de la economía y en la esfera de la socialización y reproducción sociales (familia, educación, salud); esta es la esfera que normalmente se define como el nivel de las políticas públicas, entre las cuales la política económica ocupa un lugar central. 2) El ámbito de intereses sociales mediatos que permite vincular a los funcionarios públicos, políticos parlamentarios y dirigentes de partidos, a un común proyecto que en el plano económico y social, impulsa y sostiene determinado grupo de interés en la sociedad. 3) En tercer lugar, debemos distinguir en la acción estatal la referencia o consideración de los agentes sociales que tratan de imponer otro proyecto social y económico y que en el plano político se enfrenta a las agencias estatales y a sus dirigentes con medidas que van desde la lucha parlamentaria, la movilización social, hasta el conflicto político abierto. En realidad, la política económica, en particular su

1. En términos más específicos las reformas iniciadas en el año 1990 persiguen como objetivos-meta: En primer lugar la estabilización monetaria, la modernización y centralización del capital bancario, así como el control de la inflación. Para ello diversos mecanismos se han comenzado a implementar: a) el control del medio circulante, b) la liberalización de precios, c) la devaluación del signo monetario, y d) una nueva ley bancaria. En segundo lugar, las reformas persiguen la apertura de mercados y el fortalecimiento de la competitividad de la economía. Para ello se ha implementado un esquema de política económica que supone: a) un nuevo arancel que elimine la protección y apoye un esquema

componente social, en su diseño e implementación concreta siempre es el resultado de la confluencia de estos tres niveles. En lo que sigue, trataremos de guiarnos de estas consideraciones, a propósito del análisis de las medidas de política social del Estado Dominicano en los últimos 15 años.

En materia de política económica lo primero que debemos distinguir en el análisis es la dinámica del gasto público. Podemos distinguir en el período 1978-1992 dos momentos básicos: el primero cubre el período 1978-1986, el segundo el período 1986-92. No es casual que ambos períodos se correspondan con los sucesivos gobiernos del PRD (1978-86) y de Balaguer (1986-1994).

Como ya hemos señalado, durante los años 1978-82 la estrategia del gasto público persigue estimular la demanda interna, a través de la expansión del gasto corriente. En esta etapa el gasto público llegó a alcanzar el 15.6% del PIB promedio del período en estudio, concentrando el gasto corriente el 67.7% del gasto total (10.6% del PIB). Los gastos de capital apenas concentraron el 32.3% del gasto total (5.1% del PIB) (Ceara y Croes, 1993).

Esta estrategia de gastos rápidamente encontró serios obstáculos, debido a problemas de balanza de pagos provocados por la brusca caída de las exportaciones tradicionales. De ahí que la política de gastos públicos rápidamente evolucionó hacia el aumento de la deuda externa. La capacidad de tributación efectiva del Estado descendió de un 11.3% en 1979 a un 8.5% en 1982, mientras el déficit fiscal se elevaba de un 5.4% del PIB a un 6.2% en el mismo período.[2]

---

de producción local competitivo, b) un nuevo esquema de tributación, que logre elevar la presión tributaria a un 18% del PIB, simplifique los impuestos sobre la renta y aumente el impuesto al valor agregado (IVA), mejorando el aparato de recaudación fiscal, y c) una nueva ley de inversión extranjera que le permita al capital foráneo una igual posición en el mercado que al capital local. En tercer lugar se persiguen una serie de reformas en el plano social y laboral. Entre los mecanismos que al respecto se diseñan se incluye: a) un nuevo código de trabajo, b) la reforma del sistema educativo, y c) una ley de servicio civil.

2. El déficit fiscal como proporción del PIB evolucionó en el período 1987-1991 como se destaca: 1979-82, 5.9%; 1983-86, 5.9%' 1987-90, 5.6%. Véase Ceara y Croes (1995).

Cuadro 4.1

Distribución económica del gasto público social global: 1979-91 (%)

CONCEPTO	1979-83	1983-86	1991
G. Corrientes	83.5	88.2	55.3
S. personales	40.5	41.4	26.6
S. no-personales	1.6	2.6	1.6
Materiales	9.1	8.3	7.7
Aportes Corrientes	32.1	36.0	19.3
Intereses	0.2	0.0	0.0
Gastos de capital	16.5	11.8	44.7
Maq. y equipos	1.3	0.8	1.4
Construcciones	6.6	4.3	34.6
Terrenos	0.1	0.2	0.3
Aportes Sector público y privado	8.4	6.3	8.3
Amort. Deuda	0.0	0.0	0.0
Inv. Financiera	0.0	0.1	0.2

Fuente: ONAPRES. Elaborado por Cieca, 1993.

Cuadro 4.2

Estructura del gasto gobierno central como proporción del gasto total

AÑOS	DESTINO DEL GASTO:				
	Servicios generales	Servicios sociales	Servicios Económicos	Servicios financieros	TOTAL
1980	19.9	37.3	37.3	5.5	100.0
1985	17.5	36.8	41.0	4.7	100.0
1989	10.2	41.7	38.7	9.4	100.0
1990	11.9	39.4	37.0	11.7	100.0
1991	11.5	32.9	31.3	24.3	100.0
1992	10.3	30.3	39.1	20.3	100.0

Fuente: Banco Central de la República Dominicana. Tomado de Santana y Rathe (1993).

Cuadro 4.3

Ingresos del gobierno central por períodos: 1979 a 1990 (%)

PERIODOS	INGRESOS POR IMPUESTOS:					
	Mercancias y servicios locales	Importaciones	Ingresos	Préstamos	Aportes ordinarios	Otros ingresos
1979-1982:						
- % Ingresos Total	20.2	19.4	16.3	12.0	9.1	23.0
- % PIB	3.1	3.0	2.5	2.0	1.4	3.5
1983-1986:						
- % Ingresos Total	30.1	23.5	17.5	8.9	5.2	14.8
- % PIB	4.2	3.3	2.4	1.2	0.7	2.0
1987-1990:						
- % Ingresos Total	35.8	21.7	19.3	7.0	4.0	12.2
- % PIB	5.2	3.2	2.8	1.1	0.6	1.3

Fuente: Banco Central de la República Dominicana. Elaborado por CIECA.

Siguiendo el esquema analítico apuntado arriba (Offe, 1989) en esta etapa lo primero que debemos reconocer es el fuerte compromiso político del gobierno con las presiones de masas del partido en el poder (PRD), que fue el principal determinante de la política de gastos públicos orientada a la expansión del empleo estatal y al aumento de los salarios. Sin embargo, tampoco podemos perder de vista los compromisos del equipo de funcionarios con los grupos empresariales que le apoyaban, principalmente la fracción agraria del empresariado. Esto último lo condujo a una relativa liberalización de precios internos. Independientemente del frágil equilibrio de compromisos que esta estrategia suponía, en el mediato plazo las dos políticas eran insostenibles en el plano económico, principalmente porque el sector exportador tradicional se encontraba en una crisis de tipo estructural y porque el equilibrio político en que se sostenía el gobierno reducía la capacidad estatal para movilizar excedentes hacia el Estado por vía de la tributación, sin arriesgarse a desatar una espiral inflacionaria. La segunda consecuencia de este estilo de política económica fue la práctica ruptura del gobierno con su base política, el PRD. Al final del período esta política económica reveló sus contradicciones: 1) la base de masas del PRD se había alejado del gobierno, es decir, del equipo de funcionarios, que a su vez eran también hombres del partido: la división interna era un hecho; 2) la estrategia de inducción de la demanda (Ceara, 1984) era insostenible en un contexto de crisis del eje dinámico de la economía, del sector exportador. Esto produjo, a su vez, dos consecuencias perversas: a) estimuló la inflación y aumentó la crisis fiscal del Estado; b) generó también un alejamiento del apoyo empresarial al gobierno.

Pese a la división política interna, el PRD conservó el poder en 1982. El equipo político y técnico que llegó al poder era precisamente el que le había hecho la oposición interna al anterior gobierno perredeista, encabezado ahora por Salvador Jorge Blanco como presidente. Dicho equipo diseñó una estrategia de política económica exactamente inversa a la del anterior gobierno: provocar la recesión como mecanismo económico que permitiera reducir el déficit fiscal y pagar la deuda externa. En ese contexto, los gastos de capital del gobierno sufrieron la más severa reducción en la década (25% del gasto total), los gastos corrientes se redujeron a su vez, pasando a representar un 22% del gasto total y el volumen total del gasto público se redujo a un 3% del PIB (Ceara y Croes, 1993).

Esta estrategia recesiva encontró apoyo en los grupos financieros, esencialmente porque consolidaba su hegemonía. A su vez, los emergentes sectores punta del modelo de acumulación alternativo al industrial-exportador tradicional, lo apoyaron, nos referimos al empresariado del sector turismo y a las empresas maquiladoras (zonas francas industriales). Fue ese compacto apoyo del empresariado lo que permitió al equipo gubernamental implementar una estrategia que a todas luces tenía severas consecuencias para la población, dada la brusca liberalización de precios que produjo, la inflación inmediata que desató,[3] la caída del gasto social y en general el descenso del nivel de vida que provocó (Santana y Rathe, 1993). En este contexto, sin embargo, aumentaron los ingresos del Estado, sobre todo a consecuencia del aumento de las recaudaciones impositivas al comercio y a la producción internos (30% del total de los ingresos totales). Esto permitió una ligera reducción del déficit fiscal pasando en el período 1983-86 a representar un 5.3% del PIB. Sin embargo, aún así e independientemente de su fracaso en la reducción del déficit fiscal, la estrategia recesiva tuvo un alto costo político. En 1984 se produjo una revuelta urbana en Santo Domingo en los barrios populares que pronto se extendió a todo el país, dejando un saldo trágico de más de 100 muertos y millares de detenidos y heridos. Como apreciaremos en el próximo Capítulo V, En 1986 el PRD perdió las elecciones y de nuevo regresó al poder Joaquín Balaguer. En su primer capítulo dominicano, la política de ajuste daba sus frutos.

Balaguer regresa por segunda vez al poder en 1986 en medio de una grave crisis de legitimidad de los aparatos estatales, en gran medida fruto de los fracasos de los gobiernos del PRD, principalmente de la gestión de Jorge Blanco. Con ello se inicia el tercer y último período objeto de nuestro análisis.

3. Hay que especificar, sin embargo, que si bien entre 1983 y 1985 la inflación mensual promedio se elevó de un 9% en 1983 a un 39.5% en 1985, en 1986 se contrajo hasta los niveles de 1979 (10%).

La administración balaguerista, como ya hemos señalado, intenta reactivar la economía a través de una agresiva política de gastos públicos. Sin embargo, bajo su administración se dan cambios fundamentales en el manejo de la crisis fiscal del Estado y sus consecuencias en materia de gastos sociales, como veremos abajo. En primer lugar, bajo el primero de sus gobiernos en el nuevo período, (1986-90) hubo un reacomodo de la política fiscal que logra subordinar (Ceara y Croes, 1989: 36) la política monetaria. Esto fue una consecuencia del poder centralizador que adquirió la presidencia de la república en el manejo de las políticas públicas en su conjunto y del control directo del presupuesto nacional que pasó a ejercer el presidente : entre 1983-86 la presidencia pasó a controlar directamente el 21.6% del presupuesto (3% del PIB), en 1987-90 esta relación aumentó: 51.9% del presupuesto lo controla el presidente (7.8% del PIB) (Ceara y Croes, 1993).

En segundo lugar, Balaguer logró aumentar la presión tributaria y colocar los impuestos a las importaciones como la principal fuente de ingresos del Estado (35.8% de los ingresos totales y 5.2% del PIB en el período 1987-90). Pero aún así con la significativa elevación de los ingresos fiscales, el déficit público aumentó en el período 1987-90 a un 5.6% del PIB.

En este marco es que podemos apreciar la importancia del gasto social en el período 1978-90, como parte del proceso de intervención estatal en el proceso reproductivo de la fuerza de trabajo. Según la clasificación funcional del gasto público, a lo largo del período 1978-91 el Estado Dominicano ha estado gastando alrededor del 37% de su presupuesto en gastos sociales (educación, salud, vivienda y recursos hidráulicos), lo cual es relativamente elevado considerando la dimensión de la economía dominicana (Cuadros 4.2, 4.4 y 4.5). Sin embargo, al apreciar más de cerca el comportamiento del gasto observamos un proceso más complejo del que ofrece esta primera impresión. En primer lugar, en términos reales el gasto social se ha ido deteriorando a lo largo del período bajo estudio (Cuadro 4.2). En segundo lugar, se aprecia una caída tendencial del gasto social/percapita. En tercer lugar, reconocemos un cambio en la composición interna del gasto en el período: durante los años 1978-85 el Estado enfatiza los gastos en educación y salud, mientras que en el período 1986-91 este énfasis se desplaza hacia las inversiones en vivienda y en recursos hidráulicos (alcantarillado, presas, acueductos, etc.). Esto revela dos esquemas de política económica muy diferentes, pero también permite apreciar dos estrategias de intervención en el proceso de desarrollo y, en particular, en el proceso reproductivo de la fuerza de trabajo.

Aparentemente es bajo los gobiernos de Balaguer donde mayor énfasis se ha puesto en los gastos sociales. Esto se debe esencialmente a su estrategia de inversiones en vivienda y alcantarillado. En materia de educación y salud, como rubros sociales específicos, fueron los gobiernos del PRD los que mayores gastos realizaron. Esto se aprecia con claridad en los Cuadros 4.4 y 4.5, donde se desglosa el gasto social en términos funcionales y económicos.

La política social de los gobiernos balagueristas en el período 1986-94 ha intensificado los gastos en vivienda y agua potable, deprimiendo el gasto en educación y salud. Al mismo tiempo, la restricción del gasto corriente ha penalizado esencialmente el rubro de sueldos y salarios. Mientras los gobiernos perredeístas mantuvieron los servicios personales en un 40.5 (1979-82) y un 41.4% (1983-86) los gobiernos balagueristas en los últimos dos períodos de su ejercicio (1987-91) han reducido estos gastos a la mitad del período anterior (Cuadro 4.1).

Al apreciar de este modo el comportamiento del gasto social reconocemos así algunos aspectos claves: 1) en el período 1978-86 el Estado hace un esfuerzo por apoyar con mayor intensidad el proceso reproductivo de la fuerza de trabajo, cubriendo salarios indirectos necesarios a la fuerza de trabajo en su reproducción cotidiana (salud), y para su calificación e integración al proceso productivo (educación). 2) En el período 1986-91 el Estado cambia su estrategia y los gastos sociales se dirigen en primer lugar a apoyar los programas de vivienda y poco a poco se incorporan los gastos en recursos hidráulicos. Con este cambio el Estado pasa a definir una estrategia que por la vía de la vivienda apoya más que a las clases trabajadoras a los grupos medios urbanos, que son los verdaderos beneficiarios de los programas habitacionales del Estado (Mercedes, 1991).

En segundo lugar, el Estado procede a apoyar objetivos de alcance macroeconómico, cuyo impacto en el mejoramiento del

Cuadro 4.4

Gasto social del gobierno central por funciones precios constantes de 1980, millones de RD$

AÑOS	FUNCIONES				
	Educación	Deportes	Salud	Asistencia Social	Trabajo
1980	144.7	8.1	107.9	80.9	1.7
1981	155.3	17.5	108.5	84.9	1.9
1982	149.1	6.1	101.8	82.6	2.2
1983	150.4	14.8	106.5	88.6	1.2
1984	137.3	14.7	95.1	80.6	1.2
1985	120.9	13.5	86.1	69.2	1.1
1986	124.8	28.7	79.7	84.8	1.1
1987	122.3	11.0	113.6	64.0	0.9
1988	131.7	10.8	140.5	50.8	0.8
1989	105.8	12.6	124.6	55.1	0.8
1990	80.6	8.6	111.8	36.2	0.6
1991	69.8	6.6	89.3	27.6	0.6

AÑOS	FUNCIONES				
	Alcantari llado y agua potable	Serv. Municipales	Serv. Comunales	Vivienda	TOTAL SERVICIOS SOCIALES
1980	27.4	40.2	10.4	21.3	442.6
1981	15.9	27.2	8.3	17.2	434.8
1982	7.7	37.6	6.9	20.3	413.6
1983	14.7	40.0	9.3	35.6	459.9
1984	9.6	51.4	11.4	15.5	415.6
1985	8.8	44.5	8.4	17.4	368.8
1986	11.7	40.0	6.2	14.3	391.3
1987	43.1	49.7	5.6	99.7	509.0
1988	86.8	49.2	5.0	114.5	589.3
1989	84.3	39.1	6.7	145.4	573.6
1990	62.9	26.5	2.8	68.5	397.9
1991	62.3	24.3	2.9	51.0	334.4

Fuente: Banco Central de la República Dominicana. Tomado de Santana y Rathe (1993) y Ceara y Croess (1993). y Ceara y Croes (1983). Reconstrucción del autor.

Cuadro 4.5

Clasificación económica del gasto social del gobierno
(a precios de 1980, millones RD$)

GASTOS	AÑOS					
	1980	1985	1989	1990	1991	1992*
DE OPERACION:	281.2	262.4	215.8	185.4	178.3	213.4
Sueldos	194.6	188.8	139.9	126.7	119.5	146.0
Servicios	13.2	15.2	11.9	9.3	10.1	9.2
Suministros y otros	73.4	58.4	64.0	49.3	48.7	58.2
INVERSION:	100.1	52.9	325.7	185.5	133.3	228.8
Construcciones	73.7	37.3	309.4	176.5	122.5	213.1
Equipos	5.8	5.3	8.0	4.7	4.8	10.7
Otras	20.6	10.3	8.3	4.2	6.0	5.0
SUBSIDIOS AL SECTOR PRIVADO:						
Educación	61.3	55.7	32.9	27.5	22.7	27.8
Deportes	15.9	9.8	8.0	6.3	5.7	-
Salud	0.0	5.4	0.4	0.4	0.1	-
Asistencia Soc.	2.1	1.7	0.9	0.6	0.7	-
Transferencias:	4.0	1.4	0.6	2.6	2.8	-
A personas	34.7	37.3	21.7	16.9	12.7	-
A instituciones	4.6	0.1	1.3	0.6	0.8	-
TOTAL	442.6	371.0	574.4	398.4	334.4	470.0

Fuente: Banco Central de la República Dominicana. Tomado de Santana y Rathe (1993).

Cuadro 4.6

Gasto social del gobierno central como proporción del gasto social general: 1980-1992

FUNCION DEL GASTO	AÑOS				
	1980	1985	1990	1991	1992
GASTOS INTENSIVOS EN SERVICIOS:	89.00	92.94	67.01	66.13	60.87
Educación	32.69	32.60	20.24	20.86	25.34
Deportes	1.84	3.92	2.15	1.97	2.62
Salud	24.38	23.20	28.06	26.72	21.03
Asist. Social	18.28	18.65	9.08	8.27	5.74
Trabajo	0.38	0.31	0.16	0.17	0.32
Serv. Municipal	9.08	12.00	6.64	7.27	5.35
Serv. Comunal	2.35	2.26	0.68	0.87	0.43
GASTOS INTENSIVOS EN CONSTRUCCION:	11.00	7.06	32.99	33.87	39.17
Vivienda	4.81	4.68	17.19	15.24	12.38
Alcantarillado y Agua Potable	6.19	2.38	15.80	18.63	26.79
TOTAL	100.00	100.00	100.00	100.00	100.0

Fuente: Santana y Rathe (1993).

nivel de vida es de alcance mediato (recursos hidráulicos, canales de riego, etc.). Es aquí donde la crítica de los economistas se ha concentrado (Ceara, 1984; Ceara y Croes, 1993; Santana y Rathe, 1992 y 1993; Dauahjre et al., 1994), al señalar que con este giro estratégico de la política social del Estado no sólo se ha deteriorado el nivel de vida de la población en su conjunto sino que se ha estimulado el aumento de la pobreza. Algunos prácticamente llegan a igualar el debilitamiento de la política de gastos sociales del Estado con los determinantes de la pobreza en los últimos años (Santana y Rathe, 1993). En esta crítica, sin embargo hay dos matizaciones que vale la pena destacar: a) mientras los economistas estructuralistas (Ceara y Croes, 1993; Santana y Rathe, 1993) extienden su crítica al Estado, en materia de gastos sociales y crecimiento de la pobreza, a todo el período 1986-91, los economistas monetaristas (Dauahjre et al., 1994) entienden que a partir de 1991 esta situación ha cambiado, debido sobre todo al control de la inflación que ha permitido bajar los índices de pobreza e indigencia. b) Sin embargo, ambos grupos entienden que es el manejo de la política económica del Estado, sobre todo la política social y monetaria, la que principalmente incide en el comportamiento de la pobreza. A nuestro juicio, la cuestión es, sin embargo, más compleja. Analicemos, en primer lugar, el comportamiento de la pobreza en los últimos años.

3. Pobreza y reproducción social del trabajo

La determinación del peso cuantitativo de la pobreza es objeto inevitable de controversias entre los economistas, puesto que en cualquier cuantificación es obligada la definición de un umbral de pobreza establecido artificialmente (Woolf, 1989: 15), mejor aún, establecido en función de un canon o valor "civilizatorio". Las cifras con que contamos en República Dominicana, a propósito de la medición de la pobreza, son objeto también de controversia. Sin embargo, básicamente se han manejado dos métodos de medición: el de la línea de pobreza (LP) y el de las necesidades básicas insatisfechas (NBI).[4] Ambos procedimientos de medida arrojan cifras

4. El primero de estos métodos asume "la determinación de una canasta normativa de alimentos que respetando los patrones de consumo de las familias, cubriría

diferentes, pues, en el fondo, mientras el método LP lo que enfatiza es el acceso a medios de consumo, el segundo lo hace con el acceso a servicios. En todo caso, en lo relativo a la intervención de las políticas económicas del Estado, el primer método destaca las cuestiones relativas a las políticas monetarias, de control de la inflación y de regulación salarial, mientras que el segundo destaca esencialmente el impacto de determinadas políticas sociales.

Con el método LP podemos apreciar que entre 1984 y 1989 el número de hogares pobres se incrementó de un 39.2% al 51.7%. Lo interesante ocurre al comparar el comportamiento de la pobreza por zona rural y urbana: es en las zonas urbanas que se dan los mayores incrementos de la pobreza y la indigencia, pero es en la zona rural donde mayores son las proporciones. Igual tendencia se observa al considerar la pobreza y la indigencia en función de la población (Cuadro 4.9).

Con el método de NBI los resultados son otros: de acuerdo al método NBI las proporciones de hogares pobres disminuyeron de un 55.6% a 29.2%, en el período 1984-89. Pero a nivel urbano la disminución fue sustancialmente menor que a nivel rural, aún cuando en esta última las proporciones continúan siendo mayores. Iguales tendencias se observan con los hogares indigentes y con la población pobre e indigente (Cuadro 4.9).

Para 1991 y 1992 hay datos que revelan que la situación de los pobres había empeorado. Ramírez (1993) ha sistematizado los principales datos al respecto. Lamentablemente, su metodología no permite una comparación adecuada con los hallazgos de los

---

las necesidades mínimas de ingesta calórica y proteica, canasta que además tendría el menor costo posible..." (Ramírez, 1993:25). Asimismo, el costo mensual percápita de dicha canasta define la línea de indigencia: los hogares que estén por debajo de este costo son indigentes. Por otro lado, a partir de la definición de un presupuesto mínimo, de gasto familiar (alimentos, vivienda, vestido, etc.), calculado por mes y por personas, se define la línea de pobreza: los hogares cuyo percápita esté por debajo de este presupuesto son pobres. El otro método (NIB) se apoya en la posición que ocupan los hogares a propósito de una serie de aspectos: agua potable y servicios sanitarios, energía eléctrica, hacinamiento, gastos de dependencia económica de los miembros del hogar, escolaridad. Los hogares que ocupen una posición insatisfactoria en por lo menos uno de estos aspectos son pobres, los que no satisfacen dos o más serían indigentes (Ramírez, 1989).

Cuadro 4.7

Familias y personas en situación de pobreza: 1977-1986

(valores absolutos y relativos)

AÑO	Línea de Pobreza (RD$)	No. Familias Bajo línea Pobreza	% de familias bajo línea Pobreza	Total de Personas Bajo línea Pobreza	% de Personas Bajo línea Pobreza
1977	94.90	205,883	23.30	1,070,512	22.7
1983	160.55	367,359	30.00	1,836,795	30.8
1984	199.55	287,124	27.30	1,417,658	23.2
1985	274.43	351,356	27.39	1,732,185	27.7
1986	293.20	359,291	27.38	1,771,304	27.7

Fuente: ONAPLAN-UNICEF: *La Situación de la Infancia en la República Dominicana,* 1986.

Cuadro 4.8

**Número de personas en situación de pobreza
1986, 1989 Y 1992**

AñOS	PERSONAS		
	El País	Zona Urbana	Zona Rural
1986	1,185,880	434,355	751,525
1989	1,691,742	949,240	741,502
1992	1,531,009	503,260	1,027749

Fuente: Fundación Economía y Desarrollo: *Encuesta de Ingresos y Gastos*, 1994. Tomado de: Dauahjre et. al. (1992).

Cuadro 4.9

Proporción de hogares y población en situación de pobreza por zonas, según método de línea de pobreza y de necesidades básicas insatisfechas: 1984 y 1989

ZONA Y CATEGORIA	METODO DE LINEA DE POBREZA (LP)		METODO DE NECESIDADES BASICAS INSATISFECHAS (NBI)	
	1984	1989	1984	1989
HOGARES:				
TODO EL PAIS:				
Pobres	39.2	51.7	55.6	29.2
Indigentes	11.8	24.5	26.0	7.4
ZONA URBANA:				
Pobres	27.4	49.1	42.9	25.3
Indigentes	5.2	23.1	14.6	5.7
ZONA RURAL:				
Pobres	51.6	58.6	68.9	39.2
Indigentes	18.70	28.3	38.1	11.8
POBLACION:				
TODO EL PAIS:				
Pobres	47.3	57.3	61.3	33.8
Indigentes	16.2	30.3	31.3	10.5
ZONA URBANA:				
Pobres	35.2	55.7	49.7	30.9
Indigentes	7.9	28.9	18.2	7.8
ZONA RURAL:				
Pobres	59.8	61.3	73.2	43.0
Indigentes	24.8	33.7	44.7	17.0

Fuente: Tomado de Ramírez (1993), p. 27.

Cuadros 4.8 y 4.9, analizados arriba. Ramírez establece tres estratos de hogares: 1) los que tienen necesidades mayormente insatisfechas (NMAINS), 2) los que tienen necesidades medianamente satisfechas (NMEDS), y 3) los que tienen necesidades mayormente satisfechas (NMAS). Sus datos señalan que la situación de los hogares en relación a los niveles de satisfacción de necesidades básicas era el siguiente: 1) NMAINS, 33.7%, 2) NMEDS, 38.4% y 3) NMAS, 28%. (Cuadro 4.10). Era en el Suroeste donde más precaria se presentaba la situación de los hogares, mientras en el Sureste era donde mejor situación de servicios presentaban los hogares. El Norte o Cibao ocupaba una posición intermedia (Cuadro 4.10). Sin embargo, el mismo Ramírez nos presenta información que permite sostener que entre 1980-90 se verificó una mejora importante de los servicios básicos, en servicios de agua, sanitarios y acceso a la energía eléctrica, aún cuando todavía hay comunidades que carecen de estos servicios básicos (Cuadros 4.11, y 4.12).

El Cuadro 4.12 permite forjarse una idea más exacta de la situación de la pobreza en 1990-91. Si asumimos como salario de pobreza en 1990 el valor de RD$ 1,120.00 mensuales (Ceara y Croes, 1993), apreciaremos en el Cuadro 4.12 que el 81.8% de los hogares que no tenían mayormente satisfechas sus necesidades básicas obtenían salarios en el límite del salario de pobreza. Aquellos hogares que tenían mediatamente satisfechas sus necesidades básicas bajaban esta proporción al 67.6% y los que mayormente las tenían satisfechas representaban un 49.5%. En todo caso, esta simple referencia presenta una situación de distribución de ingresos muy crítica, aún en los hogares pobres con mejor acceso a servicios básicos.

En cierto modo estos resultados divergen de los encontrados por Dahuajre et al. (1994) que señalan una importante disminución de la pobreza entre 1989-92, en términos de personas (Cuadro 4.8).

Pese a su aparente contradicción, a nuestro juicio estos hallazgos son consistentes con el comportamiento de la economía y en particular de las políticas económicas y del mercado laboral en el período. El comportamiento de la pobreza y la indigencia, medida en función del método de la NBI, revela que las políticas de inversión estatal en agua, vivienda, alcantarillado, acueducto etc. han tenido un impacto positivo en los hogares, aún cuando continúan siendo muy elevadas las proporciones de pobres e indigentes. Es en el mundo rural donde esta política ha tenido mayor impacto, a partir del reconocimiento de que es en estas áreas donde más dramática se presenta la situación de la pobreza y la indigencia. Sin embargo, estos resultados positivos a nivel de las políticas de servicios básicos coliden con los resultados a nivel de las políticas redistributivas del ingreso, salariales y de precios, puesto que medida por el método de LP la pobreza ha aumentado, tanto en las áreas urbanas como en las rurales, sobre todo en las primeras.[5] A nuestro juicio, más que una disparidad de los métodos de medida, aquí reconocemos una disparidad de las políticas económicas que influyen en la determinación de la pobreza y, en consecuencia, una importante inconsistencia de las políticas públicas de combate a la pobreza. Es aquí donde se presentan las limitaciones de un análisis de la pobreza sólo en términos de medidas de política económica, sin considerar el comportamiento de la economía en su conjunto y en particular del mercado laboral.

Autores estructuralistas como Santana y Rathe (1993) sostienen una interpretación del aumento de la pobreza que prácticamente la hace depender del comportamiento de la política social del Estado. Autores monetaristas como Dauhajre et al. (1994), la hacen depender de la política monetaria. En ambos hay un vicio metodológico, puesto que al fin y al cabo la pobreza constituye un complejo producto de las condiciones de estructura que se presentan en la economía, de la distribución del ingreso y del comportamiento del mercado laboral. Es cierto que el Estado tiene un papel determinante en el proceso reproductivo de la fuerza de trabajo, pero no simplemente en tanto y en cuanto ejecutante de determinadas políticas de gastos sociales o de control monetario (O'Connor, 1987).

5. El estudio de Dauhajre et. al. (1994) a este respecto no parece ser muy consistente, puesto que aprecia que fue precisamente en las áreas rurales donde entre 1989-92 hubo un incremento relativo de la pobreza. Esto no se corresponde con los hallazgos aquí discutidos, ni con el volumen de las inversiones públicas en servicios básicos que han sido especialmente rurales, ni tampoco al comportamiento de la inflación cuyos efectos en el mundo rural han sido menores.

Cuadro 4.10

Necesidades básicas según grados de satisfacción y subregiones: 1991

REGIONES Y SUBREGIONES	GRUPOS DE HOGARES CON:		
	NECESIDADES BASICAS MAYORMENTE INSATISFECHAS (NMAINS)	NECESIDADES BASICAS MEDIANAMENTE SATISFECHAS (NMEDS)	NECESIDADES BASICAS MAYORMENTE SATISFECHAS (NMAS)
SURESTE:			
Distrito Nacional	11.8	39.8	48.4
Resto de Valdesia	42.7	39.9	17.4
Yuma	38.7	42.0	19.4
NORTE:			
Cibao Central	32.0	39.7	28.3
Cibao Oriental	50.8	37.2	12.0
Cibao Occidental	51.0	39.1	9.9
SUROESTE:			
Enriquillo	59.7	30.2	10.0
El Valle	59.2	32.3	8.5
EL PAIS	33.7	38.4	28.0

Fuente: OPS-R.D. en base a resultados de la *Encuesta Demográfica y de Salud*, 1991 (ENDESA).

Cuadro 4.11

Carencia de servicios básicos: 1991 (%)

CARENCIA DE SERVICIOS BASICOS	EL PAIS		ZONA URBANA		ZONA RURAL	
	1981	1991	1981	1991	1981	1991
Sin agua por tuberías	43.7	23.7	21.6	4.4	67.8	53.7
Sin servicios sanitarios	21.4	11.4	10.0	-	33.7	-
Sin energía eléctrica	39.3	21.9	10.6	2.8	70.6	51.6

Fuente: ENDESA-1991.

Cuadro 4.12

Características sociodemográficas de los hogares pobres: 1991 (%)

CARACTERISTICAS SOCIODEMOGRAFICAS, DE INGRESOS Y OCUPACIONALES POR TIPOS DE HOGARES	GRUPOS DE HOGARES CON:		
	(NMAINS)	(NMEDS)	(NMAS)
VIVIENDA:	100.0	100.0	100.0
Propia	71.5	61.9	58.9
Alquilada	10.9	28.5	32.0
Prestada o cedida	17.6	9.4	8.7
TIPOS DE FAMILIA:	100.0	100.0	100.0
Unipersonal	11.2	8.6	4.6
Nuclear	53.9	49.6	50.3
Extendida	25.1	29.3	27.8
Compuesta	9.8	12.4	17.2
INGRESOS MENSUALES(RD$):	100.0	100.0	100.0
Ninguno	16.7	11.2	8.1
hasta 600	38.6	24.8	16.9
601-1,200	26.5	31.6	24.5
1,201-2,000	11.2	17.5	18.8
2,001-3,000	4.0	8.0	13.0
3,001 y más	3.0	7.0	18.8
OCUPACIONES POR RAMAS ACTIVIDAD:	100.0	100.0	100.0
Agropecuaria	51.4	16.7	3.3
Manufacturas	6.9	17.4	13.4
Comercio	12.3	22.2	27.6
Construcción	3.2	3.3	3.5
Transporte	1.6	4.5	5.1
Finanzas	1.1	2.5	5.3
Serv. sociales	4.9	13.1	23.0
Serv. personales	18.2	19.6	17.9
Otras actividades	0.4	0.8	0.7

Fuente: ENDESA 1991. Tomado de Ramírez (1993). Elaboración del autor.

El problema central es, a nuestro juicio, que la política social sólo cubre una parte de las políticas estatales respecto a la reproducción de la fuerza de trabajo, la relativa al salario indirecto. En cambio, la política monetaria directamente influye en la capacidad adquisitiva del salario, en la medida en que de la misma se derivan estímulos o controles a la inflación. En una economía donde la intervención del Estado en el proceso de regulación de la fuerza de trabajo es débil, sobre todo en lo relativo a la seguridad social y la acción sindical, el comportamiento de los salarios reales no puede verse sólo condicionado por la dinámica de los precios (inflación) y la productividad del trabajo, sino también por la inestabilidad misma del empleo y el grado de formalización de las relaciones laborales entre capital y trabajo (Portes, Castells y Benton, 1990).

Si apreciamos el problema de esta manera nos daremos cuenta de que en el período 1978-92, se presenta dos tendencias en relación al comportamiento del salario real y del nivel de vida de los trabajadores, como también respecto al mercado laboral. Las que se expresan en dos etapas claves: la primera etapa cubre el período 1978-84, la segunda cubre los años 1986-92. En la primera etapa el nivel de vida de los trabajadores -medido en función del ingreso percapita real y en relación a 1978,[6] se reconoce un importante incremento, que se sostuvo hasta 1984. En esos años los salarios mínimos reales no difieren significativamente de los salarios de pobreza, y en el período 1981-84 se colocan por encima. En esta etapa (1978-84) hubo, pues, una mejoría del nivel de vida.

En esta etapa las libertades políticas aumentaron. Hubo un importante resurgimiento del corporativismo obrero, elevándose notablemente el número de sindicatos. Aún cuando el grado de sindicalización continuó siendo bajo, la capacidad de presión de los sindicatos organizados sobre el partido de gobierno era alta (Duarte, 1987). En tal contexto, la elevación de los salarios mínimos, el aumento del empleo público y, en general, el aumento del gasto

---

6. No puede olvidarse que toda la industrialización sustitutiva de importaciones se apoyó en una estrategia de restricción y control salarial, que mantuvo deprimido el salario real por más de una década (Lozano, 1985).

Cuadro 4.13

Evolución del ingreso per cápita, el salario mínimo y el salario de pobreza

(valores absolutos e índices 1970=100)

AÑOS	INGRESO PER CAPITA		SALARIO MINIMO EN US$		SALARIO DE POBREZA	
	US$	INDICE (1978=100)	INDICE	US$	US$	INDICE
1970	-	-	52.17	100.0	41.2	100.0
1971	-	-	52.63	100.9	45.0	108.9
1972	-	-	53.57	102.7	50.0	121.1
1973	-	-	53.10	101.8	56.2	136.3
1974	-	-	52.63	100.9	63.2	153.3
1975	-	-	76.27	146.2	70.0	169.5
1976	-	-	75.00	143.8	74.3	180.1
1977	-	-	73.77	141.4	78.0	188.5
1978	871	100.0	72.00	138.0	81.2	197.0
1979	989	113.6	102.46	196.4	91.0	221.0
1980	1,164	133.7	99.21	190.1	105.0	254.1
1981	1,245	143.0	97.66	187.2	111.0	269.0
1982	1,222	140.4	85.62	164.1	105.0	253.4
1983	118	128.4	78.13	149.7	102.2	247.7
1984	802	92.1	55.94	107.2	72.0	174.2
1985	700	80.4	68.11	130.5	90.0	217.4
1986	829	95.2	85.91	164.7	106.4	258.1
1987	758	87.0	73.78	141.4	94.0	227.1
1988	677	77.7	62.60	120.0	84.2	204.1
1989	864	99.2	76.52	146.7	111.0	268.6
1990	758	87.1	64.42	123.5	97.5	236.2
1991	983	113.0	91.11	174.6	154.0	373.1
1992	-	-	114.65	219.7	163.3	395.7

Fuente: Banco Central de la R.D. Tomado de Ceara y Croes (1993). Elaboración del autor.

Cuadro 4.14

Distribución del ingreso por grupos decilicos de hogares 1984 y 1989 (%)

DECILES	1984			1989		
	% Recibido de Ingreso	% ACUMULADO		% Recibido de Ingreso	% ACUMULADO	
		Hogares	Ingresos		Hogares	Ingresos
1	2.1	10.0	2.1	0.8	8.1	0.8
2	3.3	20.1	5.4	1.9	16.5	2.7
3	4.2	20.1	9.6	2.5	25.0	5.2
4	5.2	40.1	14.8	3.6	34.3	8.8
5	7.0	50.1	21.8	4.5	43.5	13.3
6	7.0	60.1	28.8	5.9	53.4	19.2
7	9.5	70.1	38.3	9.0	65.0	28.2
8	13.9	80.1	52.2	11.2	76.5	39.0
9	14.6	90.2	66.8	16.4	88.1	55.8
10	33.2	100.0	100.0	44.2	100.0	100.0

Fuente: Tomado de Santana y Rathe (1993). Elaboración del Autor.

corriente del Estado no puede apreciarse como una simple consecuencia de una medida de política económica. Ello fue el fruto de luchas sociales. Pero lo que aquí debemos destacar son los siguientes aspectos: 1) los aumentos salariales no lograron reducir significativamente el nivel de pobreza, 2) tampoco lo logra el aumento del gasto social del Estado en educación y salud, y 3) la reducida tasa de inflación que se observa hasta 1983 tampoco reduce el nivel de pobreza. La cuestión hay que desplazarla, pues, del nivel de la política social y monetaria, hacia el comportamiento general de la economía, la rigidez en la distribución del ingreso y el comportamiento del mercado laboral.

Sin embargo, en este período no podemos perder de vista que pese al mantenimiento de un elevado nivel de pobreza, hay una mejora relativa del nivel de vida de la población. Aquí, pues, el factor determinante es la lucha por los salarios, y la estabilidad de los precios (la otra cara de la misma moneda) y sólo en menor medida la política de gastos sociales del Estado. Esta situación tenía, como ya señalamos al principio del presente capítulo, serias limitaciones. En primer lugar, se verificaba en un contexto de crisis del aparato productivo agroexportador y, en consecuencia, drenaba la capacidad de excedentes que podía controlar el Estado. A la larga estimuló el endeudamiento externo, la crisis fiscal y la inflación. Todo lo cual condujo a los ajustes de 1984 y a la revuelta popular urbana, en una palabra a la crisis de gobernabilidad, como se verá en el siguiente Capítulo V. En segundo lugar, si bien la política de elevación de salarios y gastos corrientes por parte del Estado ayudó a la mejora del nivel de vida de la población, no estimuló las inversiones en el aparato productivo local como se esperaba. En consecuencia, el elevado desempleo estructural se mantuvo (21.4% promedio entre 1980-82 y 25.6% entre 1983-83) (Ramírez, 1993; Santana y Rathe, 1992). En tercer lugar, a partir de los ajustes de 1984, pese a que se mantienen elevados los gastos en educación y salud, hay un descenso real del gasto social, pero sobre todo la política de control fiscal y ajuste económico se impone a la política social. Con ello en la búsqueda del equilibrio real de los precios el shock inicial del ajuste los eleva, rompiendo en 1984 el mantenimiento del nivel de vida alcanzado por la población en los cinco años anteriores (1978-81). Finalmente, no puede dejar de reconocerse que pese a que el ingreso percapita se elevó significativamente entre 1978-79, a partir de allí permaneció estático, lo que es indicativo de que la política económica del Estado no perseguía tanto una eficaz estrategia redistributiva del ingreso, sino más bien mantener una base de masas del aparato estatal en el menor nivel de concesiones laborales y de ingresos.

El Shock de los ajustes entre 1984-86 marca una etapa de inestabilidad política, descenso del nivel de vida a los niveles de 1978 e incremento significativo de la pobreza (Santana y Rathe, 1993). 1986 representa el punto más bajo de esta etapa transicional, pues es el año donde el nivel de vida tiene su mayor descenso, la pobreza aumenta significativamente y, en términos políticos, hay un cambio de gobierno que le permite a Balaguer regresar al poder. A partir de ese año se inicia otra etapa radicalmente diferente. Tres son los aspectos básicos a destacar aquí: 1) entre 1986-91 el descenso del nivel de vida se estabiliza igualando al alcanzado en 1978. 2) El ritmo de incremento de los salarios mínimos reales no logra superar al del salario de pobreza, diferencia que aumenta sistemáticamente. A esto se une una política salarial restrictiva. 3) hay un significativo reacomodo de la estructura de los gastos sociales, como se ha analizado. Finalmente, 4) hay un total reacomodo del mercado laboral cuyos indicadores básicos son: a) una deliberada política de bajos salarios para atraer inversiones hacia las zonas francas industriales, y b) una creciente informalización del mercado laboral. El aumento de la pobreza aparece, pues, en este escenario no simplemente como un producto del reacomodo estatal en su política económica, específicamente de sus gastos sociales. Más bien es el producto complejo de: 1) el mantenimiento de los graves problemas estructurales del mercado laboral para absorber el desempleo abierto, 2) la informalización del mercado laboral como expresión de la crisis del esquema de industrialización agroexportador del período anterior, 3) El agravamiento de la desigual distribución del ingreso. A ello se unen factores políticos condicionantes, como son el debilitamiento del poder reivindicativo de los sindicatos, a consecuencia de la crisis del sector industrial sustitutivo, y la informalización del mercado laboral. En este escenario, el énfasis estatal en viviendas y recursos hidráulicos si bien es cierto que descuida los gastos en educación y salud no es el principal factor a considerar a la hora de evaluar la capacidad estatal de intervenir en el combate a la pobreza.

Ahora bien, al comparar las políticas estatales en materia social, monetaria y laboral, así como el comportamiento mismo de la economía, podemos apreciar cómo en ambos momentos, 1978-86 y 1986-92, las políticas salariales fuertes, no sólo ni principalmente en materia de aumento del empleo público o del gasto corriente, sino sobre todo de elevación del salario real, tienen más eficacia en la elevación del nivel de vida y de consecuente descenso de la pobreza que las políticas de gastos sociales fuertes (independientemente de su énfasis en educación y salud, viviendas y recursos hidráulicos) y descenso del salario real, como fue la estrategia estatal en el período 1986-1992.

Esto conduce a otro componente del debate: el político. Es claro que en el período de crisis del modelo industrial-exportador (1978-1982), la "lógica política" del consenso de masas predominó sobre la "lógica económica" del modelo de acumulación. Ciertamente, más allá de los fallos en la conducción de la política económica del equipo de gobierno, nos parece que la lógica redistributiva que estaba en alguna medida inserta en la estrategia de elevación del salario mínimo y aumento del gasto corriente en esos años, si bien elevó en algún grado el nivel de vida de la población, logrando disminuir los niveles de pobreza, su efecto perverso fue la crisis fiscal, a consecuencia no sólo del endeudamiento externo, sino de la crisis del aparato industrial-exportador. En esas condiciones las conquistas sociales alcanzadas en 1978-82 se hicieron añicos a partir de los primeros planes de ajuste económico con el FMI (1982-86). La lección que de esa experiencia se desprende es que en el largo plazo una política de redistribución de ingresos por la vía de los aumentos del salario real y el control de los precios no puede sostenerse si no se acompaña de una estrategia que resuelva el problema de la crisis fiscal, pero que principalmente logre sostener la expansión de la economía manteniendo una regulación del mercado que asegure la eficiencia y la competitividad. En caso contrario esta política no sólo fracasa, sino que revierte las conquistas salariales y sociales alcanzadas, e incluso pone a peligrar las conquistas democráticas. En la base de la crisis de los populismo se encuentra este dilema.

La estrategia que prioriza la "lógica de la acumulación" tiene un efecto exactamente inverso. Esta fue la lógica manejada por el Estado en el período subsiguiente, bajo la presidencia de Balaguer.

En primer lugar, es claro que las políticas de gastos sociales con predominio en las inversiones en vivienda y recursos hidráulicos tienen poco efecto redistributivo, las primeras; y, aunque necesarias, las segundas, no sirven de nada si no se integran a planes coherentes de largo plazo. En el intermedio, el costo social de esta estrategia es enorme: descuido de las condiciones básicas del funcionamiento de los servicios, práctico empobrecimiento generalizado de la sociedad. La lógica de acumulación, por otro lado, ha tenido una dirección que tiende a la caída sistemática de los salarios, como mecanismo de competitividad internacional para atraer capital extranjero. A la larga esa lógica termina devorando a su creador: empobrece a la población, pero también destruye las condiciones básicas de la competitividad: nos referimos no sólo a la infraestructura energética o de transporte, sino al trabajador mismo. El otro problema es el de la crisis de gobernabilidad que esta última lógica produce en la sociedad, en la medida en que un esquema de este tipo sólo se puede sostener por dos rutas posibles: 1) el recurso al autoritarismo político, revirtiendo el proceso de democratización, pues requiere de la desmovilización de los actores políticos y corporativos situados en los partidos y en los sindicatos; 2) la otra vía es la de un esquema de "democracia restringida" que en el fondo sólo se sostiene en un tipo de cultura política autoritaria y clientelar. La vuelta al populismo "conservador" de Balaguer en los años 1986-92 representa esa opción.

4. Gasto social, fuerza de trabajo y clientela política

Como se sabe (O'Connor, 1987; Oliveira, 1989), la política social del Estado moderno se dirige al financiamiento de gran parte de los costos reproductivos de la fuerza de trabajo, pero bajo la forma de gastos sociales cubre, en principio, a toda la población. En las democracias occidentales de alto nivel de desarrollo, el fondo público ha llegado a constituirse en una condición estructural del proceso reproductivo de la fuerza de trabajo, dada la casi absoluta asalarización de las actividades productivas, el poder de los sindicatos y las complejidades mismas de la organización social (Oliveira, 1989). Esto ha supuesto un equilibrio de compromisos entre los sindicatos, el empresariado y el estamento burocrático, del cual dependió hasta los años sesenta la estabilidad política en occidente (Przeworski y Wallerstein, 1989).

En lo relativo al proceso de reproducción social de la fuerza laboral, el Estado de Bienestar fue cubriendo un conjunto de costos reproductivos por la vía de los gastos sociales (educación, salud, transporte, tiempo de ocio, etc.) que en la práctica asumieron la forma de salarios indirectos. Además, el Estado de Bienestar cubrió cada vez más los costos reproductivos de la fuerza laboral en períodos inactivos (desempleo y retiro) a través de la seguridad social. Sin entrar en la discusión de la crisis fiscal del Estado que esta situación provocaba en el largo plazo (O'Connor, 1981), de la presión recibida por el Estado en materia de demandas sociales y la imposibilidad del mismo de asumirlas (problema de la gobernabilidad) (Offe, 1990), lo que en este momento deseamos destacar son tres cuestiones: a) bajo tales circunstancias el proceso de reproducción social del trabajo se apoyó crecientemente en el poder estatal para cubrir sus costos indirectos bajo formas no salariales;[7] b) esto dependía de la permanencia y estabilidad de relaciones formales entre el capital y el trabajo (Portes, Castells y Benton et al., 1990) que permitía la continuidad del proceso reproductivo sobre la premisa del equilibrio político descrito: el compromiso democrático (Przeworski y Wallerstein, 1989); y c) la base material en la que descansaba este esquema de relaciones sociales y políticas dependía de una continua productividad del trabajo (Oliveira, 1989; King, 1989).

En la periferia capitalista, el poder interventor del Estado, siendo de una igual o mayor importancia política que en el occidente desarrollado, se ha sostenido sobre premisas sociopolíti-

7. En este punto vale la pena destacar la tesis de Oliveira (1989), en función de la cual en la medida en que el trabajo asalariado desmercantilizaba su reproducción social, al cubrir el salario indirecto cada vez un mayor espacio social del proceso reproductivo, la ley del valor perdía efectividad, siendo ello uno de los ejes de la crisis fiscal del Estado de Bienestar. Sólo queremos destacar aquí que si bien es novedosa la hipótesis de Oliveira, no podemos dajar de lado el hecho de que dicha desmercantilización del trabajo creaba, a su vez, nuevas demandas en el plano precisamente mercantil: servicios, infraestructuras, investigación tecnológica, etc., cuyo dinamismo y lógica no se agotan en la problemática de la crisis fiscal del Estado.

cas distintas. Por lo pronto, bajo la modalidad populista que asumió el rol del Estado en la estrategia de industrialización latinoamericana orientada a la sustitución de importaciones, la institución estatal sostuvo su función pública en materias de gastos sociales no sobre la base de la ciudadanización de los contingentes laborales que apoyaban su base política, sino sobre la clientela (Weffort, 1993). El poder de intervención estatal en la cobertura de los llamados salarios indirectos era mucho menor y mucho más inestable su permanencia. Muchos de estos costos reproductivos, como los relativos a la educación y a la salud, eran cubiertos sólo para una fracción muy pequeña de la clase trabajadora; otros, bajo la forma de subsidios, eran sumamente precarios y de mala calidad (transporte), mientras otros penalizaban a importantes sectores productivos (a los campesinos y productores agropecuarios bajo la forma de precios de garantía que subsidiaban bienes salarios urbanos "baratos"). Asimismo, la seguridad social siempre tuvo poca cobertura y la estabilidad de las formas salariales siempre fue muy precaria, asumiendo el llamado sector informal un papel determinante, allí donde el Estado dejaba un espacio incierto en el proceso de reproducción del trabajo y el capital no generaba fuentes de empleos. Finalmente, la fuente de financiamiento del Estado no se sostuvo sobre un estable mecanismo de tributación y la productividad del trabajo fue en términos generales baja, o poco dinámica (Weffort, 1993). En este escenario el gasto social no podía ser el principal correlato del salario indirecto, sino el instrumento de creación y de legitimación social del sistema populista. Esto funcionó mientras se pudo financiar el modelo económico en que se apoyó la industrialización dirigida hacia el mercado interno: el sistema exportador. Pero, desde el momento en que la base material en que descansaba la fortaleza de este tipo de Estado entró en crisis, se agrietó el potencial movilizador del populismo frente a la masa de trabajadores urbanos, la clientela dejó de tener una dirección política estable y, en general, el proceso de reproducción social del trabajo se desarticuló (Touraine, 1989).

En el occidente capitalista la crisis del Estado de Bienestar generó diversas respuestas del capital y de los trabajadores: del lado del primero se fortalecieron procesos de informalización del trabajo como estrategia de "huída" a la camisa de fuerza del sindicalismo (Portes, Castells y Benton, 1990), mientras la internacionalización de los procesos productivos le quitó la "base nacional" al Estado, sobre todo a los trabajadores (Oliveira, 1989) para continuar sosteniendo el "compromiso democrático". Todo esto, junto a la crisis fiscal del sector público, fortaleció opciones que en la economía asumía el programa neoliberal y, en materia política, el credo conservador (King, 1989). La Señora Tatcher, la Dama de Hierro, es el mejor ejemplo de este programa de ataque al Estado de Bienestar. Del lado de los trabajadores, hubo una relativa pérdida de poder del sindicalismo tradicional, los partidos socialistas perdieron gran parte de su electorado y muchas conquistas sociales fueron recortadas, o sencillamente desaparecieron. En general, hubo un giro conservador en las sociedades europeas. Con todo, el desplazamiento hacia el centro de las democracias occidentales, y la adopción del credo neoliberal en muchos Estados, no liquidó las bases del Estado de Bienestar y el mantenimiento del compromiso democrático (King, 1989).

La crisis de los populismos latinoamericanos se verificó en un contexto muy diferente. En primer lugar, se sostuvo en un proceso de transiciones democráticas en toda la región (de gobiernos autoritarios de tipo militar, pero también de los regímenes civiles típicamente populistas), en medio de una grave crisis económica que modificó el cuadro social de la región. Las transiciones democráticas en muchos casos prácticamente coexistieron con transiciones económicas neoliberales, que impulsaron procesos de apertura y modernización económica, pero cuyos costos sociales aumentaron los niveles de pobreza en muchas experiencias de modernización (Touraine, 1989).

La experiencia dominicana no se aleja demasiado de este esquema. Pero se imponen precisiones. En este caso, la transición económica neoliberal no la dirige un grupo político emergente y modernizador, sino un caudillo conservador: Balaguer. El resultado de este proceso, a partir de 1991 fue un modelo híbrido, pues en tanto se procedía a una serie de reformas "modernizadoras" del Estado, en materia arancelaria, fiscal, monetaria y laboral, el presidente fortalecía una opción política que hemos definido como de democracia restringida de ascendiente autoritario y clientelista. En el caso dominicano la transformación de los mercados ha precedido a la democratización de la sociedad. Este proceso tiene, sin embargo, importantes consecuencias en el manejo de las políticas sociales y la cuestión de la pobreza.

En primer lugar, los cambios en la esfera de la economía, al tiempo de debilitar el ya restringido poder de los sindicatos, desregulaba las relaciones entre el capital y el trabajo, fortaleciendo al sector informal y la expansión de la subcontratación en las zonas francas industriales (Santana, 1994). Esto, naturalmente, reducía el poder negociador del trabajador a nivel individual y como sector social. Con ello, la tendencia a la caída de los salarios reales no encontró la misma resistencia que en los finales de 1970, como también la espiral inflacionaria de finales de los ochenta no generó respuestas radicales como las de abril de 1984. El poder de negociación de los trabajadores no fue minado en esta ocasión simplemente con el recurso al autoritarismo político, sino sobre todo con el individualismo económico (O'Connor, 1987) y la desregulación de las relaciones obrero-patronales (=informalidad y subcontratación) (Portes, Castells, y Benton, 1990).

A nuestro juicio, estas nuevas realidades económicas y sociales ayudan a explicar los "éxitos" y los "fracasos" del Estado en materia de gastos sociales desde finales de los ochenta a nuestros días. La pregunta que puede orientar esta parte de la discusión es muy simple: ¿por qué el Estado da un giro en el manejo de los gastos sociales y deja de apoyar importantes rubros como educación, salud y transporte, para apoyar vivienda y recursos hidráulicos, precisamente en el momento en que los efectos de la inflación eran más fuertes en los salarios y el nivel de vida de la población se había deteriorado significativamente? Asimismo, ¿por qué desciende abruptamente el gasto social en los noventa en el contexto de los ajustes?

La respuesta que muchos economistas dominicanos dan a la cuestión establece que ello es el resultado de un tipo de política económica que el presidente defiende, la cual de alguna manera apoyaría inversiones orientadas hacia el fortalecimiento de la infraestructura necesaria para el despegue del desarrollo (el modelo de Nurkse). Esta argumentación podría ser razonable al principio de los años setenta, en el momento en que tomaba auge la industrialización sustitutiva de importaciones. Pero hoy día es muy endeble. Otros economistas hablan de una "lógica" de acumulación dual en la que coexisten dos estrategias de acumulación: la orientada al mercado interno (industriales y agrarios) y la vinculada al mercado exterior en la venta de servicios (turismo y zonas francas industriales). El problema de esta argumentación es que no explica claramente una interrogante crucial ¿a quién favorece la reducción del gasto social? Sin embargo, parte de la respuesta se encuentra aquí, como veremos abajo.

Sin pretender agotar aquí una explicación completa del asunto, nuestra hipótesis sostiene, en primer lugar, que esta reducción del gasto social debe verse en el tiempo como proceso. De esta forma, la reducción del gasto social fue en un primer momento (1986-89) un producto de la necesidad de reducción presupuestal. Sin embargo, luego en el mismo período presidencial (1986-91) Balaguer se orientó al mantenimiento de un programa de grandes inversiones en vivienda. Es aquí donde interviene la política: 1) son los gastos sociales los que tienen menor capacidad de defensa en la sociedad civil, en el contexto del reacomodo político y social de los noventa, 2) es con estos gastos frente a los cuales el Poder Ejecutivo tiene mayor potencialidad de manejo discrecional. 3) Estos dos puntos dependen de un tercero: una clase trabajadora sin poder de contestación social, en disolución, envuelta en un proceso de acelerada informalización de sus actividades, no podía oponer a esta política mucha resistencia. Asimismo, no podemos olvidar que las inversiones en construcción favorecen al estamento burocrático estatal, cuyas relaciones con los grupos financieros y las compañías constructoras son fuertes.

De todos modos, abandonado a su suerte este argumento no resuelve los problemas de gobernabilidad a que conduce este tipo de política económica. ¿Cuáles otros mecanismos de legitimidad se organizan al constreñirse el potencial de apoyo estatal al proceso de reproducción social de los grupos trabajadores, que permitan reorientar la función del gasto público hacia prioridades que no se encuentran directamente relacionadas con el proceso de reproducción social? A nuestro juicio, en ausencia de la fuerza corporativa de la sociedad, y ante la crisis de los partidos de masas, la estrategia de la clientela y la prebenda se corresponde armoniozamente con el conservadurismo político, la informalidad del mercado laboral urbano y los reclamos territoriales puntuales de los pobladores urbanos.

5. Conclusiones

La pregunta más importante que debemos hacernos es ¿por qué los pobres aparecen en escena como objetos de políticas sociales explícitas precisamente en el momento en que el asistencialismo estatal tiene menores posibilidades para el mantenimiento de políticas de gastos sociales dirigidas hacia ellos?

Aquí debemos recuperar la reflexión planteada al principio de este capítulo. A lo largo de casi un siglo de expansión del capitalismo en la región la pobreza ha asumido un rostro cambiante. Bajo el Estado Oligárquico -en Santo Domingo hasta la Dictadura de Trujillo- en gran medida su presencia se traducía como el problema de la tierra. Terratenientes, minifundistas precarios y peones agrícolas construyeron un mundo donde las bases del poder y las mediaciones políticas que lo organizaban eran claras: el poder sobre la tierra, el patrimonialismo social, el ejercicio elitista de la política. El Estado Post-Oligárquico de factura populista tradujo el problema de la pobreza como marginalidad y necesidad de orquestación de un proyecto nacional de desarrollo (Castells, 1986 y 1989). En nuestros días, el Estado Post Populista en formación traduce el problema de la pobreza como expresión de la búsqueda de gobernabilidad. La clave del asunto se encuentra en la palabra "formación".

Volvamos al caso dominicano. En el escenario de los noventa no podemos olvidar que "los pobres" continúan constituyendo para el estamento político populista en disolución (¿o transformación?), y en particular para el poder del caudillo conservador Balaguer, su espacio de negociación con los nuevos actores políticos y económicos. En este sentido, podría sostenerse que los nuevos sectores del capital encuentran en la política social del Estado un obstáculo a la expansión de un modelo económico alternativo. Una primera conclusión se impone: la pobreza resulta así un problema de gobernabilidad como consecuencia y resultado del nuevo equilibrio político de fuerzas económicas y sociales que se imponen en el escenario post-populista.

Recuperemos aquí la hipótesis sugerida arriba: en Santo Domingo desde finales de los años ochenta se libraba una sorda lucha entre un emergente empresariado vinculado al mercado mundial, a través del turismo, las zonas francas y las importaciones, con los sectores industriales y agrarios orientados hacia el mercado interior. En este escenario se aprecian varias cuestiones:

1) Los sectores industriales e incluso agrarios han estado más interesados que los grupos emergentes ligados a la nueva economía de servicios en que el Estado continuara subsidiando parte de los costos reproductivos de las clases trabajadoras, principalmente porque ello facilitaba una política de salarios bajos. Pero también porque los grupos trabajadores con quienes se vinculaban tenían un relativo poder sindical, además del hecho de las relaciones laborales más o menos formales que definían los vínculos capital-trabajo en el sector industrial. En consecuencia, se encontraban interesados, al igual que el estamento político-burocrático en el poder, en que el Estado mantuviera un gran poder de intervención en la economía y en la sociedad. En la economía porque les aseguraba la protección monopolista frente a los importadores, en la sociedad porque ayudaba a su estrategia de costos salariales bajos.

2) Los emergentes sectores vinculados a la economía de servicios tienen una posición distinta. Están interesados en la reducción del poder de intervención del Estado en la economía. Mantienen una distinta relación con los trabajadores: a) su vínculo es menos formal, b) no están presionado por el poder de los sindicatos, como es el caso de las maquiladoras, c) en el caso del turismo sus empleados tienen niveles salariales muy altos y un nivel de calificación promedio elevado. Prefieren, pues, un Estado con recursos económicos limitados y poco nivel de compromiso en materia social. Por ello, en la medida en que abogan por una reducción de la capacidad de intervención del Estado en la economía y en la sociedad, de hecho, aún cuando les sea indiferente, comprometen su "simpatía" con una política social de bajo perfil.

De todos modos, en el escenario de los noventa los pobres se encuentran disueltos en el nuevo espacio político que se articula bajo la dirección del nuevo sector de servicios y ante un Estado en significativo retroceso en su capacidad de respuesta al problema de la reproducción social. Así, pues, tal parece que los emergentes sectores del capital no pueden articular por si mismos, sin el apoyo estatal, políticas hegemónicas hacia los nuevos sujetos laborales. Por el contrario, el eje de acumulación (la producción y venta de servicios para el mercado mundial) en torno al cual gira su actividad tiende a marginarlos y a crear una mayor exclusión y polarización social. Esta es, pues, una fuente potencial de ingobernabilidad, en la medida en que el reordenamiento de la economía contribuye a aumentar los niveles de exclusión social, al informalizar el mercado laboral e inestabilizar los puestos laborales (zonas francas industriales), pero al mismo tiempo demanda de la reducción del poder de intervención del Estado en la economía y la sociedad. De esta forma la pobreza surge como problema de gobernabilidad a propósito del proceso de exclusión social que el nuevo esquema de inserción en la economía mundial impone a los países como la República Dominicana.

En segundo lugar, el Estado Dominicano no parece tener ya igual capacidad negociadora frente a sindicatos y empresarios como en los años setenta, o en la situación populista de principios de los ochenta. En tales condiciones, los términos de la gobernabilidad resultan difusos, pues a nivel laboral no existen mediaciones corporativas eficaces, y a nivel político se produce un creciente distanciamiento de los partidos de su base de masas. Este es, quizás, el principal problema que erije a la pobreza en fuente de ingobernabilidad: la poca capacidad de los nuevos sectores hegemónicos (turismo, zonas francas, capital financiero) para definir mediaciones eficaces para la movilización y apoyo políticos en torno a un proyecto de desarrollo que incluya a los grupos trabajadores.

Advertimos así que la transformación social y económica de la República Dominicana en los noventa se verifica en medio de un creciente proceso de internacionalización que conspira contra la organización de expresiones corporativas de los trabajadores que faciliten la construcción de un campo negociador.

Finalmente, la crisis misma de legitimidad de la "democracia restringida" que hoy vive República Dominicana coloca ciertamente a la pobreza como un foco potencial de ingobernabilidad. Pero en tanto se mantenga un mismo nivel de dispersión de los principales actores colectivos, existentes o en proceso de formación, el Estado mantendrá por la vía clientelar e ideológica un gran margen de negociación y control de la pobreza como campo de conflicto político.

CAPITULO V

INFORMALIDAD URBANA Y PROTESTA SOCIAL(*)

1. Las clases trabajadoras y la reproducción social en el capitalismo

Los estudios latinoamericanos sobre la problemática del trabajo, desde los viejos enfoques de la marginalidad, hasta los más recientes sobre el sector informal, asumen una perspectiva esencialmente sincrónica y estructural.[1] De este modo, el análisis de los procesos constitutivos del mundo de la marginalidad, o de la informalidad urbana del trabajo, cede el paso a los análisis relativos al dinamismo de los mercados laborales y a los estudios sobre la funcionalidad de las actividades consideradas como "marginales" para el capital (Nun, 1969; Bennholdt-Thomsen, 1981)

Sin embargo, el análisis de la dimensión histórica y procesual constituye un elemento determinante para la comprensión del mundo del trabajo. En particular, tenemos la certidumbre de que los estudios sobre los llamados "trabajadores informales", con toda la riqueza que dicha problemática ha revelado a lo largo de más de diez años de investigación empírica sobre los mismos, ganaría en

---

(*) Escrito en colaboración con Otto Fernández.

1. Ver al respecto: Nun, (1969); Quijano, (1970); Singer, (1980); Tokman (1978); Oliveira, Francisco de (1973); Souza (1980). Una evaluación crítica general se encuentra en Portes (1995) y Racsynsky (1975). Un texto que resume las principales posiciones es el de Katzman y Reyna (editores) (1979).

riqueza analítica de lograr incorporar una perspectiva propiamente histórica.[2]

Al asumir esta óptica de interpretación de la problemática de la informalidad del mundo del trabajo, resulta, más que útil, necesario, una referencia al proceso constitutivo de las clases trabajadoras en las sociedades hoy desarrolladas (Przeworsky, 1988).

Por lo general, el análisis del lugar del trabajo en el capitalismo se ha asumido considerando dos niveles. Uno propiamente económico (Braverman, 1974) y otro de naturaleza política (Touraine, 1989). En la perspectiva de nuestro objeto de estudio, asumimos que dicho análisis implica la consideración de tres niveles básicos. El primero es el propio del ámbito productivo. En este nivel, o perspectiva, la problemática de la fuerza de trabajo se reconstituye en la problemática del "obrero colectivo", cuyo espacio de articulación social, tecnológica y económicamente, es el de "la fábrica", o lugar de trabajo (Braverman, 1974). En segundo lugar, el estudio de la fuerza de trabajo en la sociedad moderna recupera la posición o lugar del trabajador en el ámbito del mercado (Arrighi, 1970). En esta última perspectiva, el estudio del trabajo asume la presencia e importancia económica del trabajador como sujeto individual, que acude como "vendedor libre" a ofrecer la única mercancía que, al menos en principio, le "pertenece": su fuerza de trabajo. El tercer nivel del problema ha sido hasta hace poco el menos estudiado: el propiamente reproductivo, cuyo ámbito de articulación ha sido históricamente el de la unidad doméstica (Meillassoux, 1977).

Como puede apreciarse, el análisis de la dimensión socioeconómica de la fuerza de trabajo, bajo el capitalismo industrial moderno, nos obliga a considerar el estudio del obrero

---

2. Para una visión sintética de la perspectiva de la informalidad ver a Pérez Sáinz (1991). Sugerentes críticas a la perspectiva de la infomalidad se encuentran en Souza (1980) y Stark (1991). Las implicaciones de la informalidad del trabajo en una perspectiva del sistema mundial se encuentra en Portes y Walton (1981). El texto compendiado por Portes, Castells y Benton (1990) reune una rica gama de análisis sobre la informalidad del trabajo en el mundo contemporáneo, en diversas situaciones y contexto de desarrollo.

colectivo, del trabajador individual como "vendedor libre" de fuerza de trabajo, y por último, nos conduce al estudio de la familia trabajadora. Niveles, estos tres, de un mismo y único proceso: el de la formación, reconstitución y reproducción social de las clases trabajadoras modernas.

A partir de la segunda mitad del siglo XIX podemos reconocer la existencia de una moderna clase trabajadora, en aquellos países que asistieron como pioneros al proceso de la "revolución industrial"(Kemp, 1979). Ya para fines de 1880 en Inglaterra, Francia y Alemania, las clases trabajadoras tenían una indiscutible presencia política. Los sindicatos ingleses y los grandes partidos obreros en Alemania hacían de "la clase obrera" una indiscutible realidad. En dicho contexto, el moderno movimiento obrero encaminó su estrategia de lucha en torno a tres cuestiones determinantes: 1) la lucha por mejores condiciones de trabajo en la fábrica; 2) las conquistas salariales; y 3) el sufragio universal (Przeworsky, 1988). Como se aprecia, en este momento temprano del movimiento obrero, eran las dimensiones mercantiles, fabriles y ciudadanas las que el movimiento destacaba. El momento reproductivo-doméstico no cobró fuerza política en las iniciativas obreras hasta muy avanzado el siglo XX (Oliveira, Pepin, Sales, 1988).

En este contexto, las luchas de los sindicatos, como de los grandes partidos obreros, tenían como punto de referencia inmediato lo que acontecía en el mundo de "la fábrica", como tambien los problemas del mercado laboral, sobre todo en lo referente a la cuestión salarial (O'Connor, 1987).

Wallerstein (1988) argumenta que históricamente el capitalismo revela una tendencia secular a la proletarización del trabajo. Dicho autor reconoce, sin embargo, que el propio sistema genera una contratendencia, al encontrar mecanismos que tienden a frenar el proceso de proletarización, debido, esencialmente, al hecho de que la reproducción de las clases trabajadoras al fin y al cabo se determina en espacios sociales microestructurales de tipo doméstico, no regulados por las leyes del mercado capitalista. El capitalismo saca provecho de ello, pues la unidad doméstica ha constituído históricamente una mediación para que el capital cargue al propio trabajador (y su familia) gran parte de los costos de reproducción de la fuerza de trabajo. En esta perspectiva, la tendencia a la semiproletarización del trabajo sería una consecuencia de la necesaria presencia de la unidad doméstica, como espacio de reproducción del trabajador asalariado.[3]

Sin embargo, el argumento wallersteniano permite reconocer que esta situación es, en primer lugar, resultado del propio industrialismo capitalista como sistema dominante, que logra imponerse históricamente a otros ordenes y sistemas productivos. En tal sentido, la tendencia secular a la proletarización del trabajo se encuentra estrechamente unida a la lucha del modo de producción capitalista con formas antagónicas de producción. En tal virtud, la proletarización resulta o deviene un mecanismo de afianzamiento y fortalecimiento del propio sistema capitalista.[4]

Esta tendencia secular a la proletarización, mediada por la lógica expansiva y de dominio del capitalismo respecto de otras formas de producción, es históricamente contradictoria, pues genera una tensión entre los mecanismos más o menos formales de asalarización del trabajo con aquellas formas de producción a las que el propio sistema somete y domina, pero no forzosamente destruye, como es el caso de la presencia del campesinado en la moderna economía capitalista (Faure, 1976).

Por otro lado, el fortalecimiento y desarrollo del capitalismo como modo de producción, en un primer momento tuvo que

3. La antropología francesa, sobre todo Meillassoux (1977), ha investigado la problemática de la reproducción del trabajo en esta perspectiva, pero referido esencialmente al vínculo o relación entre las formas de explotación, la unidad familiar y la movilidad del trabajo en el mundo rural y campesino.

4. Es indiscutible que esta fue la perspectiva asumida clásicamente por Marx (1975). Wallerstein (1988) ha hecho de la tendencia secular a la proletarización un elemento clave de su teoría del sistema mundial capitalista. Empero, los recientes estudios sobre la economía informal nos obligan a considerar que la informalidad del trabajo aparece también como una tendencia a la que el sistema recurre en su dinámica expansiva. Esto obliga a estudiar la relación entre el capital y el trabajo en una doble dinámica: 1) el proceso de subordinación del trabajo al capital, una de cuyas vías (no la única) es precisamente la proletarización como forma de subordinación; y 2) las formas históricas de regulación del vínculo trabajo-capital, donde el Estado cobra una importancia estratégica, uno de cuyas tendencias es, precisamente, la informalización.

enfrentarse al hecho de que su base técnica era forzosamente "heredada" de otros modos de producción (Marx, 1975/1867; Gorz et al., 1977). Por ello, en muchos casos el capitalismo "materialmente" no podía proceder al exterminio de esas formas de producción "no capitalistas", como el trabajo doméstico-artesano, sin poner en riesgo su propia reproducción como sistema dominante.[5] Entre otros de sus resultados, esta situación produjo una contratendencia que robusteció la presencia de mecanismos informales de asalarización y proletarización del trabajo (Portes, 1995).

De esta manera podemos reconocer cómo el capitalismo se vió forzado a "aceptar" la coexistencia con la unidad doméstica, como forma reproductiva, no sólo en el plano estricto de la reproducción biológica, sino sobre todo como esfera de reproducción social e incluso como forma económica complementaria a la reproducción del trabajo asalariado (Wallerstein, 1988; Meillassoux, 1977), en torno a la cual se articulaban los mecanismos concretos de reproducción de la fuerza de trabajo, al igual que con otras formas y sistemas económicos y sociales. Resultado de ello, pero articulado al nacimiento del moderno movimiento obrero, el Estado (de Brunhoff, 1976), articuló nuevos mecanismos reguladores de la reproducción social de las clases trabajadoras. Entre otras de sus consecuencias, esto fortaleció

5. La lucha del capitalismo con otros sistemas y modos de producción no se reduce al enfrentamiento entre "lógicas" productivas y técnicas. Se expresa a nivel de los agentes económicos y de los grupos sociales, como un conflicto de clase entre la emergente burguesía (y no simplemente el empresariado fabril) y las clases dominantes del antiguo régimen. Más tarde, una vez "constituídas" las clases trabajadoras propias del orden industrial capitalista, el conflicto de clase se definió sobre todo (pero no únicamente) en torno al conflicto capital-trabajo. En el contexto del capitalismo contemporáneo, otras formas del conflicto social pasaron a ocupar una centralidad antes sostenida por el conflicto de clase (lucha de las mujeres, de las minorías etnicas y nacionales, etc.). Como estos conflictos no estuvieron ausentes en el periodo clásico de expansión capitalista, es forzoso admitir que la novedad de su expresión contemporánea radica más bien en su centralidad política en el capitalismo avanzado, a propósito de la lucha del feminismo, el ecologismo, las minorías étnicas y migratorias; y en el mundo subdesarrollado, pero no solo alli, a propósito del papel del nacionalismo.

el proceso de proletarización formal del trabajo, aún cuando a nivel del capital imperaran formas productivas y vínculos con el trabajo que hoy día calificaríamos de "informales" (Portes, 1988).

Ahora bien, en la medida en que el Estado intervenía en la regulación de la fuerza de trabajo y el propio sistema se fortalecía respecto a su coexistencia (dominante) con otras formas productivas, la proletarización formal del trabajo asumía "la forma" de un movimiento secular de largo plazo.[6]

Esto fue el fruto de complejos procesos. En primer lugar, los mecanismos de proletarización formal constituían un requisito del sistema para imponerse sobre las otras formas de producción con las que coexistía en una primera etapa de expansión. En segundo lugar, ello representaba un mecanismo de atenuación del conflicto social, dadas las condiciones de extrema explotación a la que eran sometidos los trabajadores en los albores del industrialismo, pues en tales condiciones la asalarización del trabajo constituía un seguro mecanismo de reducción de los riesgos de la reproducción de la fuerza de trabajo (O'Connor, 1987). Por otro lado, esta tendencia a la proletarización formal aseguraba el rompimiento de la unidad y equilibrio económico y social de la vieja familia artesana, al obligar a la fuerza de trabajo femenina e infantil a la incorporación al mercado de trabajo. Con esto los costos reproductivos de la fuerza de trabajo para el capital tendieron a reducirse. Finalmente, esta situación fortalecía los mercados de bienes industriales, pues fuera de la esfera propiamente doméstica la asalarización convertía a los propios trabajadores en consumidores de bienes de mercado.

6. En este sentido, con la creciente onda de informalizacion en el mundo contemporaneo, asistimos al agotamiento de un largo ciclo historico del capitalismo mundial, tras el cual mediado por la revolucion tecnológica y la mundializacion de los procesos economicos y culturales, lo que fue la característica del capitalismo "clásico" industrial, respecto al proceso de reproducción social de la fuerza de trabajo asalariada (es decir, la proletarización formal del trabajo) estaría dando pie a mecanismos de proletarización informales, ante el embate de la economía de servicios, la mundialización de la economía y las formas de resistencia del capital frente a las conquistas obreras del anterior período. Sin embargo, es también posible una lectura distinta: el proceso de proletarización ya no ocupa la centralidad que ocupó en el capitalismo clásico y moderno hasta mediados del presente siglo (ver nota 4), tal es la tesis de Gorz y su equipo (1977).

El argumento sostenido por Wallerstein (1988), según el cual en la fase expansiva del sistema capitalista se verifica una tendencia a la proletarización y en la fase depresiva se produce un vuelco a la semiproletarización, no pondera en su justa medida los anteriores razonamientos, pues considera el proceso de proletarización en una sola dirección: la que impone el proceso de asalarización formal del trabajo. Al considerar el problema desde esta última perspectiva, lo interesante no es propiamente el vuelco a lo que Wallerstein define como "semiproletarización", sino más bien la intervención estatal en la fase expansiva, la cual, pese a la significativa presencia de mecanismos de articulación productivos entre el capital y el trabajo de tipo informales, fortalecía la proletarización formal. En parte esto era el resultado de las necesidades de afianzamiento del sistema, tarea que sólo el Estado estaba en condiciones de asumir, aún entrando en conflicto con capitalistas individuales, pero tambien era el producto de la propia resistencia de los trabajadores, dada su capacidad, en tales condiciones, de negociar una posición relativamente ventajosa frente al capital, a partir de la parcial conservación y control del conocimiento tecnológico que los propios trabajadores podían conservar en el proceso productivo.[7]

Fue la adopción de este programa, por parte del movimiento obrero organizado, lo que marcó el primer gran momento en la lucha social y política de los trabajadores en la sociedad industrial capitalista; lucha que, como sabemos, giró principalmente en torno a las mejoras en el lugar del trabajo, el salario y el sufragio universal.[8] Queda entonces establecido que lo que Wallerstein define como una tendencia secular se coloca en el vórtice de tres grandes

7. En esta perspectiva, las formas estatales no deben simplemente ser vistas como mecanismos de dominio de clase, sino sobre todo como mecanismos de articulación y reproducción social.

8. La lucha de las clases trabajadoras no se limitaban, obviamente, a estos tres puntos básicos. Pero es claro que el sufragio universal, el salario y las mejoras en el lugar del trabajo constituyeron el núcleo de las luchas obreras hasta muy entrado el siglo XX. Para un análisis de estos procesos véase a Przeworsky (1988) y Thompson (1963).

líneas de acción histórica: las definidas por la propia dinámica expansiva del sistema, la creciente intervención estatal en la regulación de la fuerza de trabajo y en la dinámica económica, y el nacimiento del movimiento obrero organizado y los grandes partidos de masas.

Tras la primera gran crisis del capitalismo moderno en los finales del siglo XIX, que dió pie a una nueva fase expansiva, en torno a los grandes monopolios, la situación descrita se modificó, sobre todo en lo relativo a la proletarización del trabajo (Wolfe, 1977; O'Connor,1987; Braverman, 1974). Como hemos discutido, en una primera etapa la tendencia secular a la proletarización fue principalmente el fruto de la acción estatal y de la intervención activa de las clases trabajadoras, organizadas en sindicatos y grandes partidos obreros (Przeworsky, 1988). Los capitalistas resistían los procesos de formalización de las relaciones laborales, en parte porque su interés como empresarios privados los conducía a la búsqueda de mayores márgenes de rentabilidad y de mecanismos que implicaran menores riesgos. Los vínculos informales con el trabajo le ofrecían esas seguridades, al tiempo que facilitaban maximizar las ganancias. Pero en parte esto también fue el fruto del bajo desarrollo tecnológico del sistema en su primera fase (Braverman, 1974). En la medida en que el capitalismo pudo desarrollar su "propia base técnica" (Marx, 1975/1867), liberándose de su vínculo de dependencia técnológica con otras formas de producción, y el movimiento obrero se expandía, los procesos de proletarización formal del trabajo se fortalecieron. Por ello, tiene razón Portes (1985 y 1988), cuando sostiene que lo novedoso del capitalismo moderno no es tanto el vuelco a la informalización del trabajo, sino la presencia misma de la formalidad.[9]

---

9. Esto no implica que en el capitalismo moderno la unidad doméstica haya perdido sus funciones en el proceso reproductivo de las clases trabajadoras, pero es obvio que la misma se ha modificado, sobre todo en las sociedades altamente tecnificadas. En ello intervienen diversos factores y situaciones socioculturales y económicas. Consideremos por ejemplo los cambios demográficos, tales como el envejecimiento relativo de dichas sociedades, a partir de un descenso notable de la fecundidad, la tardía formación de uniones, unido a la reducción del número de miembros de la familia. Tambien debemos destacar factores de índole

El argumento de Wallerstein es correcto en la medida en que permite reconocer las tendencias generales del proceso de proletarización y sus obstáculos. El propio Portes (1988) señala que las tendencias del capitalismo en el siglo XX permiten reconocer un incremento de la proletarización del trabajo, donde la dimensión propiamente salarial ha jugado un papel determinante. Sin embargo, esto se ha visto acompañado de un incremento del salario indirecto pagado a las clases trabajadoras (de Brunnhoff, 1976 ; y Meillassoux, 1977), siendo el Estado el encargado de esta tarea (O'Connor, 1987). Lo importante es reconocer que el capitalismo del siglo XIX no tenía precisamente las características que hoy observamos, tanto en lo relativo al peso del proletariado formal en la sociedad, como en lo relativo a la importancia de los salarios indirectos para la regulación de la fuerza de trabajo, cubiertos por el Estado. La situación decimonónica se acercaba mucho, pues, a lo que tradicionalmente hoy se define como el mundo de la informalidad. En tal virtud, podria sostenerse la hipótesis de que lo que el capitalismo contemporáneo ha revertido no es la situación de "informalidad" de un amplio segmento de las clases trabajadoras. Lo nuevo de la situación contemporánea es, precisamente, la existencia de un amplio segmento formal de trabajadores, pese a los procesos de informalización de la economía en el mundo contemporáneo (Portes, Castells y Benton, 1990). Así, pues, lo que más bien el capitalismo contemporáneo revierte es la tendencia secular a la proletarización formal del trabajo, como mecanismo esencial del proceso de asalarización y reproducción social (Stark, 1991).

En el capitalismo del siglo XX advertimos una recreación de las relaciones informales entre el capital y el trabajo que demuestra la funcionalidad de dicha relación para el sostenimiento y reproducción del sistema. La informalización del trabajo ha permitido así al capital "atenuar" las consecuencias del proceso de proletarización (formal), pues provee a las clases trabajadoras

---

social y cultural, como la temprana presencia de mecanismos de socialización primarios al margen de la familia (guarderías, escuelas, etc.), factores estos que le restan a la familia funciones que antes le fueron propias en el proceso de reproducción social.

de un acceso a medios de consumo, que permite frenar la elevación de los costos del salario indirecto con los que carga el Estado.[10]

Sin embargo, debemos reconocer que el capitalismo contemporáneo ha potenciado la informalización del trabajo por otros conductos. Pudiera sostenerse que la tendencia contemporánea a la informalización del trabajo ha resultado una eficaz respuesta del capital a la presencia y poder de los grandes partidos de masas y sindicatos modernos, cuya intervención fortalece la formalización de las relaciones entre el capital y el trabajo, e incrementa los costos salariales indirectos sostenidos por el Estado (seguridad social, seguro de vejez y contra el desempleo, etc.). En esas condiciones, el fortalecimiento de la informalización del trabajo actúa como un freno al poder político y social de las clases trabajadoras organizadas.[11]

En segundo lugar, la tendencia a la informalización del trabajo en las sociedades altamente desarrolladas ha actuado como uno de los mecanismos de freno a la caída de la tasa de ganancia, en el contexto de la presente reconversión capitalista a nivel

---

10. Si limitamos el análisis de las relaciones entre el capital y el trabajo a las meras condiciones técnicas de producción, reduciríamos la presencia de relaciones informales entre el capital y el trabajo, en los inicios del capitalismo industrial, a las debilidades tecnológicas y productivas del modo de producción. En esa línea de argumentación tampoco pudiera entenderse el fortalecimiento de la economía informal contemporánea, en medio de un proceso de transformación tecnológica creciente. La cuestión de la informalidad, como se sostiene en este libro, remite a relaciones sociales, mediadas por la intervención reguladora del Estado. En este último sentido, la informalidad de las relaciones capital-trabajo es cambiante, pero sobre todo conflictiva, desde el punto de vista de los agentes económicos y sociales involucrados.

11. Desde la perspectiva de los trabajadores, la relación de informalidad también puede interpretarse como una respuesta "defensiva" de la unidad doméstica, e incluso puede ser reconocida como una estrategia alternativa de reproducción. Sin embargo, aún cuando es claro que ello depende de cada situación concreta, lo que sí es cierto es que dicha "respuesta" estratégica de la unidad doméstica es producida en articulación al comportamiento del capital (Pérez Sáinz, 1989 y 1991).

internacional.[12] En tercer lugar, muchas de las transformaciones tecnológicas recientes, como las transformaciones sectoriales de la economía moderna, con su pronunciado desarrollo de los servicios, han facilitado los procesos de informalización.

Específicamente en el Tercer Mundo, la tendencia a la informalización se ha visto acompañada de una creciente intervención de las grandes corporaciones internacionales en la actividad productiva local, pautando gran parte de las características del proceso de industrialización periférico y dependiente (Castells y Laserna, 1991; Sassen-Koob, 1988).

Finalmente, los cambios tecnológicos de la industria moderna (Coriat, 1979; Ominani et al., 1979), tras la ruptura de la cadena de montaje y la relocalización industrial, así como los avances en la informática, han facilitado los procesos de informalización. De aquí que hoy día se verifique un vuelco hacia los mecanismos de informalización del trabajo, como fue propio del sistema en los finales de la llamada Revolución Industrial. Sin embargo, ese "vuelco" se ha verificado en un contexto histórico y tecnológico caracterizado por una gran intervención estatal en la regulación de la economía (Altvater, 1980). Por ello, los procesos de informalización en el siglo XX no han sido tanto el resultado de una acción estatal, como el fruto de una acción dirigida contra el Estado por el sector capitalista, así como el producto de las propias contradicciones e insuficiencias del sistema, sobre todo en el mundo subdesarrollo.[13]

Como podemos apreciar por lo hasta aquí discutido, en el momento del nacimiento de los grandes partidos obreros y de los

---

12. Un análisis de estos cambios los encontramos en Coriat (1979) y más recientemente en Portes, Castells y Benton (1990). Consultese también a Ominani (1979).

13. Vease al respecto a Portes, Castells y Benton (1990). Aun cuando dichos autores reconocen una centralidad estrategica al Estado en el proceso de regulacion de las relaciones capital-trabajo, al no precisar con claridad las diferencias entre intervencion y regulacion estatales, tienden a ver dicha intervencion en terminos institucionalistas, oscureciendose el alcance de las relaciones entre grupos y clases sociales.

grandes sindicatos y federaciones obreras en el mundo industrial, era admisible sostener que la respuesta de las clases trabajadoras al proceso de proletarización tuvo, en el plano político, un directo correlato en los grandes partidos obreros. De aquí el nacimiento de los movimientos sociales históricos en torno al proletariado fabril (Touraine, 1987): el sindicalismo, el partidarismo obrerista, etc. Es decir, hubo desde esta perspectiva una estrecha relación de "correspondencia" entre los procesos de proletarización formal del trabajo y las respuestas políticas de los trabajadores.[14]

En estas circunstancias, cupo al Estado un papel decisivo en la institucionalización de estas relaciones "formales" entre el capital y el trabajo (Offe, 1990; Habermas, 1975). Pero fueron los grandes movimientos sociales, en el contexto de las tensiones y conflictos políticos a que esta situación dió lugar, los que potenciaron el vuelco hacia la formalización del trabajo en la sociedad industrial (Stark, 1991). En este sentido, hasta cierto punto la proletarización del trabajo no fue sólo la "consecuencia lógica" de los mecanismos de autorregulación del sistema (Aglietta, 1979), sino sobre todo el producto de una acción histórica de movimientos sociales concretos, los que, como los grandes partidos obreros y los sindicatos, colocaron a los estados capitalistas en la difícil situación de tener que proceder a una regulación de la fuerza de trabajo de tipo formal, para poder asegurar así la estabilidad del sistema económico, pero tambien su propia legitimidad política (Habermas, 1975).[15]

---

14. Esto se expresó sobre todo en la tradición socialista y los grandes partidos obreros centro-europeos (Przeworsky, 1988).

15. Indudablemente que la problemática de las relaciones entre el capital y el trabajo, desde el punto de vista de la regulación estatal del proceso reproductivo de las clases trabajadoras, no agota la complejidad de los conflictos entre los movimientos sociales que fueron típicos del proceso constitutivo de la nueva clase trabajadora industrial (el sindicalismo, los grandes partidos obreros, el movimiento socialista mismo) con el empresariado capitalista. En todo caso, la formalización o informalización de los lazos entre el capital y el trabajo puede constituirse en estrategia de uno u otro agregado social, dependiendo de un complejo de condiciones: conquistas de los trabajadores frente al Estado, logica de acumulación, grado de organización de los trabajadores y grado de monopolización de la economía, segmentación del mercado de trabajo, etc.

El precedente argumento conduce a una serie de problemas subsidiarios, pero no menos relevantes. Si la formalización del trabajo actuaba como un requisito para la reproducción y estabilidad política del sistema, sólo el Estado podía asumir globalmente esta tarea, y sólo al movimiento obrero - en su expresión corporativa y política- le interesaba que este proceso se profundizara. A nivel indidivual, a los capitalistas el proceso le resultaba un obstáculo a la maximización de beneficios, en la medida en que tendía a bloquearles los viejos vínculos con los modos de producción no específicamente capitalistas, o a limitar los niveles de explotación del proletariado fabril bajo su mando (Coriat, 1979).

Fue así que el Estado en las modernas sociedades industriales introdujo mecanismos institucionales que fortalecieron la formalización de las relaciones del capital con el trabajo. Pero el fruto de esta situación fue un mejor control estatal del conflicto político (O'Connor, 1987 y Wolfe, 1977).

Cuando los trabajadores desarrollaron una expresión política organizada, las consecuencias de la formalización del trabajo tendieron a modificarse. La respuesta del capital no se hizo esperar, y para fines del siglo pasado los grandes monopolios y sus estados nacionales expandieron sus redes y vínculos económicos, en la búsqueda de nuevas fuentes de mano de obra barata. Sin embargo, esta situación planteaba al Estado capitalista industrial (Wolfe, 1977) un nuevo problema. Las clases trabajadoras organizadas no sólo demandaban de mejoras en el lugar de trabajo; lograron sobre todo que el Estado definiera políticas salariales con mayor cobertura y definición institucional. Esto encareció los costos indirectos de los salarios. Tal situación se produjo en un contexto de crisis histórica del capitalismo, entre los años 20 y 30 de la presente centuria.[16]

La respuesta de los empresarios capitalistas se articuló en varios niveles. En primer lugar, en el ámbito tecnológico y productivo se verificaron transformaciones significativas que permitieron abaratar los costos reproductivos de la fuerza de trabajo, pero tambien ayudaron a frenar la caída de la tasa de ganancia.

16. El texto clásico al respecto es el de O'Connor (1987). Ver además a Wolfe (1977).

Asimismo, se buscó expandir los mercados, lo cual fortaleció las tendencias monopolistas de la economía. Finalmente, se buscaron nuevas fuentes de materia prima y mano de obra barata (Wallerstein, 1988).

Fue de este modo que en las modernas sociedades capitalistas la informalización del trabajo se articuló en parte como una respuesta del capital a la fuerza política, social y económica lograda por los trabajadores bajo el Estado Benefactor (O'Connor, 1981). Pero tambien la informalización fue el resultado de las transformaciones sociales y económicas que el nuevo orden económico industrial fortalecía. Esto implicó un conflicto de mayor alcance en el que se encontraron involucrados el Estado, los capitalistas y los propios trabajadores, cada uno actuando como sujetos autónomos, con intereses específicos (Habermas, 1975).

2. La problemática de la informalidad y la acción colectiva

Como puede apreciarse, los procesos de formalización e informalización del trabajo, respecto a su relación con el capital, dependen de las "respuestas estatales" a los requerimientos del proceso de acumulación, en función de la regulación de la fuerza de trabajo y las necesidades del capital (Portes, 1988; Stark, 1991).[17] La informalidad resulta así un requisito para la reproducción y

---

17. Como señala Stark (1991), y como lo asumen de hecho Portes y Castells, (1990) "la economía informal es el producto de los esfuerzos por evadir la logica institucionalizada" (p.251). Ahora bien, como aprecia muy bien Stark en el mismo texto, la perspectiva de Portes y Castells, respecto a la definición de informalidad como "actividad generadora de ingresos no regulada por las instituciones de la sociedad" tiene serios problemas para captar la racionalización de la informalidad por el Estado. No sólo en el sentido de la regulación burocrática, sino más bien en función del "amplio sentido" sociológico de "institución". Lo que en el planteo de Castells y Portes se oscurece (aspecto que no aprecia stark) es la diferencia entre "regulación estatal" e "intervención estatal". Al distinguir estos dos niveles podemos apreciar asi que el estado siempre *interviene* en el ordenamiento de las relaciones del trabajo con el capital y con el conjunto de la sociedad, pero esa intervención en determinados contextos no se encuentra regulada institucionalmente, dando pie a mecanismos informales de articulación entre el capital y el trabajo.

regulación económica del trabajo; requisito históricamente reversible en su posicionalidad estructural, respecto al capital. En todo caso, esto sólo resulta explicable a la luz del proceso más inclusivo de proletarización, entendido este último en términos que no lo identifiquen con una visión irreversible del proceso de asalarización del trabajo (O'Connor, 1987), pues en el mismo juega un papel determinante la capacidad de la familia trabajadora en su resistencia al control laboral por parte del capital (Pérez Sáinz, 1989), y la capacidad reguladora de las relaciones entre clases por parte del Estado (de Brunnhof, 1976). En función, pues, de la capacidad de intervención estatal en los procesos económicos, como de las posicionalidades de clase, se definen las posibilidades y límites de la informalidad del trabajo como "situación" económica y social. De forma tal que la informalidad no queda así restringida a la "respuesta laboral", o al momento "doméstico-reproductivo".

Esta situación no es exclusiva del capitalismo periférico, pues se define sistémicamente. Sin embargo, en su génesis, es el resultado de procesos históricos específicos y concretos.[18] En tal sentido, no podemos limitar su alcance a una situación en la que la lógica de subsistencia del trabajo potencie la informalización, al incorporarse al mercado laboral. De ser así la informalidad ya no sería una condición del trabajo definida por el proceso de proletarización, en la acepción aquí asumida; constituiría, en ese caso, una respuesta del trabajo al poder del capital, en condiciones específicas y muy particulares (Tokman, 1978 y 1987).

Hemos discutido la idea de que al fin y al cabo la informalidad no expresa mas que un tipo de intervención estatal en el

18. La especificidad del capitalismo periférico a este respecto ha sido exagerada por la escuela del PREALC, donde en autores como Tokman (1978) y Carbonetto (1985), a veces llegan a identificar informalidad con excedente relativo del trabajo. Si bien en términos históricos en Latinoamerica el enorme excedente de mano de obra no asimilable a los sectores más dinámicos de la economia urbana señala uno de los orígenes fundamentales del sector informal, no puede identificarse a este último con la sobrepoblación relativa. Ahora, si bien en este punto la crítica de Portes y Benton (1987) al PREALC es correcta, muchas veces estos autores restan importancia, precisamente, a la especificidad latinoamericana del fenómeno, en aras del reconocimiento de los aspectos genéricos de la informalidad del trabajo en el sistema capitalista mundial.

proceso de regulación del vínculo capital-trabajo, a propósito de la reproducción de la fuerza de trabajo. Esta propuesta coloca la discusión sobre la informalidad en un ambito analítico donde la problemática del lugar de la clase en la estructura social proporciona el vehículo para la interpretación de la situación del grupo social específico, definido en este caso como trabajadores informales.[19]

El argumento que apoya esta óptica de analisis es la idea de que las clases trabajadoras tienen que generar respuestas domésticas, mercantiles y productivas en el proceso de su reproducción social. Pero ello afecta tanto a los trabajadores formales como a los informales. Si esto es así, la especificidad del sector informal no debe buscarse en el relieve de uno de estos momentos reproductivos, puesto que esto también es propio del mundo formal del trabajo. Es esto último lo que permite sostener que lo específico de la situación de informalidad laboral es el tipo de intervención estatal en la regulación del proceso reproductivo de la fuerza de trabajo.

Aquí comienzan los problemas de tipo teóricos e interpretativos. Podemos considerar dos posiciones. De un lado, podemos afirmar la determinación clasista y el accionar colectivo como los elementos contextuales y analíticos que pueden proporcionar las pautas explicativas de las conductas y acciones colectivas, pero también como el ámbito que permite explicar la situación del trabajo en términos de informalidad y formalidad, tras la intervención reguladora del Estado en la economía.[20]

19. Es necesario establecer con claridad que la regulación estatal de las relaciones capital-trabajo no se expresa únicamente en la legislación laboral y la seguridad social. Ello tiene sobre todo un contenido sociológico y político. Por tanto, cuando hablamos de economía informal, o de relaciones informales capital-trabajo, en rigor nos referimos a un tipo específico de intervención estatal "no regulada", pero sí sancionada por los mecanismos sociopolíticos y económicos que articulan el vínculo entre el capital y el trabajo y sobre los cuales el Estado también actúa. En este aspecto es criticable el argumento de Portes y Castells (1990), que no siempre establece con precisión esta diferencia. Al respecto la crítica de Stark (1991) es pertinente.

20. El destacar esta cambiante situación en la relación capital-trabajo, es el mérito de la perspectiva relacional, en términos de la sociología económica, tal como la proponen Portes y Sassen Knob (1987).

Desde otra perspectiva se puede plantear la idea de que la informalidad expresa una manera de los trabajadores vincularse al mercado de laboral, en función de lógicas de subsistencia (Lomnitz, 1977; Pérez Sáinz, 1989). Desde esta óptica, la problemática de la informalidad del trabajo se define en estrecha conexión con el proceso de proletarización; pero como "propuesta" explicativa la informalidad constituiría una reacción o respuesta de los trabajadores a las insuficiencias mismas del proceso de proletarización. De aquí que el eje analítico de esta interpretación lo constituya la lógica de subsistencia, mas que la dinámica productiva, de acumulación, o mercantil. Es así como esta perspectiva de análisis termina privilegiando el momento familiar-domestico, por sobre el momento clasista-económico y propiamente sociopolítico, en la dinámica general del proceso reproductivo de las clases trabajadoras.[21]

Acogiéndose a la posición de Tokman (1978), se podría sostener que la informalidad (en tanto expresión de las insuficiencias productivas de mano de obra, provocadas por un industrialismo trunco en la periferia, apoyado en esquemas precarios de acumulación) es producto de la existencia de un excedente poblacional, posición que al fin y al cabo es la que tambien sostiene Carbonetto (1985). En esas condiciones, las insuficencias del aparato productivo obliga a esta sobrepoblación a generar formas de autoempleo que activan la informalización del trabajo.

La propuesta de Portes y Benton (1987) a este respecto debe ser tomada en consideración. Argumentan estos autores que algún vinculo más profundo debe existir entre el capital y el trabajo, que la reacción espontánea del autoempleo de la sobrepoblación, para explicar la explosión del sector informal en América Latina. Por ello, sostienen que la formalidad no debe verse únicamente como una respuesta, desde el plano del trabajo, a las insuficiencias económicas y productivas del sistema, sino como un tipo de relación social sistémica, desde la perspectiva de los vínculos entre el capital y el trabajo.

21. Hay toda una línea de análisis en esta orientación: Bennholdt-Thomsen (1981); de Oliveira, et. al. (1988), Pérez Sáinz (1989), etc.

Las posiciones de autores como Tokman y Carboneto de hecho proponen que la informalidad en América Latina resulta una realidad exclusiva de la región, mientras que el argumento de Portes apela a la necesidad de constituir una teoría más inclusiva de la informalidad, aún cuando históricamente ésta asuma expresiones diferenciales.[22]

3. Informalidad y política en América Latina

En América Latina el proceso de formación de las modernas clases trabajadoras urbanas asumió un caracter distinto al descrito para los países centrales de industrialización temprana. Estas diferencias no se expresan únicamente en los aspectos tecnológicos y de mercado que fueron propios del proceso de industrialización latinoamericano. En la región, el proceso de industrialización se caracterizó por el uso intensivo de capitales ahorrante de mano de obra, a tenor de la estrechez de mercados y la alta concentración de las rentas. Asimismo, fue propio de este proceso la abundante oferta de mano de obra no absorbida por los sectores dinámicos del proceso de industrialización. Por lo general, estas características son aceptadas por la mayoría de los estudiosos del proceso, desde Prebisch (1981), hasta Cardoso (1972 y 1983) y Tokman (1978). Lo que está en juego en este caso es la distinta dinámica histórica que asumió el proceso de formación de las clases trabajadoras, básicamente en el espacio urbano de las economías periféricas latinoamericanas.

Quizás la principal nota distintiva entre las experiencias de industrialización centrales y latinoamericanas es el hecho de que en esta última el proletariado específicamente industrial siempre fue exiguo en número, tanto en una etapa temprana del proceso industrializador, como tardía, a consecuencia de la fragilidad misma

22. Aún cuando compartimos lo esencial de la crítica de Portes (1995) a la escuela del PREALC, su posición corre el riesgo de caer en un relativismo demasiado generalizante, tras el proposito de elaborar una teoría general de la informalidad, aplicable -aún en sus especificidades y diferencias históricas- al sistema capitalista mundial.

del proceso de asalarización en la región (Pérez Sáinz, 1989; Carbonetto, 1985). De todos modos, esta característica no debe verse como indicativa del débil nivel de desarrollo específicamente capitalista, sino más bien como expresión de su heterogeneidad estructural (Pinto, 1970).

En segundo lugar, resalta el hecho de que en Latinoamérica, a diferencia de los países centrales, el proceso industrializador se ha verificado sin revolución agraria. Esto, en un contexto de alto crecimiento demográfico, potenció el éxodo rural masivo. A consecuencia de ello, como de la debilidad misma del proceso de industrialización, se produjo tempranamente en la región una enorme sobrepoblación relativa, la cual no pudo ser absorbida por los sectores dinámicos. Esta "sobrepoblación relativa" sirvió, en gran medida, de "espacio social" legitimante del modelo político que acompañó a la industrialización latinoamericana: el populismo (Weffort, 1968 y 1993).

Por lo demás, en América Latina, como ya demostraron Cardoso y Reyna (1966), el proceso de industrialización coexistió con la terciarización de las economías urbanas, como resultado de las incapacidades del sector industrial para absorber dinámicamente mano de obra, y como producto de las características del propio patrón de acumulación industrial con predominio exportador, coexistente con un sector comercial y financiero, política, económica y socialmente poderoso (Oliveira, 1973).

Fue en este contexto que las clases trabajadoras urbanas de la región tuvieron que potenciar, más que las europeas, el recurso a las "lógicas" de sobrevivencia domésticas, como vehículo imprescindible de su reproducción social, dadas las limitaciones del proceso de industrialización, pero tambien -y sobre todo- ante las características asumidas por el proceso de acumulación de capital, el cual otorgaba a la actividad improductiva un lugar decisivo, en función de las posiciones ocupadas por los países del área en el proceso de división internacional del trabajo, como economías dependientes, suplidoras de mano de obra y materia prima baratas para los centros, pero tambien productoras de espacios de mercado del capital transnacional (Evers, 1979).

Las clases trabajadoras urbanas en la región no se caracterizaron, pues, por su proletarización formal, sino más bien por un heterogéneo proceso de asalarización y subordinación al capital, que supuso la permanencia de mecanismos informales de vinculación entre el capital y el trabajo.

Es en este momento que interviene el papel diferencial del Estado Latinoamericano en el proceso de industrialización regional. La heterogenidad estructural de las clases trabajadoras urbanas fue el factor que desarticuló su capacidad de acción colectiva a través de grandes partidos obreros. En su defecto, la acción de los trabajadores urbanos en muchos sentidos fue cooptada por el Estado, en una situación de compromisos con las clases medias y el empresariado, la cual ha sido definida como "populista" (Weffort, 1968).

El populismo movilizó a los trabajadores urbanos para enfrentar a las oligarquías terratenientes y comerciales, hegemónicas en la situación previa. Esto no implicó un correlato en materia participativa y de la distribución del ingreso, como fue la experiencia en los centros capitalistas. Por el contrario, el populismo minó la capacidad corporativa de los trabajadores, al tiempo que prácticamente liquidó su capacidad de expresión política autónoma.

De suerte que los trabajadores urbanos en América Latina canalizaron su accionar político a través del sistema populista. Esto, a la larga, le facilitó al capital industrial, como al propio Estado, una política de regulación del trabajo que logró evadir los compromisos, en materia de distribución del ingreso, que fueron propios de la industrialización en los países centrales, una vez los grandes partidos obreros ganaron ascendientes de masas (Przeworsky, 1988). Esto se materializó en la típica estrategia de concentración de las rentas a favor de los estratos medios, como espacios de mercados para el capital industrial y comercial, política que implicó un sistemático deterioro del valor de la fuerza de trabajo en la periferia, a diferencia del centro (Frobel et al., 1981). A ello se une el hecho de que, pese a los subsidios estatales a los salarios indirectos, el Estado Populista logró evadir los compromisos a los que se vió forzado el Estado Benefactor en los centros. Esto permitió al empresariado y al propio Estado manejar una estrategia de "flexibilización" institucional frente a los trabajadores. Esto último facilitó a los capitalistas el recurso a la informalización del trabajo, de cuya situación se hacia eco entusiasta el propio Estado. Fue así que el "compromiso populista" condujo a una estrategia económica y de movilización política que facilitó la informalización del trabajo urbano (Weffort, 1968).

4. Acción colectiva y movilización social

Como hemos apreciado, en el siglo XX la expansión de las relaciones capitalistas y su creciente complejización, amplió las categorías del mundo del trabajo. Esto implicó el surgimiento de nuevas formas de control laboral y contradicciones entre los trabajadores, los capitalistas y el propio Estado. Se produjo así una multiplicación de los conflictos y actores que se movilizaron por una diversidad de satisfactores, no reducibles a las formas clásicas de la producción (Offe, 1988; O'Coonors, 1987).

En las sociedades de capitalismo industrial temprano, la crisis desbordaría las esferas propiamente mercantiles, introduciéndose en los complejos mecanismos propios de la lógica civilizatoria y de la racionalidad burguesa en su conjunto. En torno a dicha situación, se originó una intensa discusión, aún prevaleciente en el mundo académico y político, a fin de lograr la interrelación entre producción material, respuestas estatales y actores sociales (Offe, 1987; Habermas, 1975; Braverman, 1974).

En América Latina la articulación entre el proceso de reproducción social y las respuestas estatales, siguió un derrotero particular y distinto a las anteriormente reseñadas, a propósito de los países centrales. La dinámica capitalista involucró determinantes de nuevo tipo, en los procesos de formalización de las relaciones entre el capital y el trabajo, como de la correlativa intervención estatal.

Estas formas de intervención (estatales y privadas), estuvieron condicionadas por el caracter periférico y subordinado que asumió la inserción de la región en el sistema de división internacional del trabajo. Como señala Wallerstein (1988), se trataba de la constitución de una economía-mundo que contenía Estados Nacionales, pero no lo inverso. Esta lógica de reproducción marcó la dinámica de las economías centrales y periféricas, las que se articularon como un circuito de extracción de excedentes de las primeras sobre las segundas. Eran los aparatos estatales los responsables de generar las condiciones políticas y sociales que conjugaban los continuos retos que los sectores subalternos oponían a las clases dominantes, en los respectivos espacios de confrontación y movilización a escala nacional (Cardoso y Faletto, 1979).

En el ámbito latinoamericano, la acción colectiva y sus contenidos de movilización, se expresarían alrededor de las regulaciones del salario y el trabajo, como de la mejoría global de las condiciones materiales y de vida de las clases trabajadoras (Germani, 1965; Prebisch, 1981). En ese sentido, la permanencia de las fracciones de la burguesía comercial y la débil emergencia de las fracciones del capital industrial, produjeron una situación en la cual las relaciones del capital con las clases trabajadoras no determinaron, de parte de estas últimas, una cultura "obrerista", como fue el caso de la experiencia europea (Thompson, 1963); produjeron, más bien, un tipo de vínculo de naturaleza centralista y autoritaria del Estado con la sociedad en su conjunto (Touraine, 1989).

La legislación laboral, las formas de relación con la burguesía y las estructuras de movilización social, antes que desarrollarse con un contenido de clase específico y antagónico respecto al capital, transitaron por una cultura política de la mediación estatal. Esto hizo palidecer y posponer la clásica confrontación entre el capital y el trabajo. El Estado Latinoamericano se transformó así en un generador de las clases trabajadoras, con tanto mayor o similar vigor que las iniciativas propiamente burguesas. Esto tuvo su precio al articularse una subjetivación clasista y obrera mediatizada por una variada gama de opciones ideológicas (Touraine, 1987).

Los conflictos aparecían "solucionados" a través de extremadas formas de regulación estatales sobre el circuito de la acumulación. Regulaciones que se ordenaron en una tradición política autoritaria, extendiéndose desde la franja del "Estado de Compromiso" (Weffort, 1993), hasta las diversas expresiones de los regímenes populistas en las cuatro últimas décadas.

Paralelamente, el rápido proceso migratorio y la explosión urbana que le acompañó (Roberts, 1980), desencadenaron fórmulas de activación social no necesaria ni primariamente explicadas como consecuencias de la industrialización o, más específicamente, por los procesos de asalarización de la fuerza de trabajo. Estos nuevos segmentos de trabajadores produjeron en torno al Estado, en particular bajo su modalidad populista, nuevas estrategias de movilización y constitución de un sujeto "popular", del "pueblo", o de la "masa" (Laclau, 1978). Ello generó un amplio espectro de territorialidades de protestas y demandas sociales, no forzosamente identificadas con líneas y límites ideológicos anticapitalistas o antisistémicos (Wallerstein, 1974 y 1988; Touraine, 1989). Su acción apareció definida contra las tendencias a preservar los límites sociales de las formas de reproducción precapitalistas, oligárquicas y centralistas, con que la dinámica político-social funcionó en un amplio período de la historia latinoamericana.

Se precipitaron así procesos de activación social de las clases trabajadoras, del campesinado, y las clases medias, que configuraron esfuerzos favorables a la industrialización, a la ampliación de las condiciones de organización de los grupos subalternos, como a la aplicación de reformas sociales de tipo agrarias y de programas de modernización rural, que permitieron una articulación de las masas agrarias a las condiciones de modernidad, que las ciudades ya dejaban de pautar. En esta fase de relativo o bajo nivel de diferenciación en las potencialidades del capitalismo periférico, los rangos de la activación social se asociaban, o entraban en correspondencia, con las específicas condiciones de desarrollo alcanzadas. Por esto los sujetos sociales subalternos por lo general utilizaron canales "no clasistas" para enfrentarse, pactar, formar alianzas, o ser cooptados, en el proceso de relaciones políticas (Faletto y Kirkwood, 1980).

Sin embargo, pese a lo referido, es posible señalar una forma de movilización y activación colectiva fundamental en el espectro latinoamericano que sí formalizó tendencias a la diferenciación y la conflictividad, o que por lo menos las aceleró: el populismo (Weffort, 1968; Laclau, 1978).

En la tradición populista, los sujetos colectivos adquirieron significación social a partir de su capacidad de construir espacios de interlocución con el Estado y los partidos de masas emergentes (Di Tella, 1983). La diferencia con los casos clásicos de constitución de una cultura política propia del industrialismo en los centros estribó en que la institucionalización política no sobrepasó las formas de liderazgo carismático, no superó los mecanismos de concertación de compromisos centrados entre las élites tradicionales y los nuevos liderazgos emergentes, articulados en torno al Estado y vinculados a un precario asistencialismo obrero, y débil formalización de las relaciones entre el capital y el trabajo. Con el tiempo, esto potenciaría la accción social y política de segmentos informalizados de los grupos populares (De Palma, 1988).

Estos acuerdos de clase se gestaron en función del vacío de hegemonía que se produjo en el período de crisis oligárquica (Weffort, 1968), donde ningún grupo apareció con capacidad de mantener prolongadamente la dirección política y social de las reformas que urgieron, tras la modernidad populista (Germani, 1965). A los anteriores razgos, debemos agregar la movilización "desde arriba" impulsada estatalmente, como resultado del desfase entre la industrialización y la urbanización acelerada (Di Tella, 1983).

Dicho contexto operaría durante un largo período como la perspectiva capaz de convocar la movilización de masas urbanas, tras demandas sociales y políticas de empleo, seguridad social, y una mayor participación en el cuadro de decisiones políticas (Cardoso y Faletto, 1979). Las décadas de los cincuenta y de los sesenta permanecieron condicionadas por el discurso desarrollista, como por las mediaciones que en la acción política el populismo preservó. En este sentido, se precipitaron significativos cambios frente al desquiciamiento de los modelos de industrialización sustitutivos de importaciones, productos de las nuevas condiciones de incorporación de la región en la economía-mundo en los años setenta y ochenta (Ominami, 1979). Estas circunstancias propiciaron la exacerbación de las demandas populistas, como la radicalización de la crisis en el sistema político (Touraine, 1989; O'Donnell y Schmitter, 1988).

Este nuevo escenario implicó el desarrollo de nuevos procesos de subordinación y articulación de los mercados al sistema mundial, hegemonizado por el gran capital financiero. En esas condiciones, las contradicciones que emergieron radicalizaron la acción colectiva de viejos actores, como las capas medias, generando formas de confrontación sistémicas, a través de la lucha armada, las propuestas de liberación nacional y movilización anticapitalistas (Touraine, 1987).

En tales circunstancias, el progresivo deterioro que representaba la expansión capitalista en la periferia, por la manera en que se constituyó el subdesarrollo de sus instituciones económicas, sociales y políticas, sería el responsable de la crisis global de los modelos de organización estatales (Collier, 1985), esencialmente en aquellos regímenes políticos moderadamente democráticos y con escasa capacidad de enfrentar la creciente ola de demandas sociales. Sólo los aparatos estatales coercitivos y la intervención militar misma aparecían como los mecanismos capaces de enfrentar esta situación. Se precipitó así una cadena de asonadas golpistas que modificaron el contexto de las formas de activación permitidas bajo los esquemas institucionales precedentes. Ello reordenó el panorama político latinoamericano, desde una perspectiva de corte burocrático y autoritario-centralista, como lo han caracterizado O'Donnell y Schmitter (1988). Sin embargo, esta situación debe tambien observarse como el resultado de una progresiva incapacidad de legitimación estatal frente a las masas, las que se organizaban en función de una nueva realidad política, pero sobre todo social.

Por ejemplo, el excedente relativo de fuerza de trabajo, que secularmente acompañó al proceso de industrialización sustitutivo como una de sus características, pasó a desempeñar no sólo una función reguladora del ritmo de la acumulación; también contribuyó a definir los nuevos perfiles de la acción y movilización colectivas. Como puede apreciarse, esto no era tanto el producto de la fuerza del capitalismo periférico, sino más bien expresión de su debilidad.

Por supuesto, en la medida en que los procesos de desarrollo del capitalismo periférico no fueron homogéneos, las fases de protestas anti-oligárquicas, populistas y anti-autoritarias, encontraban en la producción de una subjetividad popular acentos particulares, en su capacidad de diferenciación y constitución de una identidad social clara y precisa (Touraine, 1987). Las luchas produjeron los factores que permitieron reconocer la oposición y el conflicto, a partir de los cuales constituir mecanismos de integración social entre los sectores subalternos. De hecho, el conflicto siempre se expresó -sin considerar cuál fuera el desenlace- en su derrota por parte de los sectores dominados, o por victorias pírricas.

Los procesos referidos fueron indicativos de la presencia de cambios en el rumbo de las estrategias de acción colectiva, resultado de victorias incuestionables de los grupos dominantes. Es natural que esto determinara modificaciones en las tácticas por parte de los sectores dominados: se privilegiaría el sindicalismo, la adscripción a liderazgos carismáticos o partidarios policlasistas, se definirían convocatorias tradicionalistas, como también modalidades de lucha armada fundadas en visiones anticapitalistas y nacionalistas (Di Tella, 1983). En lo esencial, estas convocatorias se dirigirían a restaurar espacios perdidos por la acentuación del conflicto. Todo ello tuvo como saldo la profundización del autoritarismo (Collier, 1985).

Fue de este modo que la acción política dominante reconoció la imperiosa necesidad de modificar las bases de ejercicio autoritario, ante su creciente incapacidad de continuar solucionando la crisis social y política que los originó como un todo. La necesidad de redefinir el cuadro político postuló a favor de la institucionalización de mecanismos de representación y organización social, y canales más aptos para la recuperación social y política de la subjetividad popular. Se elaboró así todo un discurso teórico a fin de justificar y explicar que la nueva lógica de la activación social descansaba en los procedimientos democráticos-burgueses históricamente tradicionales. De lo que se trataba era, pues, de un retorno que permitiera consolidar la democracia, vista la creciente y generalizada oposición a los esquemas centralistas en cuestión (Calderón y Dos Santos, 1987). La necesidad de una respuesta sistémica a esta crisis sólo confirmaba la situación de agravamiento y la emergencia de respuestas populares y de masa, reconstituídas más allá de los habituales mecanismos de control y dominio estatales (Collier, 1985).

De todos modos, esta vuelta y reconsideración del problema de la democracia revela un cambio en las condiciones de la dominación y en los mecanismos de la reproducción social, combinados con un nuevo tipo de subjetividad social subalterna e institucionalizada (O'Donnnel y Schmitter, 1988). Naturalmente, esto encuentra severos límites dada la naturaleza altamente contradictoria y conflictiva de la periferia capitalista. Por lo pronto, si existe algo notable en la acción colectiva de los sujetos sociales y políticos es su conflictividad (Calderón y Dos Santos, 1987). El elemento que subyace a cada universo de la movilización es el de un progresivo reconocimiento de la confrontación con sectores terratenientes, de la burguesía local o del propio capital financiero, frente al dominio del capital transnacional con el Estado-Nación y su aparato burocrático-militar (Evans, 1979 y 1991).

Sin arribar a la construcción de una "historia ascendente", sin recaídas y retrocesos del proceso de constitución de los sujetos "subalternos", justo es ratificar cómo el ingreso a un nuevo ciclo de movilización (Wallerstein, 1974 y 1988) origina nuevos espacios de conflicto en las sociedades periféricas latinoamericanas. Esto requiere así de un tipo de enfoque del proceso sociopolítico que permita analizar la historia del trabajo haciendo así factible descifrar la articulación de los lazos que permiten conocer las condiciones de la reproducción sistémica, tanto en los niveles de estabilidad y contradiccion, como de crisis y cambio estructural (Wallerstein, 1974).

En tales circunstancias, el conflicto constituye un eje básico para la localización de los nuevos movimientos sociales y sus prácticas de reproducción. En dicha perspectiva, un elemento crucial que determina los criterios de caracterización de las nuevas formas de la subjetividad colectiva, parte de una nueva conceptualización de las relaciones contenidas en la categoría de heterogeneidad estructural (Pinto, 1970). La heterogeneidad estructural de las sociedades latinoamericanas contemporáneas permite reconocer que la organización social en la región se caracteriza por su diversidad, autonomía y variadas formas de estabilidad sistémica.

Desde esta perspectiva se desprenden líneas teóricas que asumen un "enjuiciamiento" a las tendencias que movilizaron su reflexión y prácticas sociales y políticas, a partir de un reduccionismo posicional en la acción de los sujetos colectivos, así como aquellos que le acordaron un accionar predeterminado a dicha subjetivación. Este enjuiciamiento de la movilización reivindica que la "totalidad histórica" del desarrollo social conduce a perspectivas unilaterales de la acción. Se sostiene al respecto que las nuevas modalidades de la acción colectiva enfatizan más el momento coyuntural, sin por ello requerir de articulaciones tendenciales de largo plazo (Calderon y Dos Santos, 1987).

Esta perspectiva plantea la ruptura frente a las visiones totalizadoras de la acción societal, al tiempo que enfatiza el privilegio del ámbito microsocial en la identificación de las "tendencias heterogéneas" de la acción. Por otro lado, en dicha óptica se aprecia una adecuación de la práctica de los movimientos sociales al cuadro institucional, en un contexto de consolidación democrática (Calderón y Dos Santos, 1987). Con esto último se extrae un caracter básicamente sistémico de los sujetos y agentes sociales que se constituyen en los espacios de la interacción social general. Finalmente, esta perspectiva destaca que la conflictividad se transforma en un problema de gobernabilidad intrasistémica, en la medida en que el paradigma clásicamente antagónico, como el de las clases sociales, es sustituído por el énfasis en la concertación social (Guidos Béjar y Fernández, 1988).

De esta manera, la heterogeneidad estructural aparece en esta perspectiva como autonomizada de las relaciones sociales que le dan sustento histórico. Por ello quedan desconectadas de una totalidad, síntesis de múltiples determinaciones, expresadas bajo una relación dominante, donde los sujetos se articulan a los distintos proyectos, propósitos y líneas de convergencia y conflictos sociales. El hecho de que se degrade su complejidad asignando a las interrelaciones que la constituyen un rostro indescifrable, conduce a que la subjetivación se proyecte bajo diversas unidades analíticas como un continuum estratificado, no asimilable a condiciones históricas de largo plazo, con lo que se produce una seria debilidad en el análisis social (Guidos Béjar y Fernández, 1988).

Uno de los argumentos principales del presente capítulo, para intentar comprender la lógica de la acción que emprenden los informales, es que esta opción teórica ha conducido, en su evaluación de la crisis de los mercados laborales y de sus condiciones de activación, a separar las interrelaciones entre dominación y explotación social. Y, a consecuencia de esta equívoca postura, se ha fracturado la relación entre subjetivación y procesos de acumulación (O'Connor, 1987). Con ello, a la hora de teorizar las estrategias de reproducción social y las políticas estatales, viene a suceder que nos encontramos frente a una multiplicación e infinita prolongación de estrategias de reproducción y conflicto, lo que hace imposible captar las líneas de integración que las procesan, como parte de un sistema social.

Aparecen así crisis políticas inexplicables, rupturas en las alianzas sociales y en las políticas económicas sin "lugares de interseccción". Igualmente, surge una diversidad de puntos en el espacio donde se multiplican las subjetividades de los agentes y actores sociales. Lo social queda así "desvanecido" en el seno de la práctica de los sujetos subalternos, constituyendo su conflictividad un eterno retorno de sujetos "singulares", nunca plurales, para la mayor parte de la sociedad.

5. Crisis de acumulacióm, trabajadores y lucha política en República Dominicana

La Reestructuración Capitalista en los Ochenta y sus Efectos en las Clases Trabajadoras

Desde mediados de la década de los setenta la economía dominicana venía enfrentando serios problemas en su balanza de pagos, en principio como consecuencia del brusco aumento de la factura petrolera, pero posteriormente producto de un acelerado proceso de endeudamiento externo (Ceara, 1983; García y Valdivia, 1985). Fue este último mecanismo el que, tras los gobiernos populistas del PRD (1978-82 y 1982-86), no sólo se constituyó en el vehículo del ajuste impuesto por el FMI a la economía dominicana, sino que terminó comprometiendo prácticamente la capacidad de pagos del país a los requerimientos de su deuda externa. Lo que en los finales de los años setenta comenzó por revelarse como una crisis externa, terminó por englobar a toda la economía, constituyéndose así en una verdadera crisis de acumulación. Esta última era la expresión de las profundas limitaciones y contradicciones económicas y sociales en las que se apoyaba el modelo de acumulación vigente desde los años sesenta, encaminado a la expansión industrial sustitutiva, pero apoyado por el dinamismo del eje agroexportador (Lozano, 1985).

Como hemos visto a lo largo de este libro, la crisis de los ochenta puso de manifiesto el agotamiento de las posibilidades de expansión capitalista, apoyado en el esquema de sustitución de importaciones. No es este el momento para desarrollar empírica y teóricamente esta argumentación, pero sí debemos significar por lo menos dos puntos.

En primer lugar, el producto más significativo de la crisis fue un cambio en las relaciones inter-capitalistas, que condujo finalmente al despunte de un modelo de acumulación alternativo, apoyado en las exportaciones de servicios (turismo) y de mano de obra barata (zonas francas), en función del proceso de reconversión económica que vive la economía internacional (Ominani, 1979). Ese modelo ha colocado al capital financiero, sobre todo en su expresión bancaria, como el eje articulante del proceso económico dominicano en los ochenta.Esta nueva situación, en la medida en que modificó los elementos característicos del viejo patrón de acumulación de base exportadora e industrial, rearticuló la forma de las relaciones entre el capital y el trabajo, que fueron propias del esquema de industrialización sustitutiva de importaciones, afectándose con ello el funcionamiento del mercado de trabajo.

Desde el punto de vista de los cambios sectoriales esto acelero el proceso de terciarización de la economía, proceso que afectó tanto a las áreas urbanas, como a las zonas rurales. Por otro lado, tanto las consecuencias del proceso de ajuste en los años 1982-86, como el posterior impulsó del modelo de acumulación alternativo de base financiero-exportador, profundizó la ya desigual estructura de distribución de la renta, como ya pudimos apreciar en el Capítulo IV.

Las consecuencias de esta nueva situación son múltiples y diversas. En primer lugar, tras el estallido de la crisis, se agravó la situación de los sectores urbanos en situación de pobreza crítica (Cela, et. al, 1988; García y Valdivia, 1985). Sin embargo, también segmentos de las clases trabajadoras urbanas más favorecidos, como eran los obreros industriales y de la energía, vieron descender sus niveles de vida. En la propia clase media se verificó, asimismo, un proceso de descenso social y empobrecimiento relativo.

Ahora bien, desde el punto de vista del empleo, la crisis se verificó en una situación de acelerado incremento de la fuerza de trabajo, sobre todo urbana, a consecuencia de un incremento de la tasa de participación, de las migraciones internas y del propio crecimiento demográfico (García y Valdivia, 1985).

A estos elementos contextuales debemos incorporar las consecuencias de la crisis recesiva de la economía, lo que en el plano del empleo tendría dos expresiones determinantes:

a) Un incremento del desempleo abierto, paralelo al del subempleo. Este incremento del desempleo en la coyuntura de crisis, afectó más agudamente a la fuerza de trabajo joven y predominantemente femenina, como fue el patrón clásico del mercado de trabajo urbano dominicano desde los años cincuenta (Lozano, 1987). Sin embargo, se potenció también un incremento del desempleo de los jefes de familia ubicados en los puestos tradicionalmente más estables del mercado de trabajo, aunque por ello mismo más críticos, desde el punto de vista del salario (ONAPLAN, 1974). Naturalmente, esto asume una importancia sectorial desigual, pues el número de cesantes fue mayor en aquellos sectores de la economía que en el modelo de acumulación eran los líderes, como la manufactura y el propio sector de la construcción (García y Valdivia, 1985).

b) En segundo lugar, la crisis tuvo un efecto de subutilización de la fuerza de trabajo complementario al desempleo, a través del aumento del subempleo y de las actividades de tipo informales.

De este modo, a la terciarización acelerada de las economías urbanas, sucedió un incremento del sector informal (García y Valdivia, 1985). Ello tuvo expresiones diversas. En primer lugar fortaleció la informalización del trabajo en aquellos sectores productivos que en el anterior esquema de acumulación de base exportadora e industrial, eran los sectores dinámicos. Nos referimos básicamente a la actividad industrial manufacturera y a la construcción. Pero tambien implicó un incremento de las actividades comerciales de tipo informal (comercio ambulante, pequeñas empresas mercantiles, etc.).

Ahora bien, en ambos niveles, el desarrollo de las actividades informales urbanas conjugó dos tipos de realidades diferentes. En primer lugar, por la vía del descenso del nivel de vida y del deterioro de los salarios reales, potenció el momento propiamente doméstico del proceso de reproducción social del trabajo en las ciudades, con lo que ganó en importancia lo que Pérez Sáinz (1989) ha definido en términos de lógicas de sobrevivencia como resistencia del trabajo, en el contexto de los vinculos de tipo informales con los mercados y con los sectores productivos aludidos.

Sin embargo, no podemos ver el hecho de la informalización del trabajo urbano, en las condiciones de crisis, como una simple respuesta de las familias trabajadoras, en términos de sus estrategias o lógicas de subsistencia; tampoco podemos apreciarlo como simple consecuencia mecánica de transformaciones macroeconómicas. Debemos más bien apreciar que estas transformaciones de orden macroeconómico, fueron las que permitieron situar y posibilitar el tipo de respuestas, como las sugeridas por Pérez Sáinz (1989), en el plano de la resistencia del mundo del trabajo, pero definidas en el contexto de las lógicas reproductivas de las familias trabajadoras.

Impacto de las Nuevas Condiciones de Acumulación y Legitimidad en la Accion Social

La formación de mercados laborales insertos en un esquema de desarrollo con predominio agroexportador, en un contexto de crisis heredada de las formas políticas post dictatoriales, inauguran a partir de 1961 una etapa de continua fragilidad entre el Estado y las lógicas de legitimidad políticas. Dicha fragilidad fue exacerbada en función de los obstáculos que atravesaron los intentos populistas de la época en reordenar la inserción reivindicativa del movimiento de masas, en un ámbito de creciente oposición burguesa a las medidas desarrollistas y de reforma social. Fue en ese contexto donde el Estado retomó la lógica de conducción política gestora y preservadora de un espacio de subjetivación ideológico y político de larga duración.

Cuanto más objeciones contra las expectativas populares se organizaron, a cargo de las visiones atrasadas del gran capital burgués-terrateniente y comercial, más intensa fue la socialización y permanencia de la tradición de lucha y expectativas populistas en el movimiento de masas (Lozano, 1985). Precisamente este factor histórico, de fuerte arrastre y confirmación en variadas coyunturas políticas en el país, ha potenciado la activación social durante los últimos veinte años de lucha política en la sociedad dominicana, constituyéndose en el factor dominante y perdurable, a nivel urbano, de los contenidos hegemónicos que pautaron dichas movilizaciones.

De igual forma, el segundo factor que se desarrolló alternativamente, pero con especial énfasis en la década de los años setenta, lo constituyó la convocatoria agrarista tradicional, a cargo del Partido Reformista, lidereado por Balaguer. Su culminación y mayor nivel de fortalecimiento ocurrió en el primer quinquenio de los setenta, con la aplicación de políticas de afectación parcial sobre la propiedad rural. La intensa repercusión que estas medidas produjeron en el cuadro del propio grupo dominante desencadenó su paralización y posterior desactivación a cargo del aparato estatal, bajo hegemonía reformista (Fernández, 1983).

En ese sentido, al periodizar la activación social de los últimos años en el país, y reencontrar sus conexiones con las formas que asumieron las estructuras de la acumulación capitalistas nacionales, es posible reconocer en el populismo del Partido Revolucionario Dominicano (PRD), y del liderazgo de Juán Bosch, por un lado, así como del reformismo autoritario de Balaguer y su partido, por el otro, las respuestas dominantes con las que las masas urbanas y campesinas testimoniaron su oposición y adecuación a las tendencias de crisis de los modelos agrario exportador, de sustitución de importaciones y de ascenso de los procesos de terciarización e informalización de la economía dominicana.

El impacto de ambas tradiciones ideológico-políticas ha dejado una huella profunda en el accionar de las alianzas y formas hegemónicas sobre las masas, con una perdurabilidad que permite explicar la larga ascendencia social de dichos liderazgos, muy a pesar de las indudables fracturas entretejidas en su derredor.

Por supuesto, en subordinación a ambos, la presencia del movimiento de masas y sindical, así como de la izquierda marxista revolucionaria, desempeñaron, tan sólo en coyunturas excepcionales, un rol político significativo, en atención a las fases mismas de diferenciación social y laboral de las estructuras del trabajo en el sector agrario y urbano en general. Igualmente representaron la profunda adhesión y subordinación ideológica al Estado, que el interregno dictatorial trujillista - de más de treinta años- se había encargado de socializar en la cultura política dominicana.

Desembarazarse de esta cultura corporativista y despótica dictatorial, significó reencontrarse con modalidades y formas de lucha originadas en liderazgos carismáticos y centralistas, como con estructuras orgánicas populares, con mayor o menor grado de subordinación a las estrategias de movilización, en un contexto de lucha por las libertades públicas y la justicia social.

Bosch y Balaguer representaron, alternativamente, y en forma compleja, la ruptura y continuidad de las estructuras de mediaciones tradicionales, así como se constituyeron en los introductores de nuevos mecanismos corporativos, políticos y sociales, a partir de discursos desarrollistas e industrializantes, pero también agraristas y reformistas, de base estatista y autoritaria.

Fue en ese contexto que se constituyeron las formas de legitimidad a través de los liderazgos referidos, y acompañados de un rol protagónico del Estado. Los ascensos y frenos del movimiento de masas estuvieron compelidos por dicho entorno ideológico y político. Sin embargo, en la medida en que las estructuras sociales se iban configurando, y en tanto los ritmos de expansión capitalista entraban en una fase crítica, de agudas contradicciones no solucionables en los estrictos marcos coercitivos o de integración social tradicionales, los desajustes entre el predominio autoritario sobre el proceso de reproducción social del trabajo y sobre el movimiento de masas, potenciaron su ya evidente tendencia a las fracturas institucionales y a la crisis social y política.

Todo ello ocurrió en un amplio lapso temporal, entre 1966 y 1978 (los períodos de gobierno de Balaguer). En este ciclo se potenció la convocatoria de masas populista de base urbana, pero tambien se potenció la activación del movimiento campesino, en función de la crisis agraria. Todo esto referido a una definición de demandas sociales que aceleraron el deterioro político del esquema de alianzas con las clases medias, el campesinado y el Estado, del lado del bloque dominante (Lozano, 1985).

Por supuesto, un componente de agravamiento de la situación estaba presente. La crisis de la economía campesina entre 1968 y 1975 fue impresionante (D'Oleo, 1991; Fernández, 1983). La secular fragmentación de la pequeña explotación agraria se intensificó durante los últimos diez años. Dicha crisis se "resolvió" con el aumento de las inversiones públicas urbanas en el sector de la construcción. Sin embargo, el campesinado, tras el resquebrajamiento de los mecanismos agrarios típicos de su reproducción económica y social, venía transitando por una crisis que las referidas medidas de corto plazo no podían resolver. La subocupación rural solo cambió de territorialidad, iniciándose una de las tendencias más recurrentes de la sobrepoblación, como resultado de un flujo migratorio que desató incrementos de la fuerza de trabajo urbana de más del 6.0%, frente a ritmos de 2.2% en el componente rural en los setentas, y de 5.5% en la población total urbana y de 6.0% en el total rural (PREALC, 1973).

Vistas las condiciones globales de transformación del mercado de trabajo que la crisis de subproducción agraria generaba, conjuntamente con el agotamiento de la inserción agoroexportadora en la economía mundial, a mediados de los setentas, el modelo político reformista arribaba a un impasse, agravado por la difícil situación del capitalismo a escala internacional (Lozano, 1985).

De esta manera, la legitimidad de la cual gozó el esquema autoritario del reformismo (aprovechando coyunturas de alzas en el sector exportador, asi como políticas de liberalización hacia la inversión extranjera y ayudas excepcionales de los Estados Unidos) se precipitó hacia un colapso, al modificarse las condiciones internas y externas de los procesos de generación y articulación de excedentes, en un contexto de gran atraso social. Las bases de respaldo social del reformismo se debilitaron, en la medida que la capacidad de reformas y la alta tasa de inversión pública en inversiones a cargo del Estado abruptamente se redujeron (Lozano, 1985).

Lo central de esta situación condujo a acelerar la preeminencia populista en una coyuntura de crisis del reformismo. Por nueva vez el desplazamiento hacia una activación de masas se depositó en la esperanza y expectativas de reformas industrialistas, así como por demandas a favor de una fase de reordenamiento de las relaciones políticas, intensamente restringidas por el régimen anterior.

En estos procesos las masas urbanas aun se encontraban, a fines de los años setenta, profundamente marcadas por la hegemonía populista en ascenso. Dentro de esta coyuntura de crisis, el triunfo electoral del PRD se cristalizó en 1978 como la culminación de un proceso de amplia y generalizada movilización partidaria y popular (Lozano, 1986 y 1992)

De esta manera, el PRD sobrepasó su papel de partido y fuerza política opositora a la tradición más vinculada con las formas de dominación autoritarias, iniciándose así su ejercicio como fuerza política hegemónica, en una coyuntura de reestructuración capitalista. En dicha situación, su legitimidad necesitaba reafirmarse y profundizarse, no sólo desde la perspectiva discursiva, como fuerza progresista o representativa de un avance democrático indudable. Exigía, por el contrario, un relevamiento político lo más distante posible del centralismo tradicional, la burocratización de los liderazgos democráticos y la producción de una mediación institucional con las masas de nuevo tipo. Esta última estaba dirigida a la generación de nuevas fórmulas de corporativización de intereses y destinada a fundar nuevos principios articulatorios con las masas urbanas, en los marcos de la formalización institucional capitalista (Espinal, 1987).

Curiosamente, la propia tradición autoritaria, como las relaciones políticas de acceso condicionado del PRD al poder, y de cambios ideológicos significativos de la cúpula partidaria en sus nexos con las clases dominantes, produjeron un impasse entre las masas y la representación más derechista de la dirigencia partidaria que adquiría posiciones de dirección estatal. Por de pronto, esta situación inició un nuevo ciclo en la coyuntura caracterizado por las confrontaciones entre partido y gobierno, Estado y masas, y partido y masas.

En el período 1978-82 el PRD diseñó una estrategia de contemporización con la burguesía, paralela al diseño de mecanismos de intervención y centralización estatales, que dificultaron sus relaciones con los sectores más derechistas y conservadores de la clase dominante. Esto dió pie a confrontaciones entre el gobierno y el empresariado entre los años 1979 y 1981. Dichas contradicciones surgieron, ciertamente, tras el propósito intervencionista del Estado, pero también vinculadas a una estrategia de mayor poder del empresariado en los aparatos institucionales del Estado. Entre otros de sus resultados esto provocó un distanciamiento entre el partido y el gobierno, desactivándose así las potencialidades de organización del movimiento de masas y corporativo obrerista bajo la cooptación estatal.

Frente a las amplias expectativas que había generado el ascenso del perredeísmo al poder, en las masas y en los sectores más activos del movimiento popular urbano, se concitó un repliegue progresivo en el campo de la política económica y se ampliaron, en el espacio social, medidas de incremento salarial que rápidamente el proceso inflacionario absorbió, con el consecuente deterioro del nivel de vida. Sin embargo, sus efectos políticos en lo inmediato no implicaron un quiebre sin retorno, pero tampoco produjeron un avance de las ganancias políticas que en la coyuntura electoral adornaron el ascenso del PRD al poder.

Lo anterior se explicaba por la fórmula política con la que el secretario general del partido había caracterizado la contradicción entre partido y gobierno: por la coyuntura de "debilidad en la transición" del autoritarismo a la democracia. Se asumía que el partido debía sacrificar sus exigencias y promesas de cambio social, en aras de impedir intentos desestabilizadores. En función de este criterio, el partido relanzó hacia su segunda administración la aplicación a profundidad de las medidas parciales de modernización política que la administración de Guzmán se encontraba implementando (Espinal, 1987).

No fue casual que el PRD sistematizara en lo político un relanzamiento de su hegemonía social en la candidatura de Salvador Jorge Blanco en 1982, planteando institucionalizar las relaciones entre el partido y el gobierno con medidas específicas de participación y decisión en el seno del propio gobierno. De esta manera, el partido se proponía legislar un proceso de institucionalización desde el partido hacia el Estado y no de éste hacia aquel. En segundo lugar se pretendía cristalizar el cambio político en un alineamiento ideológico socialdemócrata con medidas encaminadas a la formación política de las masas.

El PRD pretendía encarnar con dicha convocatoria un proceso político en que la democracia se hiciera presente sobre los intereses particularistas de la clase burguesa. En todo caso, el propósito desarrollista colocaba en primer lugar la modificación de las condiciones de subordinación de los grupos subalternos y reivindicaba que sus esfuerzos de política económica estarían dirigidos a rescatar y no a postergar, las demandas y exigencias de redistribución y participación políticas con las que el viejo esquema populista se había comprometido en la práctica.

El secretario general del partido se daba cuenta de que este era el único procedimiento posible capaz de impedir la fractura del PRD, cuyos indicios se vieron ya en los inicios del gobierno de Antonio Guzmán en 1978. Además de lo ya referido, el gobierno de Guzmán (1978-82) vió agravar su situación por una política económica que descansó en el acrecentado endeudamiento externo, con el cual financió la inversión pública y los gastos corrientes del Estado, así como por un progresivo y desarticulante proceso de autonomización en los aparatos sindicales y en las protestas sociales, ante las restricciones económicas ya advertidas.

De esta forma, el gobierno de Guzmán, al implementar un modelo de "demanda inducida" (Ceara, 1984), que pretendía acelerar la inversión privada, incentivada a partir de un incremento de los gastos públicos, por medio de un aumento salarial y del empleo estatal, así como por aumentos en los gastos sociales, buscó acelerar la expansión del mercado interno, sin percatarse de las rigideces con que la lógica capitalista operaba en el país: apoyada en subsidios estatales de todo tipo y educada en una cultura especulativa, poco dinámica en materia de riesgos de inversión productiva, (Artiles, 1991).

Las contradicciones de este modelo de política económica pronto se hicieron presentes. El Estado no podía prolongar medidas efectistas de reforma por largo tiempo, sin tener los recursos con los cuales enfrentar el déficit de los gastos corrientes cada vez más elevados. Lo anterior, unido a reducciones crecientes del sector exportador, se combinaron para proporcionar las bases objetivas de una crisis de este esquema de política económica (Ceara, 1984).

El panorama de esta crisis intrapopulista, aún y cuando no había avanzado en el terreno de una confrontación generalizada, ya había contado con un punto de enfrentamiento significativo en la huelga de choferes del transporte pública en 1979. En esa situación el PRD hizo empleo de medidas coercitivas que impactaron sobremanera en la vocación populista de importantes sectores sindicales. Aquí podría sostenerse la hipótesis de que tales sucesos constituyeron la primera ruptura abierta en el plano corporativo-sindical con la tradición que el régimen decía representar (Lozano, 1991; Espinal, 1987).

A partir de estos incidentes, se constituyó y potenció una sórdida capacidad de autonomización del movimiento obrero organizado, el cual, a pesar de su pequeñez como movimiento, no pudo ser cooptado por el PRD, decidiéndose por la creación de su propio aparato sindical. En todo caso, lo que deseamos resaltar es el hecho indudable de que las contradicciones en lugar de disminuir, o ser cooptadas desde el Estado, al hegemonismo partidario del populismo, se mantuvieron activas y crecientes. Ello forjó el clima para que se produjera una fractura entre el Estado y las masas subalternas, entrando el populismo como tradición y práctica política, en un irreversible deterioro.

Abril de 1984 y las Nuevas Formas de Legitimidad Social

En 1982 el segundo gobierno de orientación populista en el país, lidereado por el PRD, iniciaba su gestión con la promesa de trascender las limitaciones que la primera administración perredeísta había enfrentado. Sin embargo, las acciones que implementó se concentraron desde un inicio en el esfuerzo por crear las condiciones políticas necesarias para la concertación de un programa de ajuste, encaminado a la firma de un acuerdo con el FMI, que permitiera un estricto control monetario y financiero sobre el conjunto de la economía dominicana (BID, 1985; Ceara, 1984 y 1990).

Este propósito estatal fue el detonante de un nuevo panorama de conflictividad social. Se trataba de una política monetarista en un régimen populista resultado de una difícil transición, despues de una larga experiencia autoritaria, como la mostrada por el régimen balaguerista entre los años 1966-78. En esas circunstancias se prohijaron las condiciones que, finalmente, precipitaron el desenlace trágico de abril de 1984. Este levantamiento popular tuvo el trágico precio de más de cien vidas humanas, millares de heridos y alrededor de cinco mil apresamientos, sólo en los primeros tres días de la revuelta.[23]

La magnitud de estos hechos basta para colocar en la mesa de discusión el papel desempeñado por los sectores populares urbanos, en una situación de crisis de su reproducción social, como de creciente transformación de la economía capitalista que, en su

23. Estos efectos se visualizaron en la reducción en un 13% en la votación de 1982, respecto a la votación con la que triunfó el PRD en 1978 (Lozano, 1991). Para un análisis de la revuelta véase a Ianni, (1987 y 1988).

expresión urbana, asumía la forma de un acelerado proceso de reterciarización.

Abril de 1984 desbordó los patrones clásicos de la movilización de las masas en períodos de crisis políticas y económicas en el país,[24] sentando precedentes que obligan a estudiar con detenimiento la insubordinación barrial y territorial, más allá del argumento del brote espontáneo o meramente coyuntural. El desbordamiento popular que implicó la revuelta significó una doble ruptura con los vínculos que hasta ese momento sostuvieron las masas con el movimiento laboral organizado, pero también con el propio sistema de partidos (Ianni, 1987).

Un acontecimiento como el descrito contó, además, con una base social vinculada al mundo de la pobreza urbana, tradicionalmente localizada en espacios territoriales definidos y con antecedentes de politización y movilización, tanto de tipo populista como de izquierda (Ianni, 1987). En tal sentido, el espacio de la revuelta no definió un territorio "de nadie" (Ianni, 1987). Lo esencial, a nuestro juicio, fue la ruptura y reconstrucción político-ideológica que la revuelta comenzaba a articular, aún cuando su propio desarrollo no culminara en la cristalización de mecanismos organizativos capaces de impulsar sus programas de reivindicaciones mas allá de la coyuntura.

La territorialidad quebrada en abril del 84 era de nuevo tipo. La misma no culminó, forzósamente, en nuevos "desenlaces" organizativos, sino mas bien con la negación del esquema corporativo y político establecido por la tradición populista. Significó así una crisis de legitimación en las formas de mediación históricas del populismo con los sectores populares urbanos. Es esto lo que hace factible pensar en una desestabilización profunda del criterio de reproducción social, de los mecanismos tradicionales de control y dominio de los trabajadores urbanos, como los

24. Los estudios sobre este tipo de conflictos en la literatura dominicana son escasos. Sobre la Revolución Constitucionalista de 1965 lo mejor sigue siendo el estudio de Gleijeses (1985). Debe consultarse el trabajo de Moreno (1993), sobre la insurreción armada en los barrios de Santo Domingo, durante la revolución constitucionalista de 1965.

elementos contextuales de la revuelta a nivel de las estructuras sociales en proceso de cambio.

Bajo tales circunstancias, es pertinente caracterizar algunos de los elementos que precipitaron la revuelta como condicionantes del tipo referido.

Un primer factor de primordial relevancia lo constituyó la "actitud" del Estado y sus diversos aparatos frente a la situación social. Ello se hizo explícito a lo largo de la coyuntura 1980-83, pero fue mas evidente en los primeros meses de 1984. La cúpula política del Estado tal parece que no comprendía, o no deseaba comprender, lo que realmente estaba en juego, desde el punto de vista de la conflictividad social. Sus diagnósticos de la situación eran de corto plazo, aun cuando magnificaban para consumo de la sociedad el deterioro de la crisis económica y social. Pensaban en un primer momento responsabilizar de la misma a la anterior administración. En un segundo momento, el gobierno se aprestaba a implementar medidas que tendían a minimizar las reales tendencias del mercado de trabajo, por un lado, y de la pérdida de respaldo social, por otra parte, como factores estrictamente cortoplacistas, que no constituían un progresivo momento deslegitimador de su política global.

Un segundo elemento que estuvo presente en los albores de la movilización, lo constituyó el sensible agravamiento de las condiciones de reproducción de las masas subalternas en el país y, en particular, en la ciudad de Santo Domingo. Como han señalado los estudios de PREALC (1983), especialmente el estudio de García y Valdivia (1985), esta situación en la ciudad de Santo Domingo deterioró el nivel de vida de los trabajadores urbanos, pero tambien potenció las tendencias a la informalización del trabajo, elevándose el peso de dicho sector en la PEA urbana de Santo Domingo de un 30% en 1980 a más de un 35% en 1983.

Unido al vertiginoso deterioro del nivel de vida de las clases trabajadoras urbanas, el proceso de informalización de la fuerza de trabajo urbano es indicativo del incremento que en la crisis pudo haber cobrado el espacio doméstico, como factor dominante de reproducción; determinando así, por lo menos en la coyuntura de crisis, la subordinación de las dimensiones no domésticas del trabajo a los requerimientos de las lógicas reproductivas de las familias trabajadoras. Sin embargo, es previsible que, en tales condiciones, esto potenciara la propia crisis de reproducción del mundo doméstico, ante las consecuencias dramáticas de la política estatal de ajuste económico.

En este último sentido, es necesario destacar el significativo recorte de los subsidios estatales en materia de gastos sociales y financiamiento a los precios de garantía de bienes de origen agrícola. Los efectos de esta situación se colocarían en el umbral de la puesta en cuestionamiento de la legitimidad populista frente a las masas, como también potenciarían la pérdida de capacidad de cooptación del populismo en su estrategia de clientela.

Desde 1982 la administración de Jorge Blanco decidió recortar el gasto público, entendiendo que la dimensión del mismo era, en lo esencial, el responsable de la crisis y desestabilización del mercado cambiario. La propuesta de solución implementada trasladó al mercado libre un conjunto de bienes de origen importado, antes sometidos a políticas de subsidio monetarias y fiscales. Se suponía que ello aumentaría la capacidad competitiva del sector agroexportador no tradicional en vías de expansión. Esta política de control cambiario implicaba admitir, como lo refiriera, dos años despues de la revuelta de 1984, Bernardo Vega, quien fuera gobernador del Banco Central para esa fecha: "... que ni el Estado, ni los bancos podían fijar el tipo de cambio, sino las propias fuerzas del mercado." (Vega, 1986). Es curioso que esta racionalidad económica de tipo neoliberal fuese defendida precisamente por un régimen populista abiertamente interventor.

En el plano político, el gobierno daba la imagen de acogerse a una legitimidad política frente a las masas que pretendía reconocerles la necesidad de reformas redistribucionistas, pero en los hechos su política económica obraba en sentido contrario. El resultado fue un gradual distanciamiento entre las masas y el partido de gobierno, como se analiza en el Capítulo IV de este libro.

En esta perspectiva, es plausible caracterizar la coyuntura en función del agravamiento sistemático, no solo de la situación económica de las masas, desde el punto de vista de su reproducción social y niveles de vida, sino y sobre todo, desde el punto de vista de la pérdida de capacidad movilizadora y hegemónica del populismo.

En esta óptica, la heterogeneidad estructural en la que se desarrollaba el proceso de reproducción social de los trabajadores urbanos, afectaba a igual título a las diversas categorías de trabajadores (formales e informales) que padecían las consecuencias de la crisis, en materia de pauperización y exclusión social. En tal virtud, los distintos estudios que hasta el momento se han realizado en el país sobre la coyuntura de abril 1984, pese a que enfatizan dimensiones y aspectos distintos en la explicación de la revuelta, por lo general la califican como una acción "espontánea" de las masas (Ianni, 1987 y 1988). Con ello indican que el movimiento no alcanzó perspectivas de totalidad y conflictividad tipicamente clasistas, en el sentido tradicional.

Sin embargo, las condiciones de acelerada pauperización, de creciente exclusión social de las masas trabajadoras, en particular de amplios sectores de trabajadores informales urbanos, así como la creciente distancia aludida entre masa y partido, es posible que estuvieran alumbrando las condiciones de un estallido social como el que se produjo en abril de 1984. De esta manera, la conexión entre el alcance de la protesta contra el costo de la vida y las condiciones cada vez mas precarias de su reproducción doméstica y cotidiana en el ámbito del consumo, fue entrenando a las masas urbanas en el reconocimiento, en parte intuitivo, en parte expresión de su cotidianeidad, de que la esfera del consumo no solo se quebraba, sino que se convertía en la dimensión estratégica del proceso reproductivo. Ello suscitó un tipo de demanda y sujetivación distintas, apoyadas sobre todo en la dimensión del consumo, mas que en la del salario. Por tanto, la potencialidad del tradicional conflicto entre el capital y el trabajo se complejizó, adquiriendo la esfera doméstica un papel que podría ser calificado de "activador de la protesta".

Se daban así las pautas para la constitución de una fuerza social difusa, puesto que difuso era el caracter de la contradicción en la que se desarrollaba la dinámica de su reproducción social. Sin embargo, hay que tomar en cuenta que quienes califican este tipo de acción de masas como "heterogénea", "espontánea" y sin "dirección y mediación hegemónicas claras", lo hacen acostumbrados a pensar y teorizar la sociedad desde el universo "legítimo" de la institucionalidad estatal. Es desde el mundo "organizado" que se califica así la acción de las masas en el territorio urbano como carente de una subjetividad hegemonizante, incapaz de articular discursos y prácticas políticas coherentes. Pensar así es pensar el orden social con evidente exclusividad, precisamente de aquel conjunto social que constituye la *mayoría*, más allá de sus "silencios" y condición de exclusión societales.

Bajo los criterios anteriores, la revuelta de abril de 1984 no puede, ciertamente, ser entendida, como tampoco la naturaleza y caracter antiestatal que asumió. Ella no sería así asimilable, ni mucho menos comparable, a patrones y modalidades de acción semejantes, como los ocurridos en otras coyunturas en Jamaica y Caracas. Lo principal a destacar aquí es que con la revuelta de abril de 1984 se precipita un dislocamiento de una estructura política hegemónica sobre la territorialidad social de las masas, en aquellos ámbitos más vulnerables, desde el punto de vista de la reproducción social, tales como la esfera doméstica, pero tambien en aquellos ámbitos que lograban una eficaz cooptación de su obrar colectivo. Es pues, precisamente, la posibilidad de un distanciamiento contínuo entre masa y partido, entre masas y Estado, lo que obliga a reconocer en dichas explosiones sociales acciones no reductibles al calificativo de espontáneas, sino sobre todo reconocer en ellas una expresión del quiebre de la hegemonía populista sobre las masas urbanas (Castells, 1986).

El actor que allí se modela es plural y diverso, constituído por una gama abigarrada de categorías sociales: desempleados, informales, trabajadores empobrecidos, etc. Lo que los une es el reconocimiento de un común efecto de exclusión social en la coyuntura. Reconocen tambien que el momento de predominio doméstico no les asegura una capacidad reproductiva, sin importar el grado o proporción en que las condiciones no salariales o mercantiles pasan a desempeñar roles sulbalternos. El hecho en cuestión es tangible: los costos reproductivos de muchos de estos sectores no pueden ya ser procesados a través de medidas de tipo económicas dirigidas por el Estado.

Lo que debemos retener, pues, es el hecho de que esta movilización social tiene lugar porque, precisamente, la esfera del consumo se ha politizado, pasando la dimensión del mercado a ocupar un rol dominante en la definición del conflicto social. En su politización, se han definido los actores partícipes de una u otra determinación de exclusión, o los que están opuestos a que aquella continúe profundizándose. De esta manera, mientras los trabajadores organizados en sindicatos reinvindican un incremento en los límites salariales adecuados a su reproducción, la acción de las categorías de trabajadores no protegidos por la legislación estatal, o no organizados en aparatos corporativos, no tiene otro camino que el de rechazar esta vía reivindicativa. Estos últimos luchan sobre todo contra la exclusión social y el simple empobrecimiento. El contradictor, en tales condiciones, no puede ser otro más que el propio Estado (Touraine, 1987 y 1989).

De manera que no es por la secular dispersión de estos segmentos de trabajadores por donde podemos encontrar una llave para la explicación de la ausencia de una lógica coherente de explícitas reivindicaciones políticas. Sin embargo, la esfera del consumo donde éstos se mueven es conflictiva, a igual título que la esfera propiamente mercantil y salarial, pues la distribución ha llegado a expresar las mismas distorsiones, heterogeneidades y formas de control, que se revelan en otras esferas del mundo social.

La experiencia de abril de 1984 parece indicar, pues, a riesgo de mayores esfuerzos de investigación, que estamos frente a un nuevo tipo de crisis, de subjetividad potencial y fractura, en las mediaciones entre las masas urbanas y el sistema político, de un alcance y significado tales que impactan el escenario del mundo de las relaciones políticas formales del Estado, en términos institucionales, desconociéndolas, impugnándolas, y sobreponiéndose a ellas, para producir sublevaciones sociales que pueden marcar la época actual de manera distinta a las estrategias y formas de movilización social que fueron propias de las décadas de los sesentas, los setentas y parte de los ochenta.

BIBLIOGRAFIA

Alberoni, Francesco: *Movimiento e Institución,* Editorial Nacional, México.

Alemán, José Luís (1979): "La economía de la corrupción", en: *Seminario Sobre la Corrupción y Conflictos de Intereses,* Santiago, R.D.

_______________ (1980): "Las políticas económicas de Balaguer y Guzmán", Santo Domingo (mimeo).

Altvater, Elmar (1980): "Notas sobre algunos problemas del Intervencionismo de Estado". En Sonntag, H.R. y Valecillos, H.: *El Estado en el Capitalismo Contemporáneo,* Siglo XXI, México.

Ariza, Marina et al. (1991): *Población, Migraciones Internas y Desarrollo: 1950-1981.* Santo Domingo: Instituto de Estudios de Población y Desarrollo.

Ariza, Marina (1994): "Familias y Pobreza. Menores Deambulantes en República Dominicana". En: *Nueva Sociedad,* No. 129, enero-febrero, pp. 90-103. Caracas.

Arrighi, G. (1970): "Labor Suplies in Historical Perspective: a Study of the Proletarization of the African Peasantry in Rodhesia". En: *Journal of Development Studies,* 6(3), abril.

Artiles, Leopoldo (1991): "Ideología Empresarial y Democracia en la República Dominicana". Seminario *Democracia, Participación Social y Desarrollo, FLACSO-USIS,* Santo Domingo. 22-23 mayo.

Ascuasiati, Carlos (1972): "Diez Años de Economía Dominicana". En: *Revista de Ciencias Económicas y Sociales,* vol. I, Año 1, marzo-junio. Universidad autónoma de Santo Domingo.

Asociación Nacional de Jóvenes Empresarios (ANJE) (1982): *La Política Económica en la República Dominicana,* Editora La Razón, Santo Domingo, R.D.

Aglietta, Michel (1979): *Regulación y Crisis del Capitalismo.* México, Siglo XXI.

Banco Mundial (1990): *Informe Sobre el Desarrollo Mundial 1990: La Pobreza*. Washington.

Banco Interamericano de Desarrollo (1985): *República Dominicana, Estudio Económico*. Washington.

Báez Evertsz, Franc (1978): *Azúcar y Dependencia*. Santo Domingo:Alfa y Omega.

_______________ (1985): *El Bracero Haitiano en la República Dominicana*. Santo Domingo: Editora Taller.

_______________ y Francisco D'Oleo (1985): *La Emigración de Dominicanos a los Estados Unidos. Determinantes Socioeconómicos y Consecuencias (1950-1985)*. Santo Domingo: Fundacion Friedrich Ebert

Breton Minerva, Nelson Ramírez y Pablo Tactuk (1977): *La Migración Interna en la República Dominicana*. Santo Domingo: Fondo para el Avance de las Ciencias Sociales y Consejo Nacional de Población y Familia.

Bennholdt-Thomsen, Verónica (1981): "Marginalidad en América Latina: Una Crítica Teórica". En: *Revista Latinoamericana de Sociología,* Vol. XLIII, No.4.

Benería, Lourdes (1990): "La Subcontratación y la dinámica del empleo en la ciudad de México". En: Portes, Castells y Benton: *La Economía Informal en los Países Desarrollados y en los Menos Avanzados*. Buenos Aires: Planeta.

Braverman, Harry (1974): *Labor and Monopoly Capital.* New York, Monthly Review.

Brunhoff, Suzanne de (1976): *Estado y Capital*. Editorial Villalar. Madrid.

Cabal, Miguel (1992): *Microempresas y Pequeñas Empresas en la República Dominicana.* Santo Domingo: Fondo para el Financiamiento de la Microempresa.

Cáceres, Francisco (1985): "Los Centros Urbanos de 5,000 y más Habitantes 1920-1981". En: *Población y Familia,* CONAPOFA, enero-marzo, año 1, No. 1.

Carboneto, Daniel et al. (1985): *El Sector Informal en los Países Andinos,* ILDIS-CEPESIU. Quito,Ecuador.

Cardoso, Fernando Henrique y J. L. Reyna (1966): "Industrialización, estructura ocupacional y estratificación social en américa Latina". Santiago de Chile: ILPES.

―――――――― (1972): *Estado y Sociedad en América Latina.* Nueva Visión, Buenos Aires.

―――――――― y E. Faletto (1979): *Dependencia y Desarrollo en América Latina.* México, Siglo XXI.

―――――――― (1983): "Las políticas sociales en la década de los ochenta: nuevas opciones?". En: *El Trimestre Económico,* 50(197) 169-88, enero-marzo.

Calderón, Fernando y Mario R. Dos Santos (comp.) (1987): *Los Conflictos por la Constitución de un Nuevo Orden.* Buenos Aires, CLACSO.

Castillo, José del (1984): *La Formación de la Industria Azucarera Dominicana: de la Concurrencia al Monopolio del Semi-Proletario Nacional al Proletariado Extranjero: 1875-1930.* Santo Domingo: Centro de Estudios de la Realidad Social Dominicana (CERESD), Universidad Autónoma de Santo Domingo.

Castillo, José del y Cristopher Mitchel (editores) (1987): *La Inmigración Dominicana a los Estados Unidos.* Santo Domingo: CENAPEC.

Cassá, Roberto (1982): *Capitalismo y Dictadura*. Santo Domingo:Universidad Autonóma de Santo Domingo.

Castells, Manuel (1971): *Problemas de Investigación en Sociología Urbana*. México: Siglo XXI.

______________ (1986): *La Ciudad y las Masas*. Madrid: Alianza Universidad.

______________ (1989): *Crisis Urbana y Cambio Social*. México: Siglo XXI.

Castells, Manuel (1989b): *High Technology, Economic Policies, and World Development*. Discussion paper, Berkeley Roundtable on the International Economy, University of California, Berkeley (mimeo).

Castells, Manuel y Roberto Laserna (1991): "La Nueva Dependencia. Cambio Tecnológico y Reestructuración Socioeconómica en Latinoamérica". En Portes, Alejandro y A. Douglas Kincaid (eds).: *Teorías del Desarrollo Nacional*. San José: EDUCA.

Lates, Alfredo (1985): "Algunas dimensiones demográficas de la urbanización reciente y futura en América Latina". Buenos Aires, Cuaderno del CENEP No. 31, nov.

Ceara, Miguel (1984): *Tendencias Estructurales y Coyuntura de la Economía Dominicana, 1968-1983*. Santo Domingo: Fundación Friedrich Ebert.

________________ (1987): "La concentración Industrial en la República Dominicana". En: *Investigación y Ciencia*, Año 2, No. 5, mayo-agosto.

______________ — (1990): *"La Reactivación Desordenada"*. Santo Domingo: Centro de Investigación Económica. Mimeo.

________________ (1990b): *Crecimiento Económico y Acumulación de Capital*. Santo Domingo: Universidad Iberoamericana y Centro de Investigación Económica.

——————— y Edwin Croes H. (1993): *El Gasto Público Social de la República Dominicana en la Década de los Ochenta*. Santo Domingo: Centro de Investigación Económica Para el Caribe y UNICEF.

Cela, Jorge, I. Duarte y C. Gómez (1988): *Población Crecimiento Urbano y Barrios Marginados en Santo Domingo*. Santo Domingo: Fundación Friedrich Ebert.

Celade (1986): *América Latina y el Caribe: Tendencias de la Urbanización y cambios en la distribución de la población según el tamaño de los centros urbanos, 1950-1980*. México, febrero, (mimeo).

CEPAL (1991): *Magnitud de la Pobreza en América Latina en los Años Ochenta*. Santiago de Chile: Estudios y Informes de la CEPAL No. 81.

Chaney, Elsa (1986): *Migration from the Caribbean Region: Determinants and Effects of Current Movements*. Washington: Georgetown University, Hemispheric Migration Project. Occasional Paper Series. Center for Inmigration Policy and Refuge Assistance.

Collier, David (editor) (1985): *El Nuevo Autoritarismo en América Latina*. México, Fondo de Cultura Económica.

Coriat, Benjamin (1979): *El Taller y el Cronómetro, Ensayo Sobre el Taylorismo, el Fordismo y la Producción en Masas*. México: Siglo XXI.

Conceiçao Tavares, María (1980): *De la Sustitución de Importaciones al Capitalismo Financiero*. México: Fondo de Cultura Económica.

Dauhajre, Andrés (1984): "República Dominicana: 18 años de política económica". En FORUM No. 13: *La Situación Cambiaria en la República Dominicana*. Fundación Friedrich Ebert, Amigo del Hogar, Santo Domingo.

Dauhajre, Andrés (hijo) y J. Achecar Ch., Anne Swindale (1994): *Estabilización, Apertura y Dinámica de la Desigualdad y la Pobreza en la República Dominicana: 1986-1992*. Santo Domingo: Fundación Economía y Desarrollo. Mimeo.

De Palma, Diego (1988): *La Informalidad, lo Popular y el Cambio Social*. Lima: Centro de Estudios y Promoción del Desarrollo (DESCO).

Del Rosario, Gumersindo e Hidalgo Flores, Teresa (1986): *Metodología para calcular el índice de salario nominal y su aplicación en la economía Dominicana*. Santo Domingo: Banco Central.

D'Oleo, Frank (1991): *Crisis agraria, dominación agroindustrial y descampesinización*. Santo Domingo: CEDEE, Editora Taller.

Di Tella, Torcuato S. (1983): "Partidos del Pueblo en América Latina. Revisión Teórica y Reseña de Tendencias Históricas". En *Desarrollo Económico*, No. 88, Vol.22, Enero-Marzo.

Duarte, Isis (1983): *Capitalismo y Sobrepoblación*. Santo Domingo: Codia.

__________ (1987): *Trabajadores Urbanos*. Universidad Autónoma de Santo Domingo.

__________, et al. (1989): *Población y Condición de la Mujer en República Dominicana*. Santo Domingo: Instituto de Estudios de Población y Desarrollo, Estudio No. 6.

Del Rosario, Gumersindo y Gámez, Susana (1988): *Privatización de los Sistemas de Salud en la República Dominicana*. Santo Domingo: Fundación Friedrich Ebert,Editora Taller.

Castillo, José del (1981): *Ensayos de Sociología Dominicana*. Santo Domingo: Siboney.

Dore, Carlos (1979): *Problemas de la Estructura Agraria Dominicana*. Santo Domingo: Taller.

Edwards, Edgar (editor) (1974): *Employment in Developing Nations*. Columbia Univerity Press.

Espinal, Rosario (1987): *Autoritarismo y democracia en la política dominicana*. San José, Costa Rica. CEPAL.

Evers, Tilman (1979): *El Estado en la Periferia Capitalista*. México: Siglo XXI.

Espinal, Juán José (1987): *La Política de Precios Agrícolas, su Incidencia en la Oferta Alimentaria*. Santo Domingo: Fundación Friedrich Ebert, Editora Taller.

Evans, Peter (1979): *Dependent Development: The Alliance of Multinationals, State and Local Capital in Brazil*. New Jersey: Princeton University Press.

Evans, Peter (1991): "Depredadores, Desarrollistas y Otros Apara-tos Estatales. Una Perspectiva Comparativa Sobre el Estado en el Tercer Mundo". En: Portes, Alejandro y A. Douglas Kincaid: *Teorías del Desarrollo Nacional*. San José: EDUCA.

Faletto, Enzo y Kirkwood, Julieta (1980): "Política y Comportamientos Sociales en América Latina". En: *Revista Paraguaya de Sociología*, Año 17, No. 49, Septiembre-Diciembre.

Fajnzylber, Fernando (1986): "Las Economías Neoindustriales en el Sistema Centro-Periferia de los Ochenta". En: *Pensamiento Iberoamericano*, No. 9.

Fajnzylber, Fernando (1989): *Industrialización Latinoamericana: de la Caja Negra al Casillero 'Vacío'*. Santiago de Chile: Cuadernos de la CEPAL, No. 60.

Faria, Vilmar (1978): "Desarrollo Económico y Marginalidad Urbana: los Cambios de Perspectiva en la CEPAL". En: *Revista Latinoamericana de Sociología*. Año XL, Vol. XL, No. 1, enero-marzo.

Faure, Claude: *Les Paysans dans la Production Capitaliste*, (2eme 1976 Edition). Paris, VIII-Vincennes: Department d'Economie Politique.

Fernández, Otto (1983): *Ideologías agrarias y Luchas Sociales en la República Dominicana (1961-1980)*. Universidad Autónoma de Santo Domingo.

FORUM No. 12 (1984): *Población y Pobreza en la República Dominicana*. Santo Domingo: Fundación Friedrich Ebert.

FORUM No.18 (1986): *Causas y Manejos de la Crisis Dominicana: 1984*. Santo Domingo: Fundación Friedrich Ebert.

FORUM 27 (1988): *La Migración Dominicana a los Estados Unidos*. Santo Domingo: Fundación Friedrich Ebert.

Frobel, F. et al.: *La Nueva División Internacional del Trabajo. México:* 1981 Siglo XXI.

Freyssinet, J. (1978): *El Impacto de las Empresas Transnacionales Sobre el Empleo en América Latina*. México: Instituto Latinoamericano de Estudios Transnacionales.

Fundación de Economía y Desarrollo (1988): *Impacto del Sector Privado en la Economía dominicana*. Santo Domingo: Editora Taller.

García, Norberto E. (1982): "Absorción Creciente con Subempleo Persistente". En: *Revista de la CEPAL,* No. 18, diciembre.

García, Norberto E., y Valdivia Mario (1985): *Crisis Externa, Ajuste Interno y Mercado de Trabajo: República Dominicana*. Santiago de Chile: OIT.

García, Norberto E. y Victor Tokman (1984): "Transformación Ocupacional y Crisis". En: *Revista de la CEPAL,* No. 24, diciembre.

Gatica, Fernando, (1980): "La urbanización en América Latina: 1950-1970; patrones y áreas críticas". En: *CELADE, Redistribución Espacial de la población en América Latina,* Santiago de Chile.

Gaudemar de, Jean Paul (1979): *Movilidad del Trabajo y Acumulación de Capital*. México: Ediciones Era.

Germani, Gino (1965): *Política y Sociedad en una Epoca de Transición*. Buenos Aires: PAIDOS.

Gereffi, Gary (1991): "Repensando la Teoría del Desarrollo: Visión Desde el Asia Oriental y Latinoamérica". En Portes, Alejandro y A.Douglas Kincaid (eds.): *Teorías del Desarrollo Nacional.* San José: EDUCA.

Gleijeses, Piero (1985): *La crisis dominicana.* México: F. C. E.

Gordon, David (1988): "The Global Economy: New Edifice or Crum bling Foundations?. En: *New Left Review,* 168: 24-64.

Gorz, André (editor) (1977): *Crítica de la División Capitalista del del Trabajo.* Barcelona: Laia.

Granovetter, Mark (1985): "Economic action and social structure: The problem of embeddednes". En: *American Journal of Socio-logy* 91: 481-510.

Germani, Gino (1977): "Democracia Representativa y Clases popula res". En: Germani, G. et. al.: *Populismo y Contradicciones de Clase en Latinoamérica.* México: ERA.

Grasmuck , Sherriy y Patricia Pessar (1990): *Between Two Island: Dominican International Migration.* Berkeley, California: University of California Press.

Guido Bejar, Rafael y Otto Fernández (1988): *El juicio al Sujeto.* FLACSO-Sede México y Editorial Porrua.

Habermas, Jurgen (1975): *Problemas de legitimación en el Capitalismo Tardío.* Buenos Aires: Amorrortu.

Ianni, Vanna (1987): *El Territorio de las Masas.* Universidad Autónoma de Santo Domingo.

__________ (1988): *Masa y Revuelta.* Universidad Autónoma de Santo Domingo.

Katzman, R. y Reyna, José Luis (editores) (1979): *Fuerza de Trabajo y Movimientos Laborales en América Latina.* El Colegio de México.

Kemp, Tom (1979): *La Revolución Industrial en la Europa del Siglo XIX.* Barcelona: Fontamara.

King, Desmond S. (1989): "El Estado y las Estructuras Sociales del Bienestar en las Democracias Industriales Avanzadas". En: Tavares de Almeida, María

H. (compiladora): *¿Hacia un Nuevo Estado del Malestar?*. San José Costa Rica: FLACSO. Cuadernos de Ciencias sociales No. 27.

Kowarick, Lucio (1978): "Desarrolo Capitalista y Marginalidad: el Caso Brasileño". En: *Revista Mexicana de sociología*, 1,31-54.

La Gra, Jerry et. al. (1980): Estudio geopoblacional y los hábitos de consumo en Santo Domingo. Instituto Interamericano para la Agricultura (IICCA), Santo Domingo, febrero, (mimeo).

Laclau E. (1978): *Política e Ideología en la Teoría Marxista*. Madrid: Siglo XXI.

Lomnitz, Larissa de (1977): *Como Sobreviven los Marginados. México:* Siglo XXI.

Lozano, Wilfredo (1976): *La dominación imperialista en la República Dominicana*. Universidad Autónoma de Santo Domingo, impreso por Editora Taller.

____________ (1985): *El Reformismo Dependiente*. Santo Domingo: Taller.

____________ (1985b): *Proletarización y Campesinado en el Capitalismo Agroexportador*. Santo Domingo: Instituto Tecnológico de Santo Domingo.

____________ (1986): "El invierno del caudillo". En *La Jornada*, México.

____________ (1987): "Desempleo Estructural, Dinámica Económica y Fragmentación de los Mercados de Trabajo Urbanos". En: *Ciencia y Sociedad*, Vol. XII, No. 3, julio-septiembre.

____________ (1987b): "Balaguer, 1986-87: una nueva legitimidad política". En: *Estudios Sociales*, No. 68.

____________ (1992): "Trabajadores, Poder y Populismo: La Lucha por la Participación Social en la República Dominicana". En: *Revista Interamericana de Sociología*, No. 2 y 3, Mayo-Diciembre, México.

——————— y Franc Baez Evertsz (1990): *Migración Internacional y Economía Cafetalera*. Santo Domingo: Centro de Planificación y Acción Ecuménica.

Llado, Juan (1989): *Estudio Sobre el Sector Turismo*. Santo Domingo: Programa de Naciones Unidas Para el Desarrollo (PNUD). Proyecto DOM/ 07/009.

Oliveira, Orlandina de y Roberts, Bryan (1991): *The many roles of the informal sector in economic development. Evidence from urban labor market research, 1940-1989*. Mimeo.

Marx, Karl (1975): *El Capital,* T. I, Vol. 1, 2 y 3 (1867), México: Siglo XXI.

Meillassoux, Claude (1977): *Mujeres, graneros y capitales*. México: Siglo XXI.

Mejía, Julio (1981): *República Dominicana: distribución espacial de la población. Su evolución en el período 1960-70.* Santiago de Chile: CELADE.

Mejía Santana, Julio César (1983): "Migración interna, estructura ocupacional y movilidad social en la ciudad de Santo Domingo". En: CONAPOFA, Profamilia, ONE, ONAPLAN, UASD: *Seminario Internacional sobre población y sociedad*. Santo Domingo.

Mercedes, Ayax (1991): "Dinámica Urbana en la Década de los 80's: Concentración del Ingreso, Segregación Espacial y Exclusión social". En: *Estudios Sociales,* XXIV/83, En.-Mar, Santo Domingo.

Muñoz, H. y De Oliveira, Orlandina (1979): "Algunas Controversias sobre la Fuerza de Trabajo en América Latina". En: Katzman y Reyna: *Fuerza de Trabajo y Movimientos Laborales en América Latina*. El Colegio de México.

Moya Espinal, Francisco de, Isidoro Santana y Magdalena Rathe (1985): *El Gasto Social y sus Efectos Distributivos en la República Dominicana*. Santo Domingo: Instituto Tecnológico de Santo Domingo. Mimeo.

Moya Pons, Frank (1992): *Empresarios en Conflicto.* Santo Domingo: Asociación de Jóvenes Empresarios (ANJE). Impreso por Amigo del Hogar.

Moreno, José (1973): *El Pueblo en Armas.* Madrid: Tecnos.

Nun, José (1969): "Superpoblación Relativa, Ejercito Industrial de Reserva y Masa Marginal". En: *Revisla Latinoamericana de Sociología,* No. 2, pp.178-236.

O'Donnel, Guillermo, P. Schmitter y L. Whitehead (comp.) (1988): *Transiciones Desde un Gobierno Autoritario, América latina,* (Tomo 2). Buenos Aires, PAIDOS.

Offe, Claus (editado por John Keane) (1990): *Contradicciones del Estado de Bienestar.* México: Crítica.

Oliveira, Francisco de (1989): "El Surgimiento del Antivalor: Capital, fuerza de Trabajo y Fondo Público". En: Tavares de Almeida, María H. (compiladora) (1989): *¿Hacia un Nuevo Estado del Malestar?.* San José Costa Rica: FLACSO. Cuadernos de Ciencias sociales No. 27

Oliveira, Francisco de (1973): "La Economía Brasileña: Crítica de la Razón Dualista". En: *El Trimestre Económico,* Vol.XL (2), abril-junio, No.158, México.

Oliveira de, O. Pepin M. y Salles, V. (eds) (1988): *Grupos Domésticos y Reproducción Cotidiana.* México: Porrúa.

O'Connor, James (1981): *La Crisis Fiscal del Estado.* Madrid: Península..

_____________ (1987): *Crisis de Acumulación. Madrid:* Península.

Oficina Nacional de Planificación (ONAPLAN), Secretariado Técnico de la Presidencia, República Dominicana (1974): *Bases Para Formular una Política de Empleo en la República Dominicana.* Santo Domingo.

_____________ (1980): *La Situación del Empleo en la Zona Urbana en Junio de 1980.* Santo domingo.

_____________ (1983): *El Proceso de Urbanización en la República Dominicana.* Santo Domingo.

_____________ (1985): *Evaluación de las Medidas del Programa de Ajuste y Perspectivas Económicas para 1985.* Santo Domingo.

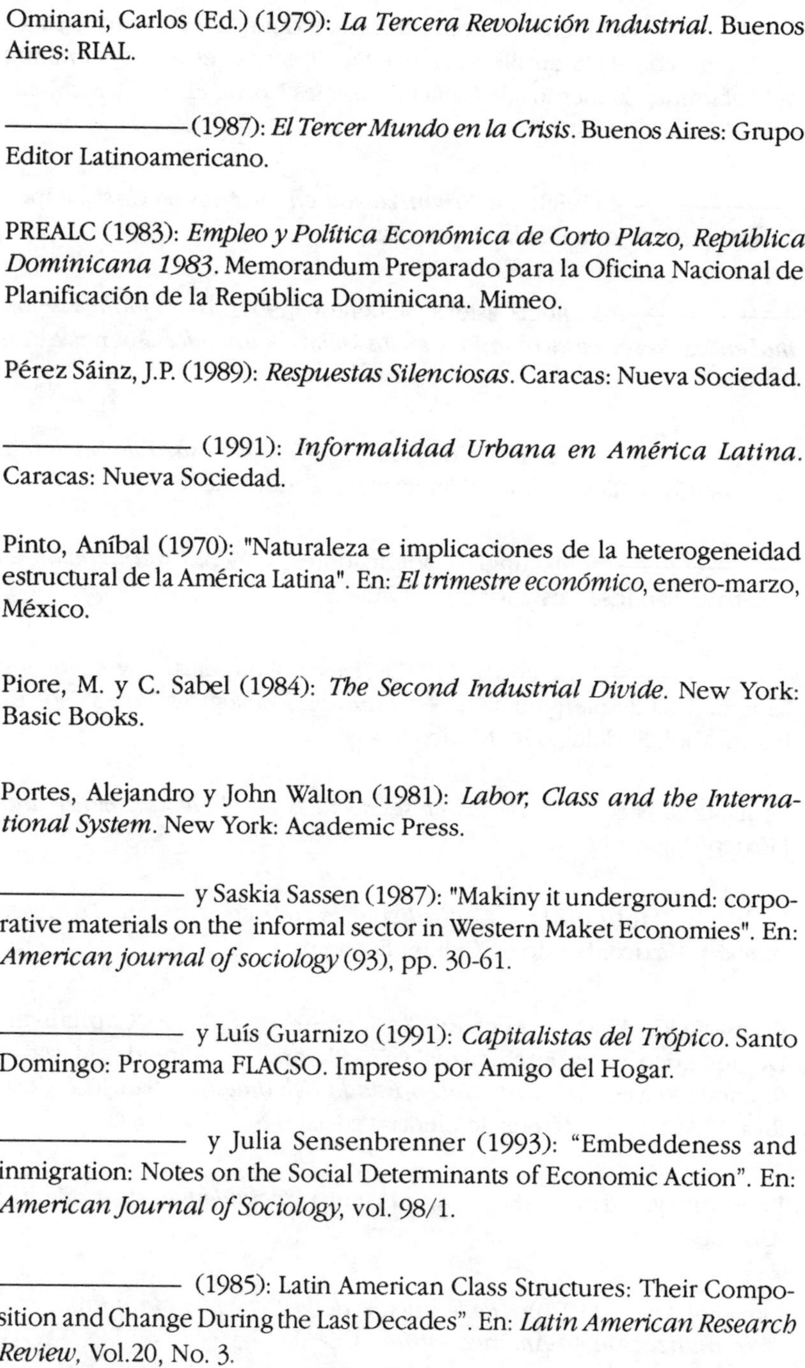

Ominani, Carlos (Ed.) (1979): *La Tercera Revolución Industrial*. Buenos Aires: RIAL.

——————— (1987): *El Tercer Mundo en la Crisis*. Buenos Aires: Grupo Editor Latinoamericano.

PREALC (1983): *Empleo y Política Económica de Corto Plazo, República Dominicana 1983*. Memorandum Preparado para la Oficina Nacional de Planificación de la República Dominicana. Mimeo.

Pérez Sáinz, J.P. (1989): *Respuestas Silenciosas*. Caracas: Nueva Sociedad.

——————— (1991): *Informalidad Urbana en América Latina*. Caracas: Nueva Sociedad.

Pinto, Aníbal (1970): "Naturaleza e implicaciones de la heterogeneidad estructural de la América Latina". En: *El trimestre económico*, enero-marzo, México.

Piore, M. y C. Sabel (1984): *The Second Industrial Divide*. New York: Basic Books.

Portes, Alejandro y John Walton (1981): *Labor, Class and the International System*. New York: Academic Press.

——————— y Saskia Sassen (1987): "Makiny it underground: corporative materials on the informal sector in Western Maket Economies". En: *American journal of sociology* (93), pp. 30-61.

——————— y Luís Guarnizo (1991): *Capitalistas del Trópico*. Santo Domingo: Programa FLACSO. Impreso por Amigo del Hogar.

——————— y Julia Sensenbrenner (1993): "Embeddeness and inmigration: Notes on the Social Determinants of Economic Action". En: *American Journal of Sociology*, vol. 98/1.

——————— (1985): Latin American Class Structures: Their Composition and Change During the Last Decades". En: *Latin American Research Review*, Vol.20, No. 3.

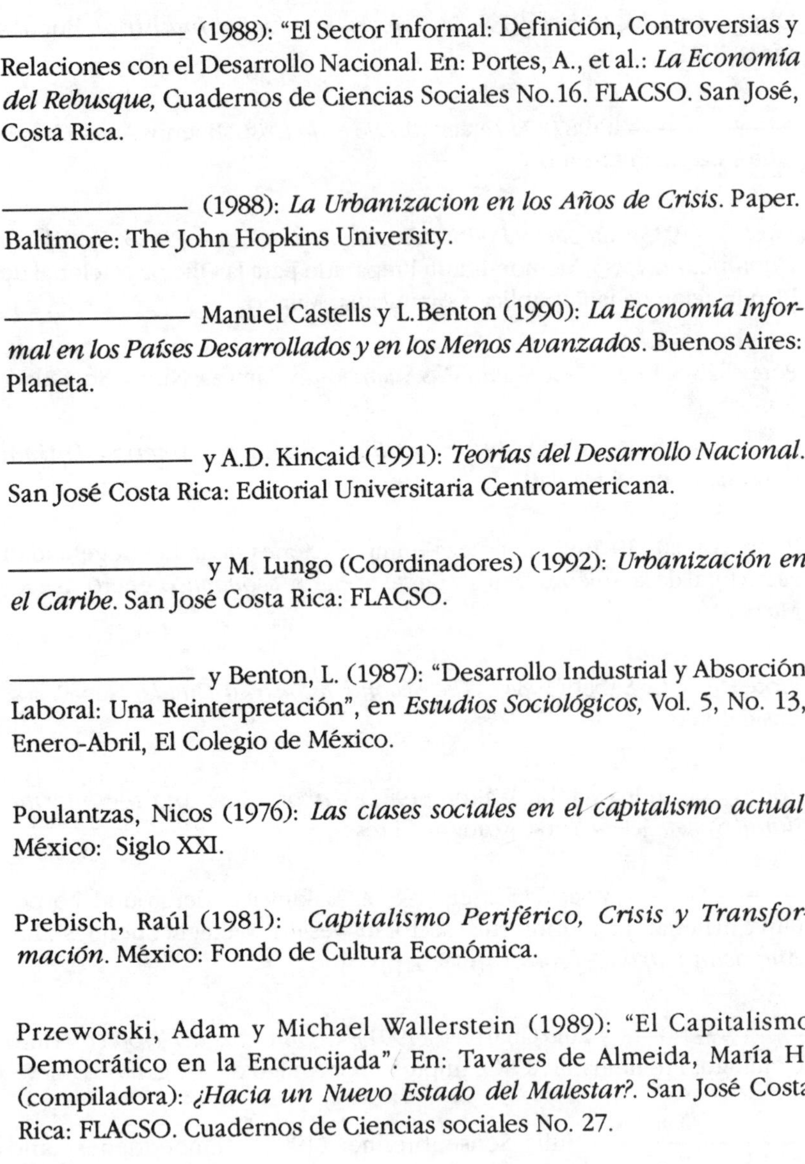

______________ (1988): "El Sector Informal: Definición, Controversias y Relaciones con el Desarrollo Nacional. En: Portes, A., et al.: *La Economía del Rebusque,* Cuadernos de Ciencias Sociales No.16. FLACSO. San José, Costa Rica.

______________ (1988): *La Urbanizacion en los Años de Crisis*. Paper. Baltimore: The John Hopkins University.

______________ Manuel Castells y L.Benton (1990): *La Economía Informal en los Países Desarrollados y en los Menos Avanzados*. Buenos Aires: Planeta.

______________ y A.D. Kincaid (1991): *Teorías del Desarrollo Nacional.* San José Costa Rica: Editorial Universitaria Centroamericana.

______________ y M. Lungo (Coordinadores) (1992): *Urbanización en el Caribe*. San José Costa Rica: FLACSO.

______________ y Benton, L. (1987): "Desarrollo Industrial y Absorción Laboral: Una Reinterpretación", en *Estudios Sociológicos,* Vol. 5, No. 13, Enero-Abril, El Colegio de México.

Poulantzas, Nicos (1976): *Las clases sociales en el capitalismo actual.* México: Siglo XXI.

Prebisch, Raúl (1981): *Capitalismo Periférico, Crisis y Transformación*. México: Fondo de Cultura Económica.

Przeworski, Adam y Michael Wallerstein (1989): "El Capitalismo Democrático en la Encrucijada". En: Tavares de Almeida, María H. (compiladora): *¿Hacia un Nuevo Estado del Malestar?*. San José Costa Rica: FLACSO. Cuadernos de Ciencias sociales No. 27.

Przeworsky, Adam (1988): *Capitalismo y Socialdemocracia*. Madrid: Alianza.

Quijano, Aníbal (1970): *"Redefinición de la Dependencia y Proceso de Marginalización en América latina"*. CEPAL.

Raczynski, Dagmar (1975): *El Sector Informal Urbano: Controversias e Interrogantes*. Santiago de Chile: PREALC.

Ramírez, Nelson (1982): *Encuesta de Migracion a Santo Domingo y Santiago*. Santo Domingo: Consejo Nacional de Población y Familia.

Ramírez, Nelson, A. Tatis y D. Gómez (1983): *Población y Mano de Obra en la República Dominicana: Perspectivas de la Fuerza de Trabajo y del Empleo en el Período 1980-1990*. Santo Domingo: Instituto de Estudios de Población y Desarrollo.

Ramírez, Nelson, Isidoro Santana, Francisco de Moya y Pablo Tactuk (1988): *República Dominicana: Población y Desarrollo, 1950-1985*. San José, Costa Rica: CELADE, e Instituto de Estudios de Población y Desarrollo.

Ramírez, Nelson (1993): "Pobreza y Procesos Sociodemográficos en la República Dominicana: Relaciones e Implicaciones para Política y Programas". *Seminario de Concertación para la Reforma Social y Disminución de la Pobreza*. Santo Domingo: PNUD y Universidad Católica Madre y Maestra.

Roberts,Bryan (1990): "Estructura del empleo, ciclo de vida y oportunidades de vida: sectores formales e informales en Guadalajara". En: Portes, Castells y Benton: *La Economía Informal en los Países Desarrollados y en los Menos Avanzados*. Buenos Aires: Planeta.

Rosario, Gumersindo del (1982): *Empleo y Distribución del Ingreso en República Dominicana*. Santo Domingo: Banco Central.

——————— y Patria S. Madera (1983): *Cambios en los Niveles de Ingreso y Patrones de Consumo Según Estratos Poblacionales de Ingreso, 1976-1977*. Santo Domingo: Banco Central. Mimeo.

——————— y Teresa Hidalgo (1986): *Metodología Para Calcular el Indice de Salario Nominal y su aplicación a la Economía Dominicana*. Santo Domingo: Banco Central.

______________ y Susana Gamez (1987): *Estructura Impositiva y Bienestar Social*. Santo Domingo: Fundación Friedrich Ebert.

______________ y Susana Gamez (1989): *Devaluación, Inflación y Salarios Reales en la República Dominicana*. Santo Domingo: Fundacion Friedrich Ebert.

Ravelo, Sebastian y Pedro Juan del Rosario (1986): *Impacto de las Dominicanos Ausentes en el Financiamiento Rural*. Santiago de los Caballeros, República Dominicana: Universidad Católica Madre y Maestra. Mimeo.

Rosa, Andrés de la (1989): *Sobre la Incidencia Cuantitativa de Determinados Sectores en la Economía Dominicana*. Santo Domingo: Programa de Naciones Unidas Para el Desarrollo (PNUD), Proyecto DOM/ 07/009. Mimeo.

Roberts, Bryan (1980): *Ciudades de Campesinos. México:* Siglo XXI.

Santana, Isidoro y Magdalena Rathe (1992): *El Impacto Distributivo de la Gestión Fiscal en la República Dominicana*. Santo Domingo: Fundación Siglo XXI.

Santana, Isidoro y Magdalena Rathe (1993): *Reforma Social: Una Agenda Para Combatir la Pobreza*. Santo Domingo: Fundación Siglo XXI.

Sasssen, Saskia (1988): *The Mobility Labor and Capital*. New York: Cambridge University Press.

Singer, Paul (1980): *Economía Política del Trabajo. México:* Siglo XXI.

Stark, David (1991): "Superando las barreras: Burocracia e Informalidad en el Capitalismo y en el Socialismo". En: Portes, Alejandro y A. Douglas Kincaid (editores): *Teorías del Desarrollo Nacional*. San José, costa Rica, CSUCA.

Santana, Julio (1994): *Reestructuración Neoliberal, Zonas Francas y Proceso de urbanización en la Región del Cibao: el Caso de Santiago, República Dominicana*. Programa FLACSO, República Dominicana. Mimeo.

Sagawe, Torsten (1985): "El Desarrollo Industrial en la República Dominicana. Una Perspectiva Espacial". En: *EME-EME, Estudios Dominicanos,* Vol. XIII, No. 77, marzo-abril.

Soto, Hernando de (1989): *The Other Pat.* Nueva York: Hayper and Row.

Souza, Paulo Renato (1978): "Las Desigualdades de Salarios en el Mercado de Trabajo urbano". En: *Revista de la CEPAL,* Primer Semestre.

Souza, Paulo Renato (1980): *Emprego, Salario e Pobreza.* Sao Paulo: Editora Hacitec-Fundaçao de Desenvolvimiento da Unicamp.

Tavares de Almeida, María H. (compiladora) (1989): *¿Hacia un Nuevo Estado del Malestar?.* San José Costa Rica: FLACSO. Cuadernos de Ciencias sociales No. 27.

Thompson, Edward P.(1963): *The Making of the English Working Class.* New York: Vintage Books.

Tokman, Víctor (1978): "Las Relaciones entre los Sectores Formal e Informal". En: *Revista de la CEPAL,* Primer Trimestre, Santiago de Chile.

―――――――― (1981): "Estrategias de Desarrollo y Empleo en los Años Ochenta". En: *Revista de la CEPAL,* No. 15, diciembre.

―――――――― (1981b): "Estrategias de Desarrollo y Empleo en los Años Ochenta". En: *Revista de la CEPAL,* No. 15, diciembre.

―――――――― (1987): "El Imperativo de Actuar", en *Nueva Sociedad,* No. 90, Julio-Agosto, Caracas.

Touraine, Alain (1987): *El Regreso del Actor.* Buenos Aires: EUDEBA.

―――――――― (1989): *América latina, Política y Sociedad.* Madrid, Espasa Calpe.

Valdez, Cristóbal (1988): *Modelo de Desarrollo Urbano y Organización Interna del Espacio en Santo Domingo.* Santo Domingo: IDDI-Fundación Friedrich Ebert.

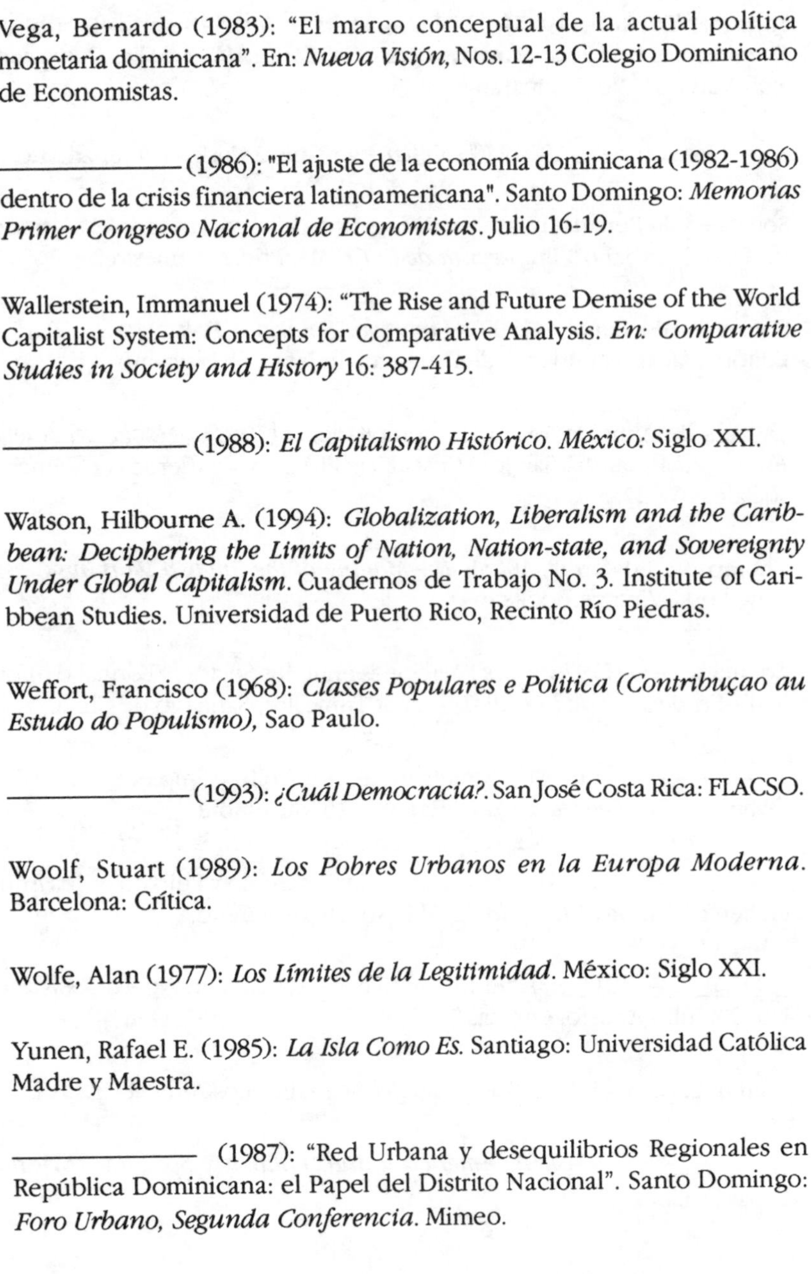

Vega, Bernardo (1983): "El marco conceptual de la actual política monetaria dominicana". En: *Nueva Visión,* Nos. 12-13 Colegio Dominicano de Economistas.

_____________ (1986): "El ajuste de la economía dominicana (1982-1986) dentro de la crisis financiera latinoamericana". Santo Domingo: *Memorias Primer Congreso Nacional de Economistas.* Julio 16-19.

Wallerstein, Immanuel (1974): "The Rise and Future Demise of the World Capitalist System: Concepts for Comparative Analysis. *En: Comparative Studies in Society and History* 16: 387-415.

_____________ (1988): *El Capitalismo Histórico. México:* Siglo XXI.

Watson, Hilbourne A. (1994): *Globalization, Liberalism and the Caribbean: Deciphering the Limits of Nation, Nation-state, and Sovereignty Under Global Capitalism.* Cuadernos de Trabajo No. 3. Institute of Caribbean Studies. Universidad de Puerto Rico, Recinto Río Piedras.

Weffort, Francisco (1968): *Classes Populares e Politica (Contribuçao au Estudo do Populismo),* Sao Paulo.

_____________ (1993): *¿Cuál Democracia?.* San José Costa Rica: FLACSO.

Woolf, Stuart (1989): *Los Pobres Urbanos en la Europa Moderna.* Barcelona: Crítica.

Wolfe, Alan (1977): *Los Límites de la Legitimidad.* México: Siglo XXI.

Yunen, Rafael E. (1985): *La Isla Como Es.* Santiago: Universidad Católica Madre y Maestra.

_____________ (1987): "Red Urbana y desequilibrios Regionales en República Dominicana: el Papel del Distrito Nacional". Santo Domingo: *Foro Urbano, Segunda Conferencia.* Mimeo.

INDICE

Capítulo IV

Capítulo V

INDICE DE CUADROS, DIAGRAMAS Y MAPAS

Cuadros

Diagramas

Mapas

Impreso en los talleres de la Editora Amigo del Hogar
en enero de 1997, en una tirada de un mil (1,000) ejemplares
en Santo Domingo, República Dominicana.